宋

大宋收藏

白俊峰 著

天津出版传媒集团

百花文艺出版社

图书在版编目（CIP）数据

大宋收藏 / 白俊峰著. -- 天津：百花文艺出版社，
2021.3
ISBN 978-7-5306-7994-4

Ⅰ.①大… Ⅱ.①白… Ⅲ.①收藏-文化史-中国-
宋代 Ⅳ.①G262-092

中国版本图书馆 CIP 数据核字(2020)第 248408 号

大宋收藏
DASONG SHOUCANG

白俊峰 著

出 版 人：薛印胜
责任编辑：赵世鑫
装帧设计：郭亚红
出版发行：百花文艺出版社
地址：天津市和平区西康路 35 号　　邮编：300051
电话传真：+86-22-23332651（发行部）
　　　　　+86-22-23332656（总编室）
　　　　　+86-22-23332478（邮购部）
主页：http://www.baihuawenyi.com
印刷：天津新华印务有限公司
开本：787×1092 毫米　　1/16
字数：230 千字
印张：16.5
版次：2021 年 3 月第 1 版
印次：2021 年 3 月第 1 次印刷
定价：68.00 元

如有印装质量问题，请与天津新华印务有限公司联系调换
地址：天津东丽开发区五经路 23 号
电话：(022)58160306　邮编：300300

收藏史研究的新视野

拿到俊峰这本书的初稿时,我有些吃惊,吃惊于他在繁忙的工作之余,能如此勤奋且有所收获。我与他沟通过这个话题,他说这是多年来的兴趣和心愿,与功利的想法无关。这或许就是他心无旁骛坚持写下去的动力吧。如今,新书即将由百花文艺出版社出版发行,确实值得祝贺。应俊峰邀请,我简单谈谈对这本书的印象。不妥之处,请方家指教。

俊峰正在从事文化遗产保护工作,是文博人。之前,他做过十几年的记者。这算不上跨界了,而是真正的转行,但依我对他的了解,他转得是如此自然,甚至毫不费力。这得益于他从小学画且始终对艺术、历史抱有浓厚的兴趣,也得益于他的勤奋。在聊天中也能发现,他有一种时不我待的紧迫感,工作之余,他几乎把所有时间都用在了阅读和学习上,日常关注的话题甚至是非常前沿的。但与那些长期浸淫于文博行业而形成某种思维惯性的人不同,职业生涯培养了他观察问题、思考问题的能力,他的思维是开放、发散的,文字是通透、畅达的。这是他的独特之处,也是这本书的独特之处。

大家知道,收藏史研究一般依托于艺术史,而艺术史研究的主要对象是艺术品,通过爬梳艺术品的递藏信息来考察艺术史发展的脉络。俊峰显然不囿于此。收藏作为一种人类活动,其对象虽然是静默无语的物,但收藏主体是有血有肉的人。而收藏史作为一个交叉性极强的领域,关涉历史中的人与事,与彼时的经济社会发展特别是文化艺术发展有着紧密联系。由此入手,便可以打开一扇观察历史风物、政治图景和文化风尚的窗。特别是宋代,作为我国历史上第一个收藏的高峰,宋代收藏在收藏史中占有举足轻重的地位。因此,这本书由物及人,再由对宋人收藏行为的剖析,提炼出了宋代收藏的特点,挖掘出了历史的丰富性,这是难能可贵的。

比如,书中涉及了宋代皇家收藏与政治话术之间的关系,例如宋太宗对典籍收藏的重视,宋代皇家复古理念在收藏领域的体现等;通过对苏轼收藏行为的梳理,揭示出了他的复杂性,一方面,苏轼提出了著名的"寓物"观,对另一位大收藏家兼好友王诜循循善诱;另一方面,他与王诜借助藏品进行了许多社交性、功利性交换,没能完全践行"寓物"观。俊峰还通过对苏轼谪居黄州期间收藏行为的爬梳,来观察他心态的变化,并对提出"古画画意不画形"的欧阳修是否精于绘画鉴赏给出了新颖观点,对王诜、米芾的作伪做了心理学剖析。这些都反映在他巧设的章节当中,用意之深,颇有独到之处。凡此种种,所引史料并不鲜见,几乎是所有研究艺术史和收藏史的人都能够碰到的,但俊峰凡事多问个为什么,因此在一些地方写出了新意,也借由收藏活动写出了宋代皇家和士夫阶层的群体意识,写出了宋代收藏与后世收藏特别是晚明收藏的不同之处,体现了他广阔的阅读视野和独到的研究视角。

当然了,此书对上述问题还可以更加深入地探讨,诚如俊峰所言,有的问题只是点到为止,读起来还不那么过瘾。这不得不说是一个遗憾。比如,宋人收藏与艺术发展乃至社会发展的相互影响和渗透,对文房用品的兴趣、收藏的观念和相关著述等等,都可以借由这些话题来深入解读,希望俊峰今后能够不断挖掘和完善。

这本书,是我见到的第一本专门研究宋代收藏史的专著,可能会填补收藏史研究的一个空白,也是俊峰这些年不断积累、沉淀的结晶,为收藏史研究注入了新鲜血液,提供了可资借鉴的思路。特别是他的研究才刚起步,在这个高起点上,我们有理由期待他给读者带来更多精彩。

学术研究是文化遗产保护的应有之义。如今,全社会对文化遗产给予空前关注,博物馆里接踵的人流就是明证。在此,我也希望有越来越多的人能够重视先人的馈赠、给予深入的研究,这是我们更好地传承历史文化、树立文化自信的重要途径。我也很高兴看到,天津文博人能够代有传续,在学术研究等领域奉献更多精品,为我们的事业增辉。

是为序。

天津博物馆馆长　陈卓

2020年11月

自　序

　　我对收藏史的兴趣,源于一直以来对书画艺术以及鉴赏的热爱。读大学时,学校刚刚允许跨系选修,我就选了一门历史系的书画鉴赏课。毕业后,我先是进报馆,赶上纸媒辉煌的尾巴,负责书画报道,干了3年。期间,电话采访吴冠中先生,有次,打通电话后他说自己刚从楼下的理发摊理完发。这算是先生的掌故了,没想到我也成了掌故的见证者。还有一次,他说你有时间来北京吧,我们当面聊。先生作古了,可惜我始终没有见到他。后来,我被调去跑时政新闻,又偶然地忝列公差,一晃就蹉跎了好多年,直到如今从事文化遗产保护工作。与古对话,倒也不那么陌生,这点爱好顺便捡起来,就开始系统地留意艺术史和收藏史,从此一发而不可收拾了。

　　收藏史研究,是一个非常小众的话题,也是一门综合性极强的交叉学科,涉及历史、艺术、考古等诸多领域。正因为这种交叉性,收藏史的身份显得有点模糊,关注的群体不大,受众也没那么广泛,还有许多待拓荒的领域。即便是当下的收藏热吊足了人们的胃口,但读者似乎更喜欢那种猎奇式的"淘宝故事",对稍显严肃的探讨并不太感冒。基于此,就萌生了写点东西的念头,既能最大限度地有趣一点儿,也要"像个样子",言之有物。这也是我一直以来秉持的写作主张:有趣且有益。虽然写出来的东西可能不那么成熟，但至少可以启发一些思路，哪怕是提供一些教训，也算是有益于人吧。

这本书动笔于2020年年初新冠肺炎疫情暴发初期。春节后有段时间，我按照防控要求居家办公。忙完工作，就与几位好友聊天，聊着聊着，内心深处那个埋藏已久的念头突然冒出来，我就开始利用业余时间查资料、动笔码字。艰辛自不必言，特别是刚开始一团乱麻，边写边征求意见，不断修正想法，甚至推倒重来，以至于辗转反侧，烟也抽了不少。就这样一行行地码字，码出了这本书。

说回正题吧。这本书，我不认为有多出色，但也有些想法，交代给不嫌弃的读者。

一是关于选题。收藏史，也是人类收藏、延续文明的历史。这是个宏大的命题，简直是什么萝卜都能往里装。收藏是人类的基本活动之一，最早的收藏可以上溯到先人对器物的认知和占有，我们也可以把物质文化遗产的延续归结于宽泛意义上的收藏。但事实上，人们通常理解的收藏，没有那么宏观，而是特指书画、古董等文物艺术品和工艺品的收藏。简单说，我们收藏的既是活生生的物质文化、可见可触的器物，又是时间和技艺。这与我们的历史传统密不可分，又与人的性情、禀赋和所处的时代直接关联。古人的收藏活动以及由此衍生出的一系列的文化现象，渗透在历史的方方面面，闪现着璀璨耀眼的光芒。当你身处博物馆，仔细端详那些历经磨难而保留至今的器物和艺术品时，所谓"发思古之幽情"，就是收藏带给我们的最直接的情感触动。历史上那么多人为了保留这些文化遗产而穷尽毕生精力，这其中，又有多少鲜为人知的故事？我们可以从中感知时间，触摸历史真实的存在。

之所以选取宋代这段历史，也源于我一直以来对宋史的痴迷。宋代把收藏活动推向第一个历史高峰，又与之后的晚明、清中、民国和当代等几个时间段的收藏热有所不同，世俗和功利的收藏虽然不可避免，但充盈其中的清明澄澈、生命活力、文化律动占了主导地位。这是宋代收藏给后人留下的一个具有显著群体特征的印象。另一个比较私心的想法，就是可能到目前为止，宋代收藏史还少有人较为完整地写过，我想做一点尝试。

二是关于方法。对收藏史的研究，人们通常将其纳入艺术鉴藏，特别是书画艺术品鉴藏的范畴，这当然是无可厚非的，但古人的收藏是如此五花八门，我想在这本书中尽量给读者一个宏观的印象，既考虑了占据主流地位的书画艺术品鉴藏，也简单梳理了典籍等收藏活动。在写作时，通常的方法有两种：以时间为线，理清鉴藏的脉络，考述渊源；以藏品为轴，分类辨析藏品递传的信息，还原历史。

我没有选择这两种方式，而是把收藏定位为人类的活动，借用行为学的某些理念进行了梳理。行为学认为，在同一社会群体中，由于相同的习俗和文化，成员的个性之中会有较多的共同点，因此就形成了社群成员某些行为的共同特征。观察这些行为，就能找到通向历史深邃处的那条幽径。具体到宋代，帝王、达官、士夫、商贾、百姓等的收藏，都离不开藏品的获取、交易、赏玩、鉴定、保存等行为，以及与收藏伴生的复制、作伪、盗墓等活动。梁江在《中国美术鉴藏史稿》中认为，美术鉴藏，就是一种融"赏、鉴、藏、流通"四大要素于一体的社会化活动。此外，宋人已经把收藏作为一种文化自觉，写出了许多与收藏相关的著述和文学作品，收藏的理念也日趋成熟。从这些行为入手，如果能揭示其广度和深度，以及群体意识和共同特征，就可以得出一个结论：宋代的确是历史上第一个收藏盛世。此书的章节和条目，就是按照这个逻辑确定的。

限于学识和精力，这只能算是尝试，许多话题没有展开，只罗列了一点表象。由于没有按照时间线梳理，读起来可能也有跳脱之感。

书中配了一些文物和书画艺术品的照片，我对插图做了简短的解读，一来可以图文互证，二来也可以给读者提供较为丰富的阅读体验。诚如梁思成先生所言，"读跋千篇，不如得原画一瞥"。收藏史绝不是苍白的，在这些现存的文物艺术品中，我们可以放飞想象，跨越千年的历史触摸古人的心跳。在此，我也向这些藏品的收藏单位表示衷心感谢。

所有写历史的人，其实都在关照现实，否则，历史就没有阐释和解读的必要了，这也是历史让人着迷的原因。我们今天的人类行为，抛开技术进步和物质积累造成的差异，古人早已实践过。古今一理，概莫能外。收藏也是这样，宋代收藏史中的许多故事，以及那些历经磨难流传至今的文物艺术品，都承载着先人对自我和社会的认知，承载着那个时期丰富的历史信息。我们权且把它们当作一面镜子，在古今参照中领略历史的魅力吧。

目　录

下部 士夫风尚

导　言

公元960年，后周将领发动陈桥兵变，拥立宋州归德军节度使赵匡胤为帝，宋朝建立。有宋一朝，共历18位皇帝，至公元1279年南宋灭亡，延续319年。陈寅恪称："华夏民族之文化，历数千载之演进，造极于赵宋之世。"

宋朝建立后，赵匡胤由一介武夫变为尊儒重文之君王。此后，历代帝王接续传统，崇尚"抑武扬文"的治国理念，形成"文官政治"与"书卷气象"。士夫阶层的空前壮大，政治环境的相对清明，为宋代文学艺术发展乃至收藏的繁荣奠定了基础。

宋代是我国历史上商品经济、文化教育、科学技术高度发展的时代。有赖于经济社会发展提供的保障，宋代收藏行为活跃，形成我国收藏史上的第一个高峰。

宋代文学艺术取得极高成就，书法、绘画、诗词等均对后世产生重大影响，斗茶等文人雅趣成为社会时尚。文学艺术的繁荣、社会对艺术品的需求以及文人群体的壮大，促进了收藏的兴盛，而收藏又为文学艺术创作提供了素材和借鉴样本，相互生发，蔚为大观。

大体上，宋代收藏可分为两个群体或类别：以皇家为代表的官方收藏群体和以士夫为代表的民间收藏群体,也可以简称为官藏体系与私藏体系。在这两个群体中,嗜好收藏的各级官员较为独特。相对于民间而言,他们可以归类为官方收藏;但相对于皇家而言,他们也属于民间收藏。本书将其定义为士夫收藏,作为皇家之外的一个收藏群体进行单独阐述,主要是因为这类人大多兼有文化人身份,形成了鲜明的群体性特征,是宋代收藏文化最为显著的代表,与一般的商贾、市民收藏区别明显。无论是皇家收藏还是士夫收藏,均带有浓重的贵族化、精英化特征,这也是宋代收藏的重要特点之一。宋之后,民间商贾凭借雄厚资财深度介入收藏领域,知识分子开始大规模地"拥抱"市场,精英化特质逐渐弱化,市场化特征则明显增强。

宋代重农抑商思想相对松动,商品经济活跃,城市发展迅速,与收藏相关的交换、交易、唱和等文化活动非常频繁。收藏市场已经形成,较唐代有质的发展,但尚未沾染浓郁的商业气息,没有构成明代江南地区的繁荣局面,具有承前启后的历史特征。

这是我们考察宋代收藏的三个维度,即:皇家收藏作为最大的收藏体系,承载了文化延续的重任,在历朝历代,国家层面的收藏都是最大的收藏行为,当代也不例外;士夫阶层空前壮大,收藏行为从皇家传导到民间,士夫的文化趣味成为社会主导并带动了收藏的普遍繁荣,收藏获得了文化上的正当性与合理性,创造出以金石学为代表的文化现象;收藏行为活跃,人们开始从单纯的物质拥有向研究收藏的历史、意义等转变,艺术品的市场属性逐渐显露,收藏的文化自觉业已形成。

从时间线梳理,可以把两宋收藏大致概括为发展期、繁荣期、鼎盛期、衰落期。太祖、太宗时期,开启了宋代收藏的历史,至仁宗之前,为发展期。其间,太宗对收藏尤为重视,民间进献活跃,为后世皇家收藏奠定了基础。仁宗至徽宗时期为繁荣期,涌现出一个具有鲜明特征的庞大收藏家群体,仁宗朝金石学也开始兴起。徽宗朝为鼎盛期,以宣和系列书谱、画谱、博古图的刊行为显著时代标志,两宋收藏达到历史高峰。南渡之际,皇家与民间收藏均遭战火影响,开始走下坡路。虽然南渡后高宗极力倡导,收藏尚能维持局面,但已不复昔日辉煌。在这个大致的分期中,皇家收藏与士夫收藏的脉络基本重合,士夫收藏虽然比不上皇家收藏的规模和体系,但收藏群体更庞杂、社会基础更雄厚,更具抵御外力的韧性,比如南宋末期皇家收藏已走向衰落,但依然出现了贾似道这样的大收藏家。据此,整个宋代收藏的鼎盛期为北宋晚期。

宋代收藏思想也日趋成熟,以三种类型最具代表性,笔者将其概括为:以"追风三代"为追求的政治集藏观,宋代皇家收藏多秉持此观点而追求复古;以"正经补史"为目的的史家收藏观,宋代金石学家欧阳修、吕大临等将金石古物收藏用于补正史阙;以"寓意于物"为宗旨的艺术收藏观,苏轼正式提出"君子可以寓意于物,而不可以留意于物"的观点,并与文学艺术创作、文人生活深度融合,影响深远。

本书基本上不以时间作为梳理的脉络,而是从宋人的收藏行为入手,以两宋皇家和士夫的收藏活动为主,分别考察皇家与士夫的藏品搜集、保存、整理以及由此生发的政治功用、文化活动、社会现象乃至历史事件等。各章节所述,通常从小话题切入,保持相对的独立性和完整性。同时,又围绕宋人的收藏活动,在收藏的行为逻辑上串联成线,试图勾勒出宋代收藏的图景。

本书导言部分并非正文的总结和提示,而是从宏观角度对宋代收藏史以及皇家收藏、士夫收藏进行简要概述,作为正文的必要补充,方便读者阅读。

上
部

帝王雅好

皇帝拥有权力和财富,往往会成为最大的收藏家。古代皇家收藏早有传统,汉武帝创秘阁聚天下图书,隋炀帝置妙楷、宝迹二台存储法书名画,唐太宗雅好书画,更是将王羲之《兰亭集序》真本陪葬昭陵。皇家收藏历来承载了确立正统地位、彰显权力意志、教化天下臣民的重要政治功用,其更迭与演变,几乎就是一部权力交替的历史。宋代皇家收藏不止于此,彼时的皇帝大多接受了良好的教育,提倡文治而非武功,同时也是艺术的热情实践者和推动者,尤以徽宗为代表。正因此,宋代的皇家收藏显得别有风貌。

　　观察整个宋代收藏史,皇家收藏暗含了两条基本并行却也经常交叉的线索:一是皇帝将其个人喜好推到极致,从宋初便开始留意艺术收藏,300多年中除短暂的战争外,几乎从未中断,官民书画收藏勃兴,极大地推动了宋代书画艺术的发展。二是崇古之风大兴,以金石收藏为代表,既满足皇帝好古嗜古的个人兴趣,又通过一系列强化正统地位的复古手段,体现"追风三代"的政治抱负,带动有宋一代发展为金石学历史上的第一个高峰。观察宋代的皇家收藏,会发现收藏行为已经深度介入政治事件、宫廷生活以及国家文化构建,甚至间接地影响了历史走向,显化为一种独特的政治文化现象。同时,宋代相对开明的治理策略,也让深藏秘府的大量藏品通过不同途径对外展示和利用,促进了公私收藏的交流和互动,这也是宋代成为收藏史中第一个盛世的重要原因之一。

　　在书画收藏领域,太宗赵光义为后世皇帝开了一个好头。他在太祖赵匡胤的基础上,通过民间搜集、臣民进献等手段,广揽天下艺术珍品,于端拱元年（988）在崇文院设立秘阁储藏法书名画。有赖于宋代印刷术的飞速进步，太宗于淳化三年（992）刊刻《淳化阁帖》，也引领了皇帝对收藏品进行整理研究的风气。太宗之后的100余年间，皇家不间断地收藏，至徽宗达到历史顶峰，《宣和书谱》《宣和画谱》即为此时刊刻。徽宗以其天赋异禀，成为宋代皇家书画收藏的集大成者。靖康之乱导致北宋皇家书画收藏散佚，南宋高宗赵构继位后重拾传统。有赖于南宋的富庶和安定，又经历孝宗、光宗、宁宗等帝的努力，皇家书画收藏再成规模，但再也回不到北宋晚期的历史高峰了。杨王休在《宋中兴馆阁储藏图画记》中记载的南宋书画作品数量，大略只有徽宗时《宣和画谱》的1/5。南宋亡后，宋代皇家收藏落下帷幕，深宫艺术品散佚。随着朝代的更迭，古代皇家收藏的另一个时代也再次开启。

在金石收藏领域，太祖建国之初便在全国颁行《三礼图》，拉开了"图学中兴"的帷幕，对后世帝王收藏、研究金石文物产生了深远影响。皇帝借此复原古礼的政治企图也初显端倪，并成为一种皇家传统。真宗时期，皇帝已开始对进献的古铜鼎进行考证。仁宗时期，金石等古器物的收藏研究开始兴起，皇帝通过造作新乐与校定古乐器、刊刻篆书《石经》、御篆功臣神道碑额、颁赐内府古器物铭文拓本等手段，带动和鼓励了金石收藏风气的兴起。仁宗朝大臣欧阳修撰写的《集古录》，具有划时代的意义。徽宗时期，内府古器物收藏已成大观，《宣和博古图》著录宋代皇家收藏的商代至唐代青铜器839件。涉及金石的收藏、研究在官方倡导下，带动了宋代嗜古之风的兴起，皇帝甚至因为进献的古器物更改年号。靖康之乱导致内府所藏古器物被金人掳走或散落民间。高宗接续前朝，极力搜寻古器物，但金石收藏已大不如前，加之宋理宗对程朱理学的崇尚，尚实证的金石学研究逐渐式微。南宋亡后，宋代皇家金石古物收藏画上了历史的句号。

宋代皇家收藏在这两条主线之外，还有一个非常重要的门类，即典籍收藏，且对典籍的搜集、校勘和著录也卓有成效。此外，庞大的皇家收藏体系可谓"旁枝横逸"，比如真宗对祥瑞之物的收藏，以及徽宗对赏石的收藏，都成规模且引人关注。特别是徽宗营建的艮岳极一时繁华，成为屡被后人提及的"亡国之象"。这种风气由上而下传导到民间，也推动了宋代收藏的多元化。

集藏与赏赐

收藏史,实际上就是一部藏品在不同物主之间流转的历史。流转的频率越高、路径越清晰,也就意味着收藏的行为越活跃。所谓"过手即拥有",当我们考察悠久的人类收藏活动时,就会发现,从来没有永恒的占有,集藏与流散才是不变的主题。具体到宋代浩繁的皇家收藏,其来源于哪里?纳入皇家后,难道"永藏深宫"?暂且不谈藏品因天灾人祸造成的散佚或消亡,皇家收藏品正常的流出途径又有哪些?这些疑问,都是我们考察宋代皇家收藏必须要首先解答的。

从已知的史料分析,宋代皇家收藏品的来源,大致有前朝遗留、民间搜集、臣民进献、当朝储纳、籍没私产、国外进贡和外贸收购等①。其中,最受关注、最有意思的是民间搜集和臣民进献。皇家获得这些藏品后,也往往会把其中的一部分甚至是精华以赏赐的名义流散出宫廷,成为民间收

---

① 前朝遗留,宋朝接收了前朝宫廷的收藏品,尤以南唐的书画珍品为最。当朝储纳,宋代的画院体制下,许多画师创作的作品被纳入宫廷收藏。籍没私产,比如丁谓、贾似道的家藏,就被籍没后成为皇家收藏。国外进贡,即外国进献的艺术品,比如日本僧人成寻法师于熙宁五年向神宗进献了银香炉、白琉璃等礼物。外贸收购,通过海外贸易纳入宫廷的艺术品,此类皇家收藏的来源,本书不详述,感兴趣的读者,可参阅周文翰所著的《中国艺术收藏史》,商务印书馆,2019 年版。

藏的重要组成部分。在这"来"与"去"之间，就构成了宋代皇家收藏的一种流通方式，这是收藏之所以成为文化活动的重要特征。没有流通，收藏活动就会呈现出静止的状态，收藏史也就无从谈起了。加之皇帝与呈献者或受赐者之间巨大的身份差异和不同的目的，他们通过藏品这个特殊媒介而发生的故事，便让收藏史具备了丰富的可读性。

太宗朝的民间淘宝

宋代皇家对典籍、书画、器玩的收藏，起始于开国皇帝赵匡胤。赵匡胤戎马一生，每拿下一个地方，就要"搜刮"一番。在一路征讨的过程中，各地也相继进献典籍和书画艺术品。主动搜集和接受进献，几乎是历史上每次改朝换代的"规定动作"。邵博《邵氏闻见后录》记载："太祖下南唐，所得李廷珪父子墨，同他俘获物，付主藏籍收，不以为贵也。"李廷珪是五代南唐人，制墨绝佳，深得南唐后主李煜赏识。李氏墨连同其他俘获物被太祖"籍收"后，并不受重视，后来官方重修相国寺门楼，所用黑漆就是李廷珪父子之墨。至宣和年间，李氏墨愈发珍贵，邵博称"黄金可得，李氏之墨不可得也"。

太宗赵光义即位后，也开始了系统的藏品搜集，他下令在全国范围搜访前贤墨迹图画，并接纳臣民的进献，以充实皇家收藏。《宋会要辑稿》中多有记载：

太平兴国二年（977）十月，诏诸州搜访先贤笔迹、图书以献。荆湖献晋张芝草书及唐韩干画马三本，潭州石熙载献唐明皇所书《道林寺王乔观碑》，袁州王浣献宋之问所书《龙鸣寺碑》，昇州献晋王羲之、王献之、桓温二十八家石版书迹，韶州献唐相张九龄画像及《文集》九卷。

六年(981)十二月,诏开封府及诸道转运遍下营内州县,搜访钟繇墨迹,听于所在进纳,优给缗贯偿之。并下御史台,告谕文武臣僚,如有收者,亦令进纳。是岁,镇国军节度使钱惟治以钟繇、王羲之、唐明皇墨迹凡七轴献。①

《麟台故事》中也记载:

至道元年(995)六月,命内品、监秘阁三馆书籍裴愈使江南、两浙诸州,寻访图书。如愿进纳入官,优给价值;如不愿进纳者,就所在差能书吏借本抄写,即时给还。仍赍御书石本所在分赐之。愈还,凡得古书六十余卷,名画四十五轴,古琴九,王羲之、贝灵该、怀素等墨迹共八本,藏于秘阁。先是,遣使于诸道,访募古书、奇画及先贤墨迹,小则偿以金帛,大则授之以官,数年之间,献图书于阙下者不可胜记,诸道又募得者数倍。②

太宗的搜集,让一大批原藏于民间的典籍、书画珍品归入皇室,奠定了宋代皇家收藏的基础。《麟台故事》的作者程俱称,"图书之盛,近代无比"。

太宗的搜集行为,大致有以下特点:

"延揽专人,优中选优"。在被太宗派去搜集民间藏品的人当中,包括内臣裴愈等专业"淘宝人"。裴愈虽然是太监,但精通赏鉴之道,亦有诗才,其《送鲁秀才南游》诗中有"东吴山色家家月,南楚江声浦浦风"的佳句。这批人眼光精审,负责对典籍和艺术品评定优劣,提出收藏建议。这说明太宗的收藏,从源头上就非常注重品质,且在延聘专业人士上也颇有眼光。

---

① 清·徐松《宋会要辑稿》一五、一六,中华书局,1957年,第2237至2238页。
② 宋·程俱《麟台故事》卷一,张富祥校证。见《麟台故事校证》,中华书局,2000年,第39至40页。

"有挑有捡，并不全拿"。《图画见闻志》记载，王文献、王贻正父子在宋初收藏繁富。王贻正向太宗进献了十五卷藏品，"所进墨迹并古画，复遍看览，俱是妙笔"。太宗留下墨迹五卷、古画三卷，然后将王羲之墨迹、晋朝名臣墨迹、王徽之书、唐阎立本画《老子西升经图》、薛稷画鹤等七卷退还给了王贻正。

王羲之等前朝书画家的作品，传至宋代已极其珍贵，太宗为什么没有留下？《图画见闻志》的作者郭若虚[①]在书中收录了唐会昌元年(841)至北宋熙宁七年(1074)期间的画家小传，但书中没有写明王贻正向太宗进献藏品的时间。我们不妨猜测，王贻正的进献时间，应晚于上述《宋会要辑稿》和《麟台故事》中记录的几次进献活动。既然太宗已经有了王羲之墨迹，似乎就不用追求数量的多寡了。也有可能，太宗听信了那些负责鉴赏的人对艺术品真伪、优劣的判定，最后做出了有得有舍的决定。这说明，皇帝对进献并非来者不拒，而是有选择地接受。

"尊重意愿，态度开明"。太宗搜寻藏品和接受民间进献的行为，也展示了一种颇为民主的理念和做法。如前引，"如愿进纳入官，优给价值；如不愿进纳者，就所在差能书吏借本抄写，即时给还。仍赏御书石本所在分赐之"，太宗的征集行为并不是强迫的，并不愿动用权力给人造成"豪夺"的印象。而进献也最大程度地尊重了藏家，还会获得相当的礼遇和回报。这种理念和方式，对宋代后世皇帝起到了正向的示范作用，颇为民主和开明。上述太宗部分接纳王贻正进献的藏品，也可以理解为对进献者的一种体恤。

"遇到精品，不择手段"。太宗的搜集，有时也带有"霸道总裁"的味道。在遇到非常喜欢的艺术品时，他就不那么"民主"了。有个流传至今的故事，发生在他尚未当皇帝时，足以说明问题。

《宣和画谱》记载，商人刘元嗣花大价钱购买了王齐翰所绘的《罗汉

---

① 郭若虚(生卒年不详)，太原(今属山西)人，宋真宗郭皇后侄孙，相王赵允弼婿，初任供备库使，又任辽国贺正旦使，熙宁八年以文思副使使辽，精于识鉴，喜好绘事且深谙画理。

● 《罗汉图》，绢本设色，117cm×56cm，
刘松年，南宋，台北故宫博物院藏

宋人非常喜欢罗汉图之类的神佛画像。此为南宋期间刘松年所绘罗汉图，用笔精湛，设色典雅，罗汉形象非常生动。图中罗汉穿一双"人字拖"，是当时流行的穿着，与今日的拖鞋并无二致。艺术品虽然离不开想象，但其反映的社会风物，确实是我们考察历史的一个别样视角。

图》十六卷，并质押在寺庙里，后来刘元嗣拿钱想从寺庙赎回画作，但寺僧认为他"贷款逾期"，不愿意还回去，这一来二去就告到官府。太宗知道后，一看画作大为欣赏，干脆各赏给刘元嗣和寺僧一笔丰厚的酬金，就据为己有了。十六天后，太宗即位，他觉得这幅作品给自己带来了"祥瑞之兆"，于是改名为《应运罗汉》，藏于秘府，这幅画后来被著录于徽宗朝的《宣和画谱》。此事反映了一个有趣的现象：宋人会把艺术品作为商品进行典当质押。

太宗对搜访典籍、书画的行为，还是非常自豪的。其目的，自然脱离不了历代皇家"成教化、助人伦"的政治功用和现实企图，但确实带有优待天下文士、存续治乱之道的鲜明特点，特别是在大宋开国之初，这种政治策略就显得尤为重要和迫切了。程俱在《麟台故事》中记载，淳化三年（992）九月，太宗到秘阁观书，看到"群书齐整"后，喜形于色，对侍臣说："丧乱以来，经籍散失，周孔之教，将坠于地。朕即位之后，多方收拾，抄写购募，今方及数万卷，千古治乱之道，并在其中矣。"很显然，太宗眼中的典籍，是承载了周孔之教、治乱之道的。他把这种搜集行为上升到了治国的高度，将文化建设摆在了国家政治建设的重要位置，与太祖赵匡胤的理念一脉相承，同时也深刻影响了宋代的后世皇帝。

太宗之后的历任宋代皇帝很好地继承了这个传统，几乎历朝均有藏品搜集和呈献活动。除常规的典籍、书画搜集外，皇帝也依个人喜好而有所偏重。比如，真宗对道教痴迷不已，在位期间东封泰山、西封汾阳，尤其喜欢那些稀奇古怪的"祥瑞之物"。许多人投其所好，进献大量灵芝、天书等"宝物"。仁宗朝的金石古物进献屡见不鲜，金石收藏和金石学开始兴起。经过几代皇帝努力，皇家收藏逐步发展，至徽宗时达到极盛，秘阁藏品中典籍、书画、金石、珍宝一应俱全，"冲牣填溢，百倍先朝"。仅就书画藏品而言，蔡绦的《铁围山丛谈》有如下记载：

殆至末年，上方所藏率举千计，实熙朝之盛事也。吾以宣和岁癸卯，尝得见其目，若唐人用硬黄临二王帖至三千八百余幅，颜鲁公墨迹至八百余幅，大凡欧、虞、褚、薛及唐名臣李太白、白乐天等书字，不可胜会，独两晋人则有数矣。至二王破羌、洛神诸帖，真奇殆绝，盖亦为多焉。①

　　这批藏品，不仅数量众多，而且质量精绝，仅唐人临王羲之、王献之父子的书帖就有3800多幅。当然，蔡绦记录的也不是徽宗朝皇家收藏的全部，在徽宗主导编著的《宣和画谱》《宣和书谱》和《宣和博古图》中，则分别收录了6396件绘画作品、1344件书法作品和839件古器物。宋人的记载虽然在数目上常有出入，但徽宗时期的皇家收藏确实称得上"熙朝之盛事"。而且，与太宗重视典籍收藏不同，徽宗更侧重于书画、珍玩、古器物收藏，这与他的个人爱好息息相关，也离不开宗教和迷信的助力。徽宗生于壬戌年五月五日，这一天是端午节，属火，古人认为这天不那么吉利。高木森在《宋人丘壑——宋代绘画思想史》中称："由于相信命中带火，他的日常行事、用具也要尽量避免火、木之属——他喜阴不喜阳，喜金不喜火……他大量收集古铜器，主要是因为铜属金，而且春秋战国的人称之为'吉金'，所以他认为古铜器代表一种瑞应。"由此，我们可以非常清晰地窥见宋代皇家收藏的两条逻辑线：注重政治功用、满足个人喜好。而且，两者往往是融合在一起的，很难割裂。
　　靖康之乱时，北宋皇家收藏遭遇浩劫。南渡后，高宗几乎是另起炉灶，又开始了大规模的民间搜集，进献活动也比较频繁，"四方争以奉上无虚日"。他还派人到榷场（宋代在边境设立的互市市场）收购北方遗失之物，因此有"绍兴内府所藏，不减宣政"的说法。但实际上，南宋的皇家收藏再也回不到徽宗时期的顶峰了。

---

① 宋·蔡绦《铁围山丛谈》卷四，中华书局，1983年，第78页。

令人咋舌的一次进献

靖康之乱后，高宗赵构即位，成为宋朝第十位皇帝和南宋开国皇帝。作为徽宗第九子，高宗继承了其父的艺术天分和对收藏的浓厚兴趣。在他的努力下，南宋皇家收藏开始恢复元气。

高宗朝，发生了一件令人咋舌的臣子进献事件。这件事记录于周密的《武林旧事》卷九，文章题目为"高宗幸张府节次略"，发生在绍兴二十一年（1151）十月，主角是绰号"没奈何"的张俊。

张俊（1086—1154），字伯英，凤翔府成纪（今甘肃省天水市）人，与岳飞、韩世忠、刘光世并称南宋"中兴四将"。南宋画家刘松年（传）的《中兴四将图》中，张俊须髯飘飘，一派儒雅气质，倒是身后的岳飞白白胖胖、弯眉小眼，与今人对英雄的想象有所不同。北宋亡后，张俊率先拥赵构为帝，高宗对其甚是信任，将其任命为御营前军统制，还因其战功卓著加封节度使。张俊率部抵抗金兵，帮助南宋稳定了国势，后遭高宗忌惮，被解除兵权，但高宗依然对他礼遇有加，封其为循王。张俊最为人诟病的，就是协助秦桧谋害岳飞，但他和秦桧的关系也属"心照不宣"。

张俊堪称巨富，十分好财，因担心招贼，将每一千两白银熔成一个大球，称之为"没奈何"，意为盗贼也奈何不得我。在绍兴二十一年十月的一天，他的府上迎来高宗这一最为尊贵的客人，张俊大排筵宴，奢华程度令人难以想象，被后世称为"天下第一宴"。而张俊在宴席上进献高宗的藏品，更是世所罕见：

玉器包括古玉17件、时作玉44件；金器有一千两，以及珠子、翠毛、玻璃、玛瑙等。古器有龙文鼎、商彝、高足商彝、商父彝、周盘、周敦等。汝窑瓷器有酒瓶、洗、香炉、香合、香球、盏等。书画就更是"富可敌国"了，包括御宝10轴、无宝有御书9轴、无宝无御书2轴共21轴，其中有许多前世画家的代表作：曹霸五花骢、冯瑾雾烟长景、易元古写生花、黄居宝雀竹、吴道子天王、张萱唐后竹丛("唐后"字疑误)、边鸾萱花山鹧、黄筌萱草山鹧、宗妇曹氏蓼岸、杜庭睦明皇斫脍、赵昌踯躅鹌鹑、梅竹思踯躅母鸡、杜霄扑蝶、巨然岚锁翠峰、徐熙牡丹、易元吉写生枇杷、董源夏山早行二轴、李煜林泉渡水人物、荆浩山水、吴元俞紫气星等。

这份进献的清单有幸流传到现在。不得不承认,张俊虽然不以收藏闻名,但其收藏的数量和质量,都堪称一流。这种大手笔的进献方式,充满了对皇帝的阿谀奉承,简直到了令人瞠目的程度。这也从一个侧面说明,宋代士夫和官僚阶层,已经把文物艺术品作为了上流社会社交活动的重要筹码,以此来取悦皇帝,获得认可。其间含有微妙的政治因素,而非单纯地出于喜好。

历史带来的错觉

上述宋代皇帝们这种锲而不舍的搜集行为,特别是史料中的大量记载,会给我们一个阅读的"错觉",是不是民间的珍贵藏品都被"应收尽收"了? 宋人的笔记里确实有这么说的。陈鹄在《西塘集耆旧续闻》里记载:"本朝自建隆以后,平定僭伪,其间法书名迹,皆归秘府。"陈鹄是南宋时期的人,淳熙至嘉定朝(1174—1224)在世,建隆则是太祖赵匡胤用的第一个年号,也是宋朝的第一个年号。时间跨度这么大,陈鹄所说的"皆归秘府"有何凭证? 虽然他加了个"平定僭伪"的前提,但结论下得确实武断了。此类描述性的结论,在宋人的记载里并不少见。最直接也最容易反驳的理由是,如果天下法书名迹都被皇家收走了,哪来的私藏? 又怎么解释宋代私藏的兴盛? 这里还牵扯到一个问题,或许有人会说,皇家收走的是珍贵的法书名迹,民间的私藏,只不过是今人所称的"老普残"(对一般性古董的戏称,意指虽然是老物件,但很普通,有残损,较之具有很高历史、艺术价值的珍品,不太上档次)而已。其实,像宋代苏易简、贾似道等的私藏，其精品足以与皇家媲美。那么，问题又来了，民间是如何得到这些藏品的？实际上，皇家与民间两种收藏体系绝不是封闭的，两者在藏品的流通上确有渠道，且民间也自有其收藏的来源。南宋末年的权相贾似道，就从皇家"顺"走不少宝贝。《佩文斋书画谱》中记载："贾似道留心书画，家藏名迹多至千卷，其宣和、绍兴秘府故物往往请乞得之。"

答案很容易找到。我们翻检史料，可能被历史给出的错觉所欺骗。依照常理，皇家的收藏行为，虽然会导致民间大量藏品流向秘府，但绝对不会"应收尽收"。这是一个容易被忽略的常识和历史应有的逻辑，现实永远比书本上的记载丰富和复杂。民间肯定有不愿进献的，但这种事通常不会嚷嚷出去，谁愿意因此而惹上麻烦呢？何况宋代皇帝的民间搜集行为一般都比较民主，不会强人所难。我们在宋人的笔记里，就能找到蛛丝马迹。叶梦得《避暑录话》记载："《明皇幸蜀图》李思训画，藏宗室汝南郡王仲忽家……宣和间内府求画甚急，以其名不佳，独不敢进。"这就是一个因为作品"政治不正确"而不敢进献的事例。凡事都要讲点政治头脑，给当朝皇帝献上一幅前朝皇帝"幸蜀"的画作（后人考证，这幅画的内容其实和明皇幸蜀不沾边儿），显然是不合时宜的。

还有的是不愿进献。赵彦卫《云麓漫钞》记载，自己的岳父张氏藏有柳公权书法二十四通。分家时，藏品散归各房所有。后来，岳父的哥哥和弟弟分别将手里的藏品献给了内府，但唯独他本人"未曾献纳"，留了两通。这种"上有政策、下有对策"的情况，史料里确实不多见，但还是被喜欢记笔记的宋人记了下来。所谓"草蛇灰线"，就是隐匿于历史深处的"逻辑演进"，估计现实中还有很多与此类似的例子。藏家们不愿上交的原因，应该是极其喜欢，舍不得送出去。尽管朝廷对进献行为给了很大的政策性奖励，但在割这些藏家的"肉"时，谁不会心疼呢？

● 《明皇幸蜀图》，绢本青绿设色，56cm×81cm，
李思训（传），唐代，台北故宫博物院藏

　　此图描绘的是唐玄宗于"安史之乱"后避难入蜀的故事，但画面中
丝毫看不出逃难的狼狈，是一派帝王游春的景象。其整体风格与隋代
展子虔的《游春图》类似，呈现出山水画发展史中的早期面貌。中国画
中，最早成熟的是人物画，山水树木多为人物的配景，后来逐渐成熟，
最终确定了人物、山水、花鸟三个科目，山水画也占据了主流地位。此
图作者未有定论，是否为叶梦得《避暑录话》中记载的那幅，仍有争议，
但并不妨碍其作为传世名画的历史地位。

皇帝的赏赐与恩惠

历代皇家收藏均以稳健和保守著称,这与皇家"一国正统"的地位相关。但皇家收藏又不是始终处于静态,藏品的流转也时有发生。藏品一旦离开宫廷(战争、丧葬、盗窃等非正常因素除外),就意味着向民间的供给和输送,实现了空间挪移和物主交换,使收藏活动变得丰富多彩起来。这是皇家与民间两种收藏体系相互融合、促进的过程,为民间收藏在有宋一代的兴盛,起到了推波助澜的作用。其方式,主要就是皇帝的赏赐。

宋代皇家的收藏品赏赐行为,最早可以追溯到太祖。《图画见闻志》中记载:

> 江表用师之际,故枢密使楚公适典维扬,于时调发军饷,供济甚广。上录其功,将议进拜,公自陈愿寝爵赏,闻李煜内库所藏书画甚富,辄祈恩赐。上嘉其志,遂以名笔仅百卷赐之,往往有李主图篆暨唐贤跋尾。①

楚昭辅(914—983)为北宋的开国功臣,以才干著称,且嗜好收藏。太祖因其有功,想给予嘉赏。楚昭辅倒是实在,直接向太祖索求原李煜内府所藏书画,太祖更是爽快,一下子给了百卷之多。在宋代,这种奖渥功臣的赏赐行为可谓比比皆是,其目的性也最强,体现了皇帝对臣下的关心和肯定,但像楚昭辅这样带点"索要"意味的,也比较少见。高宗赵构也曾赏赐抗金名将岳飞一大批珍贵的藏品,包括诸葛亮的《屯田三事》、乔潭的《舞剑赋》,以及北宋大书法家黄庭坚的书法作品。他还赏赐给秦桧许多藏品,秦桧拿到这些赏赐之后,往往奏请刻石,分赠同僚,甚至分送到各地。秦桧的这种做法,美其名曰"彰显皇恩",其实也是借皇恩给自己加

---

① 宋·郭若虚《图画见闻志》卷六,中国书店,2018年,第214至215页。

持的高明手段。有时高宗再三推辞,但也拗不过——谁不喜欢拍马屁呢?这是臣子借皇帝的赏赐大做文章的适例,但也在客观上起到了传布皇家收藏、促进艺术品在皇家与民间交流的作用。

有的赏赐行为,与皇帝的喜好密切相关。仁宗对金石古器物颇有兴趣。他经常带领大臣赏玩,还命人拓下铭文后赐予近臣。翟耆年在《籀史》中记载了两则故事:

> 皇祐初,仁宗皇帝召宰执观书太清楼,因阅群国所上三代旧器,命摸款以赐近臣。
>
> 皇祐三年,诏出秘阁及太常所藏三代钟鼎器,付修太乐所,参较齐量,又诏墨器窾以赐宰执。[1]

临仿字画和摹拓金石,是宋代皇帝十分喜欢的"政余雅事"。获赠铭文拓本的大臣也肯定是如获至宝。这种赏赐行为,让内府珍贵的古器物摹拓得以在民间流传,一定程度上促进了宋代金石学的兴起。

还有一种赏赐,就相对任性和随意。郭若虚在《图画见闻志》中记载,有一次,真宗路过华山,想见见在这里隐居的种放,种放称病不见。真宗就问前去召见的使者,使者说,种放正在草亭中欣赏画作《水牛图》。真宗一听非常高兴,对侍臣说"此高尚之士怡性之物也",就把随身携带的内府所藏四十多卷画作送给了种放。种放是北宋时期著名的隐士,对宋代道家学说的发展影响至深。后人尊为"陈抟老祖"的道教宗师陈抟,就曾将其专门研究乾坤坎离的《先天图》传给种放。迷信道教的真宗,对种放尊敬有加,待之以礼。《宋史》"列传隐逸"中专门列种放传记,其中有许多真宗赏赐种放的记录,真宗每次都"出手大方"。

在宋代的所有皇帝中,赏赐时最为任性的恐怕就是徽宗了。崇宁元

---

① 宋·翟耆年《籀史》,中华书局,1985年,第10至11页。

年(1102),茅山上清派第二十五代宗师刘混康①离开京师将要返回茅山,与之神交的徽宗一下子赐予白玉念珠、烧香简、红罗龙扇、"九老仙都君"玉印,以及自己抄写的道教经文等物。邓椿《画继》记载,徽宗的第二个儿子郓王赵楷也酷爱收藏,"性极嗜画,颇得储积,凡得珍图,即日上进。而御府所赐,亦不为少,复皆绝品,故王府画目,至数千计"。父亲送给儿子,而且"皆绝品",也算是"肥水不流外人田"。

作为艺术家,徽宗的赏赐行为,有时还带有一点浪漫且感人的情调。蔡绦《铁围山丛谈》中记有一则徽宗帮助其姑父、画家兼收藏家王诜搜访残缺的名画,"合璧"后物归原主的佳话。当时,徽宗还没有当皇帝,王诜则在艺术、收藏等领域对徽宗多有指导和影响:

> 王晋卿家旧宝徐处士《碧槛蜀葵图》,但二幅。晋卿每叹阙其半,惜不满也。徽庙默然,一旦访得之,乃从晋卿借半图,晋卿惟命,但谓端邸爱而欲得其秘尔。徽庙始命匠者标轴成全图,乃招晋卿示之,因卷以赠晋卿……厥后禁中谓之《就日图》者。是以太上天纵雅尚,已著龙潜之时也。及即大位,于是酷意访求天下法书图画。②

徽宗是赵佶的庙号,因此,宋人在笔记中称徽宗为"徽庙"。徽宗最著名的一次赏赐,被蔡京记录了下来。在王希孟的《千里江山图》中,蔡京题跋了一段文字,简述徽宗赏赐的缘由:

> 希孟年十八岁,昔在画学为生徒,召入禁中文书库,数以画献,未甚工。上知其性可教,遂诲谕之,亲授其法。不逾半岁,乃以此图进。上嘉之,因以赐臣京,谓天下士在作之而已。

---

① 刘混康(1036—1108),北宋著名道士,字混康,一字志通,人称"华阳先生",晋陵(今江苏省常州市)人,深受徽宗赏识。
② 宋·蔡绦《铁围山丛谈》卷四,中华书局,1983 年,第 78 页。

《千里江山图》是一幅有故事的作品。徽宗的这句"天下士在作之而已",说的到底是什么意思?是在表扬王希孟还是勉励蔡京?蔡京语焉不详的"上嘉之",似乎也缺少语境的衬托。尤其是神秘的王希孟,被后世解读为徽宗亲自指导创作、技艺进步神速的年轻天才。更令人不解的是,《千里江山图》作为深受徽宗喜爱的作品,为什么少有宋人的相关著录和记载?这些历史的"留白"处,无不引人遐思。但不管怎样,此画完整地流传到了今天。千年后,当我们排着长队在故宫观赏这幅画时,或许会感叹于历史的魅力——越是靠近她,越是若即若离。

政和三年闰四月一日赐希孟年十八岁昔
在画学为生徒召入禁中文书库奉以
画数未甚工
上知其性可教遂诲谕之
亲授其法不逾半岁乃以此图进
上嘉之因以赐臣京谓天下士在作之而已

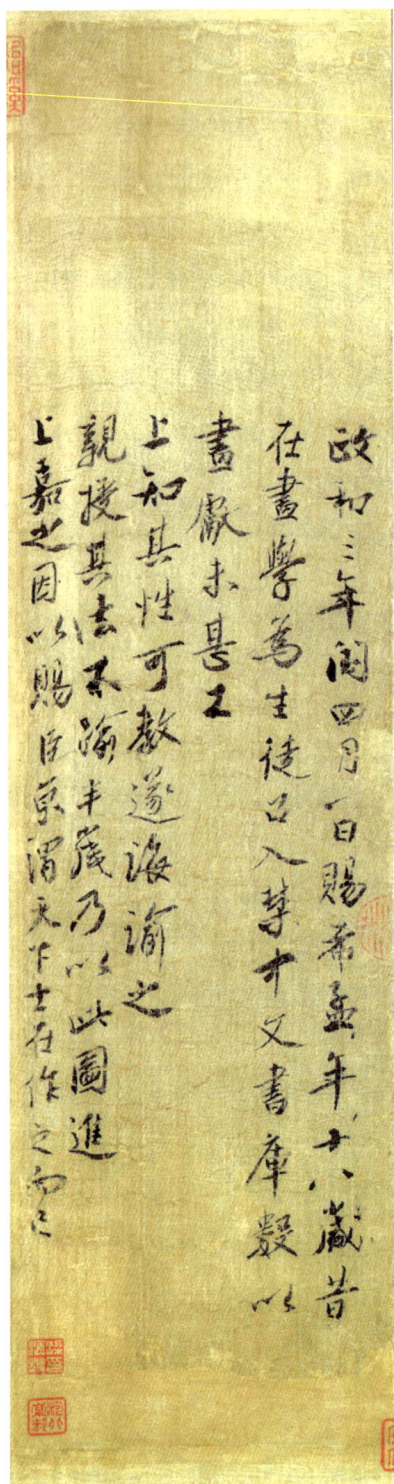

● 蔡京在《千里江山图》
上的题跋，此文字与传世的
蔡京书法相比，存有争议。

● 《千里江山图》(局部),绢本设色,
51.5cm×1191.5cm,王希孟,北宋,北京
故宫博物院藏

《千里江山图》采用中国画传统的散点透
视法,描摹精细入微,大有咫尺千里之感,是
宋画中的极品。其最大的特点在于敷色艳丽
而典雅,为青绿山水的典范。

保存与整理

　　藏品一朝归为赵家,也就意味着变成了皇家和官府的财富,但这只是收藏行为的第一步,接下来才是重头戏。如何保存、整理这些典籍、字画和金石古物? 这就涉及收藏的意义——只有基于敬畏之上的珍惜和研究,才能使藏品承载的文明得以完整地延续。我们的先人早就参悟到了这个道理,《尚书》中就有"惟殷先人,有册有典"的记载。汉代建立的天禄、石渠两阁,即为我国最早的国家档案馆和图书馆。两宋期间,普遍带有"书卷气象"的皇帝们在这方面下了很大功夫,为藏品选择"安身之所",悉心地加以呵护和保存,并对藏品进行了系统的整理和著录,为后世留下一笔宝贵的遗产。

藏品的安身之所

　　所谓"收藏","收"之后便是"藏"。宋代皇家的藏品,到底藏在哪里? 这是个颇为复杂的问题,涉及两宋300多年官制演进、收藏机构职能和称谓的变迁等等,非三两句话可以说清。为求简单明了,先谈一个技术性问题:古代"普天之下莫非王土",本书所述的皇家收藏,即泛指皇家统摄下的政府收藏与宫廷收藏。为什么要如此概括? 就是因为宋代皇家对藏品的储存和保管,大致可以分为两个体系:官方的国家收藏体系、宫廷的皇室收藏体系。有学者将这两个体系统称为"秘府收藏",但分开来说,又是纠缠不清、错综复杂,尤其在称谓上,更是名头繁多。要说两者的最大区别,就是前者带有现代国家图书馆的性质和公共属性,当然,与现如今的图书馆还存在很大差别;后者则较为私密,带有宫廷纪念馆或皇帝私人博物馆的属性,但也并非"秘不示人"。前者以官方的崇文院和秘书省为代表,后者则以历代帝王所建的神御殿和皇宫内皇帝燕居游息的偏殿为代表。

先说崇文院和秘书省。

宋朝建立伊始,沿袭了唐代旧制,设立昭文馆、史馆和集贤院三处殿阁储藏典籍,并负责修史校勘等工作。但草创的三馆"仅庇风雨""朝夕喧杂",且藏品越来越多,难以满足储藏的需求,于是太宗便下诏新建馆址。太平兴国三年(978)新址建成,迁贮原三馆书籍,太宗赐名为"崇文院"。新建的崇文院,院东廊为昭文院书库,南廊为集贤殿书库,西廊为史馆书库。

端拱元年(988)五月,太宗还对崇文院进行了一番改革。《宋会要辑稿》记载:

> 诏就崇文院中堂建秘阁,择三馆真本书籍万余卷及内出古画墨迹藏其中。[1]

此时的秘阁,设在崇文院的中堂。秘阁的主要功能,类似于"特藏库",既分担了崇文院三馆典籍收藏的压力,又开始大量收储皇家收藏的

---

[1] 清·徐松《宋会要辑稿·职官一八》,中华书局,1957年,第2778页。

书画珍品，并最终成为两宋宫廷储藏书画的主要机构。比如，秘阁设立后，崇文院三馆收藏的顾恺之、韩干以及"二王"墨迹均转储于此。但秘阁成立之初，地位低于崇文院三馆。淳化元年（990）八月，太宗听从秘书监李至①等的建议，将秘阁与崇文院三馆并列，称为"馆阁"，后人也称"三馆一阁""三馆秘阁"，或者干脆就叫"四阁"。淳化三年（992）五月，太宗还下诏对秘阁进行增修，八月，秘阁新建筑落成，正式从崇文院的中堂独立了出来。九月，太宗亲自视察秘阁，在此发出了"千古治乱之道，并在其中矣"的感慨。

秘阁到底是何景象？沈括在《梦溪笔谈》中有一则记载，称"内诸司舍屋，唯秘阁最宏壮，阁下穹窿高敞，相传谓之木天"。此"木天"，有木制天棚之意，南朝梁元帝《金楼子·杂记》中有"斋前悉施木天，以蔽光景"。到了宋代，人们将其指称为高大宏伟的木结构建筑，在沈括这里，则是秘阁的别称，并延续了下来。比如，南宋陆游《恩除秘书监》诗称："扶上木天君莫笑，衰残不似壮游时。"明代，"木天"则是翰林院的别称，唐寅《贫士吟》诗中有"宫袍着处君恩渥，遥上青云到木天"句。可以想见，秘阁作为大宋开国之初的大型文化设施，由皇帝亲自倡导修建，必须彰显高敞的气派，确实是当时的"标志性建筑"。

神宗朝的元丰五年（1082），官制改革，崇文院被罢废，由秘书省接管其全部职能，并将秘书省搬迁到崇文院的办公地。此时，秘阁虽然归属了秘书省，但职能未变，仍然是宫廷重要的书画储藏场所。在称谓上，人们也习惯了以往的叫法，秘书省依然被统称"三馆秘阁"。南渡之后，南宋延续了秘书省的官制和功能，但秘阁的地位再次显著提升，取代画院执行书画鉴定、装裱、著录等职能，在书画鉴藏领域被赋予了更大权力。无论是原先的崇文院还是后来的秘书省，均带有一定公共属性，后人也将其

---

① 李至（947—1001），字言几，真定（今河北正定）人。太宗太平兴国初进士，释褐将作监丞、通判鄂州，擢知制诰，直史馆。太平兴国八年为翰林学士、右谏议大夫、参知政事。雍熙初年，加给事中，兼秘书监。《宋史》有《李至传》。

形象地比喻为宋代的"国家图书馆"。

再说神御殿。

神御殿不是一个殿,而是源于古代的原庙,是古代安放先帝御容、牌位并祭祀的场所。两宋自太祖赵匡胤时开始建造其父的神御殿,历代帝王多有延续,而且南北宋在神御殿的具体设置上,也有较大区别。

清代周城所著的《宋东京考》记载:"宋朝诸帝,多优文事,兼长书画,每易一朝,必立一阁。"新帝即位后,就要为前朝皇帝设立神御殿,通常以"阁"来命名,比如真宗为纪念太宗而建"龙图阁"(包拯就担任过龙图阁直学士,直学士是一个有名无实的虚衔,从三品,后人也因此称包拯为"包龙图"),仁宗为纪念真宗而建"天章阁",英宗为纪念仁宗而建"宝文阁",哲宗为纪念神宗而建"显谟阁",徽宗为纪念哲宗而建"徽猷阁"。在这些具有纪念馆性质的场所,专门收藏前朝皇帝的御书翰墨、御制诗文、典籍、图画、祥瑞之物、功臣图像等。建炎南渡后,南宋自绍兴二十四年(1154)起,重建神御殿,以"天章一阁"合并了历代祖宗诸阁。也就是说,设一处综合性的纪念馆,名字借用了纪念真宗的"天章阁"。在这个地方,放置了南北宋诸皇帝的牌位,一并加以纪念。期间,神御殿的收藏功能从未中断,成为崇文院、秘书省、秘阁之外非常重要的皇家收藏场所。不过,由于"皇家纪念馆"的特殊性质,神御殿的收藏品不会轻易对外公开。

最后,我们来谈谈最为复杂的偏殿。偏殿肯定是处于皇宫内部,但不同于皇帝正式的寝宫,主要满足皇帝休闲的需求,相当于书房。因储藏了大量珍贵的藏品,偏殿类似于皇帝专属的"私人博物馆",随时供皇帝在此赏玩娱乐。每个皇帝的性情、喜好都不一样,因此,不同的偏殿也因皇帝的个性化需求而在收藏领域有所侧重。偏殿的问题之所以复杂,是因为皇宫内的建筑经常被改名、翻建,有的皇帝还在多处偏殿收纳藏品。梳理这个问题,就像在两宋宫廷内进行一次跨度300多年的游览。我们举两个例子,简述大概。崇政殿原来是为皇帝说书的场所,后兼藏书画器物。

宣和殿的藏品分门别类、琳琅满目，是北宋晚期特别是徽宗朝皇家非常重要的收藏空间，徽宗朝的藏品著录，即以"宣和"冠名。总之，偏殿也属私密性质，但皇帝经常在这里与臣下雅会，成为其品评书画艺术、分享鉴藏乐趣的重要场所。此类场所还有太清楼、清心殿、资政殿等等。

还有一种情况，人们似乎很少注意。考察今故宫各建筑的内部陈设就会发现，一般的建筑内部特别是寝宫，基本上都有摆放字画、珍玩的惯例。作为"风雅渊薮"的皇室，这种做法很容易理解，似乎是"家居"陈设的一种惯例，也符合人们对居住空间的审美需求。南北宋皇宫已不复存在，但据此也可以大胆推测，除上述几处重要的皇家收藏品储纳地，宋代皇宫内各处，还应该散放了大量藏品，一来起到装饰空间的作用，二来也可以供皇帝随时赏玩。另外，在藏品储放的分类上，三馆侧重典籍，秘阁侧重书画，神御殿侧重前朝皇帝的墨宝等，各类偏殿则较为综合，但这种分类没那么严格。

如何保管和整理藏品

细分起来，宋代的皇家收藏品，大致有典籍、字画和器物三类。器物的保管最为省力，通常情况下，掸掸灰尘、挪挪位置即可。但典籍和字画就不那么容易保管了。

典籍收藏是宋代皇家收藏的传统，《宋史》载：

> 尝历考之，始太祖、太宗、真宗三朝，三千三百二十七部，三万九千一百四十二卷。次仁、英两朝，一千四百七十二部，八千四百四十六卷。次神、哲、徽、钦四朝，一千九百六部，二万六千二百八十九卷。三朝所录，则两朝不复登载，而录其所未有者。四朝于两朝亦然。最其当时之目，为部六千七百有五，为卷七万三千八百七十有七焉。

迫夫靖康之难,而宣和馆阁之储,荡然靡遗。高宗移跸临安,乃建秘书省于国史院之右,搜访遗阙,屡优献书之赏,于是四方之藏,稍稍复出,而馆阁编辑,日益以富矣。当时类次书目,得四万四千四百八十六卷。至宁宗时续书目,又得一万四千九百四十三卷,视崇文总目,又有加焉。

　　自是而后,迄于终祚,国步艰难,军旅之事,日不暇给,而君臣上下,未尝顷刻不以文学为务,大而朝廷,微而草野,其所制作、讲说、纪述、赋咏,动成卷帙,累而数之,有非前代之所及也。①

　　这段记载,称得上宋代典籍收藏的简史了。所列数字之详,为我们考察宋代收藏史提供了丰富的信息。皇家如此浩繁的书籍,保管起来确实是件难事,但当时已经具备了相当完善的保护手段,今人对此多有总结。概括起来,大致有以下几种方式:

　　备份。为防止意外,把收来的典籍手抄成若干本。早在淳化元年(990),太宗就令直阁校理掌管秘阁图书的缮写工作。咸平二年(999),真宗在诏求佚书的同时,命令崇文院三馆写"四部书"二部,一置太清楼,一置龙图阁。这样的例子,宋代几乎历朝都有。

　　分类。把藏书分类后放进木橱,再把木橱外涂上绿漆予以保护,时称"绿橱"。分橱藏书,也可以理解为如今图书馆管理中的分类保存。

　　防火。平时对炉火管控相当严格,有专人负责"押火洒熄",并设专门的消防队"潜火司"驻扎,司内设置了大小水桶以及救火器具,以备不时之需。

　　防蛀。宋代多用胡椒、花椒浸渍的汁液渗透纸中,防止虫蛀。而秘阁的藏书多用黄檗(柏)汁渗纸。沈括在《梦溪笔谈》中就专门谈到书籍防蛀的问题。

---

① 元·脱脱等《宋史》卷二百二,中华书局,2000 年,第 3366 页。

防潮。每年夏季阳光最好的时候开始晾晒。南北宋皆有延续，俨然一次盛大的图书展示会和艺术品博览会。皇帝还会在此期间请群臣观览并举办宴请。

防盗。北宋时期建立"宿直制度"，官员要带班值守，五日一轮；职吏也要轮流守夜，每日二人。值班官员还要写值班日记，带班的官员会检查值班值守情况。这与现在的值班制度几乎没什么区别。南宋时期，保卫工作更加严格，由皇城司、殿前步军司等皇家卫队调遣禁卫军，作为秘府的警备。宁宗时，还在秘书省加盖外墙，"并置铺屋巡逻"。这一套安全保卫体系可谓相当完备。当然了，轮班值守的官员们，有时也会偷懒。沈括就在《梦溪笔谈》中称，遇到值班官员的"豁宿"（因故不在岗），一般会在值班日记中的该官员名下，注明一个"腹肚不安，免宿"的理由，也就是说，找个拉肚子的托词翘班。因此，馆阁值班日记也被戏称为"害肚历"。

在妥善保管的基础上，宋代皇家对藏书进行了大规模的校勘、编目、刻印等工作。太宗、真宗两朝用力尤勤，编著的《太平广记》《太平御览》《文苑英华》《册府元龟》（俗称"四部书"）等巨著，就是利用秘府所藏的典籍来完成的。此外，典籍的整理与皇帝的喜好也密切相关，尤以道教对皇帝的影响最大。太宗曾访求道经七千余卷，令人删重校正。真宗也大兴道教，编辑整理了《大宋天宫宝藏》。徽宗对道教和祥瑞也很痴迷，于政和年间编辑了《万寿道藏》。

以藏书校勘为例，《宋会要辑稿》有一段颇为详细的记载：

> 凡校勘官校毕，送复校勘官复校。勘毕，送主判馆阁官点校、详校，复于两制择官一二人充复点校官，俟主判馆阁官点校、详校讫，复加点检。皆有程课，以考其勤惰焉。[1]

---

[1] 清·徐松《宋会要辑稿·崇儒四》，中华书局，1957年，第2232页。

笔者曾在报馆工作过,谙熟所谓的"三校"制度。宋人校勘典籍的严谨程度,绝不亚于今天,甚至是有过之而无不及。这也体现了皇家对典籍的重视。在这个过程中,还对校勘官有严格的考勤,类似于今天的打卡上班,简直是精细化管理的典范。"宋本"书籍的精良,即有赖于这种精益求精的态度。但话也不能那么绝对,有精益求精的,也肯定有滥竽充数、和尚撞钟的。《梦溪笔谈》讲述了一个有趣的现象:"旧校书官多不恤职事,但取旧书以墨漫一字,复注旧字于其侧,以为日课。"这种偷懒的把戏,充满了读书人的"狡猾",想来并不是个案。

在书画摹刻方面,太宗于淳化三年(992)命翰林侍书王著①把内府所藏历代墨迹四百余件分为十卷,让工匠临摹刻成石碑放置于淳化阁中,并制成拓本,分赐宗室、大臣欣赏收藏,这就是历史上最早且影响最大的法书丛帖《淳化阁帖》,后世誉之为中国"法帖之冠"和"从帖始祖"。淳化三年也由此成为书法史上的一个重要年份。《淳化阁帖》刊刻精良,保留了宋之前书法的风貌,并正式确立了王羲之"书圣"的历史地位,以其官刻丛帖之端,掀起了宋代官私刻帖之风,影响直至当代。

在书画艺术品保存方面,因为这些藏品在艺术上的不可替代性,其保管就更需用力。皇帝往往让画院的画师进行临摹,并与真迹一同保存。在当时的历史条件下,这一方式非常科学,但也造成后人在鉴定方面的困难。而装裱作为书画艺术品最好、最核心的保管方式,在宋代可谓登峰造极。徽宗对书画艺术品装裱亲力亲为,为后人留下了著名的"宣和装",

---

① 王著,字知微,成都人,于后蜀明经及第,任永康等县主簿。宋平后蜀,在赵州隆平县主簿任上达11年。因善工书,太平兴国三年受荐改卫寺丞、史馆祗候;3年后受到太宗召见,赐绯,加著作佐郎、翰林侍书与侍读,与另一位博通经史的翰林侍读吕文仲一同值更于御书院。雍熙二年迁左拾遗,出使高丽。端拱初,加殿中侍御史。淳化三年,太宗令出内府所藏历代墨迹,命王著编次摹勒上石于禁内,名《淳化阁帖》。王著生卒年问题,学界观点不一。
案:《宋史》中还记有另一个同名的"王著"传记,亦为宋初之人,少有才俊。这位王著最为知名的一件事,与太祖赵匡胤有关。某次,太祖设宴招待群臣。王著原为后周臣子,喝醉酒思念故主,不顾礼仪而当众喧哗。太祖毫不怪罪,命人将他扶出去休息。王著不肯走,掩在屏风后大哭。第二天,有人上奏称王著当众大哭思念前朝旧人,应当严惩。太祖说,他喝醉了。周世宗时,我和他同朝为臣,熟悉他的脾气秉性。他一个书生,哭哭故主,也不会出什么大问题,随他去吧。

这是宣和年间由徽宗钦定的装裱形式,徽宗亲自为装裱过的作品题写标签。现藏于北京故宫博物院的梁师闵《芦汀密雪图》,就是典型的"宣和装"。此种装裱方式精致典雅,较唐代更为完整、更具艺术性,成为后世装裱艺术的典范。

不过,在书画保存方面也有用力过猛而适得其反的,高宗即是一例。高宗非常重视书画艺术品定验、分等、题签、题跋、装裱和摹拓等工作,建立了一套完整的体系。但高宗似乎患有过分追求整齐划一的"强迫症",命人装裱时,往往把前代人在书画上的题记拆去,连老爸徽宗的墨迹也难以幸免。《绍兴御府书画式》(此文见于周密《齐东野语》,是一篇记录南宋宫廷书画装裱收藏制度和工艺的重要文章)记载,"古书画如有宣和御书题名,并行拆下不用","凡经前辈品题者,尽皆拆去,故今御府所藏,多无题识,其原委、授受、岁月、考订,渺不可求,为可恨耳"。高宗的做法有一定的政治考量,他对徽宗朝蔡京、蔡卞等人非常厌恶,这些人的题跋连同徽宗的题签在内,在改朝换代后重新装裱时,就被当作政治印记抹除了。这种做法类似于徽宗朝对苏轼作品实施的"销禁",珍贵的艺术品在历史长河中总是被裹挟于政治旋涡而命运多舛。

以宣和冠名的三部著作

徽宗是宋代皇家收藏的集大成者,也是最具话题效应的皇帝,这与他的天赋、性情、爱好和境遇息息相关。做皇帝是他的"本业",但并不成功,最终沦为"乱世囚徒"并客死他乡,脱脱在《宋史》中感叹其"诸事皆能,独不能为君耳"。有意思的是,《北窗炙輠录》记录了周正夫评价仁宗皇帝的一句话,与《宋史》对徽宗的评价,句式相似但判若云泥:"仁宗皇帝百事不会,只会做官家。"但是,徽宗虽然没有仁宗的好运,却凭借其天赋异禀和强力推动,将个人喜好与皇权加持完美地融合在一起,把艺术

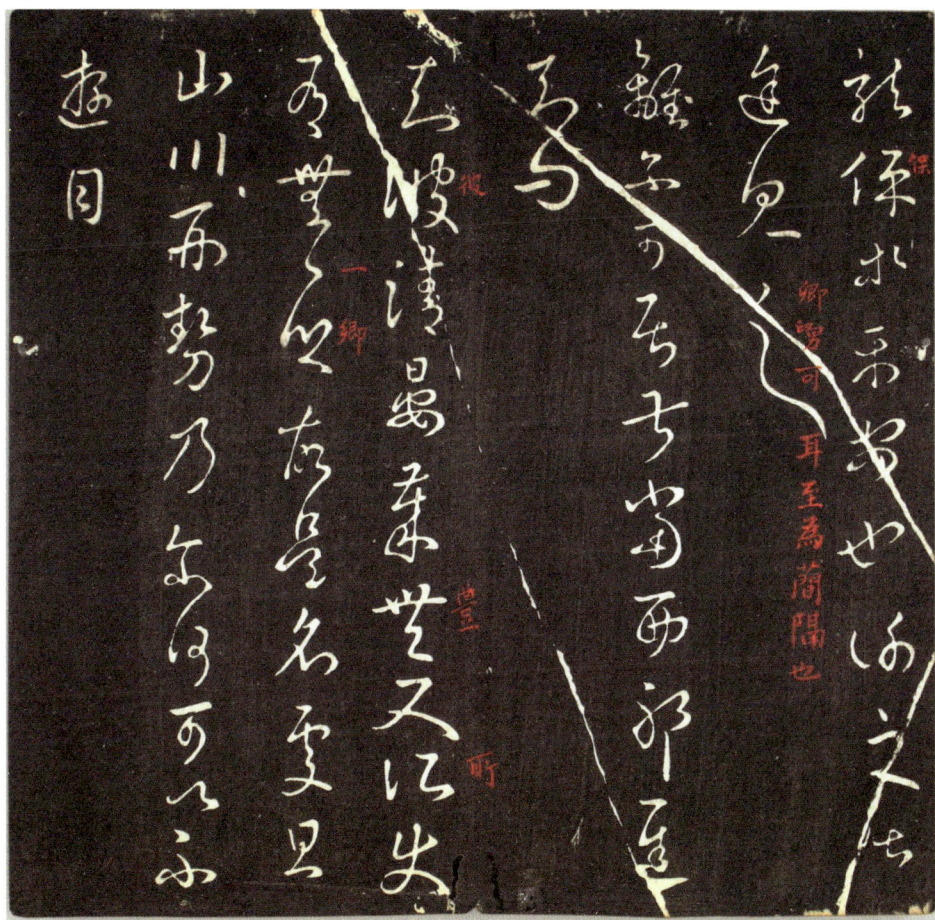

● 《淳化阁帖》传世版本众多，此为所录王羲之墨迹之一，较好地保留了王羲之书风，由此奠定了王羲之在书坛的正统地位，影响极其深远。

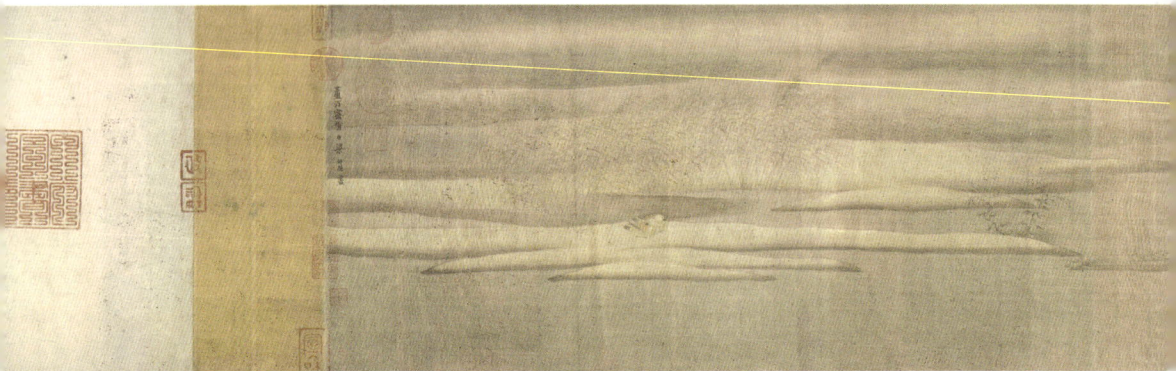

● 《芦汀密雪图》,绢本设色,
26.5cm×145.6cm,梁师闵,北宋,
北京故宫博物院藏

　　此图描绘了密雪覆盖丘岸的冬日芦塘景色,空旷清幽的天地
间,双鸟徘徊,意境深远。宋画中,此类作品往往给人以一种哲学的
思考,反映了宋人对自然万物的精微观察和理解。《芦汀密雪图》的
装裱风格是人们研究宣和装的样本。

作为皇帝的功业,推动宋代收藏进入了一个"全盛之世"。

徽宗任期内,大兴画院。他提升画院的规格,交由翰林图画局管理,并于崇宁三年(1104)将画学纳入科举,将考试分为禅道故事、人物、山水、鸟兽、花竹、屋木六科。徽宗还亲自出题考试,后世津津乐道的"野水无人渡,孤舟尽日横""深山藏古寺"等颇为诗意的题目,均为徽宗所出。进入画院的学生,大致分"士流"与"杂流"两类,前者兼有读书的背景,后者则归为工匠。画师的地位和待遇也较前朝有显著提升,并在服饰上着"绯紫"和"佩鱼"。画师的报酬称为"俸直",工匠的报酬则被称为"食钱"。徽宗朝许多画院画师的作品,被直接纳入皇家的收藏体系,这也是宋代皇家收藏品的重要来源,即时人创作,且南北宋皆有这个传统。但南宋时,画院并非实际上的独立机构,而是由众多宫廷画师构成的"抽象集合体"。这些画师,有的隶属于三省六部各级官僚体系,有的干脆身兼阁职,地位清显。①

徽宗不仅大力倡导艺术,还亲染翰墨,他的瘦金体劲瘦清迈,有断金割玉之力,花鸟画也是出神入化。流传至今的徽宗画作,虽然有画院画师代笔的嫌疑,但其画艺当不可小觑。

关于徽宗大兴画院的情况,《宋史》有详细记载:

> 画学之业,曰佛道,曰人物,曰山水,曰鸟兽,曰花竹,曰屋木,以说文、尔雅、方言、释名教授。说文则令书篆字,著音训,余书皆设问答,以所解义观其能通画意与否。仍分士流、杂流,别其斋以居之。士流兼习一大经或一小经,杂流则诵小经或读律。考画之等,以不仿前人而物之情态形色俱若自然,笔韵高简为工。②

---

① 此观点出自彭慧萍《虚拟的殿堂:南宋画院之省舍职制与后世想象》(北京大学出版社,2018年),彭慧萍对两宋秘阁书画储存制度以及两宋画院沿革均有深入研究和独到见解。
② 元·脱脱等《宋史》卷一百五十七,中华书局,2000年,第2467至2468页。

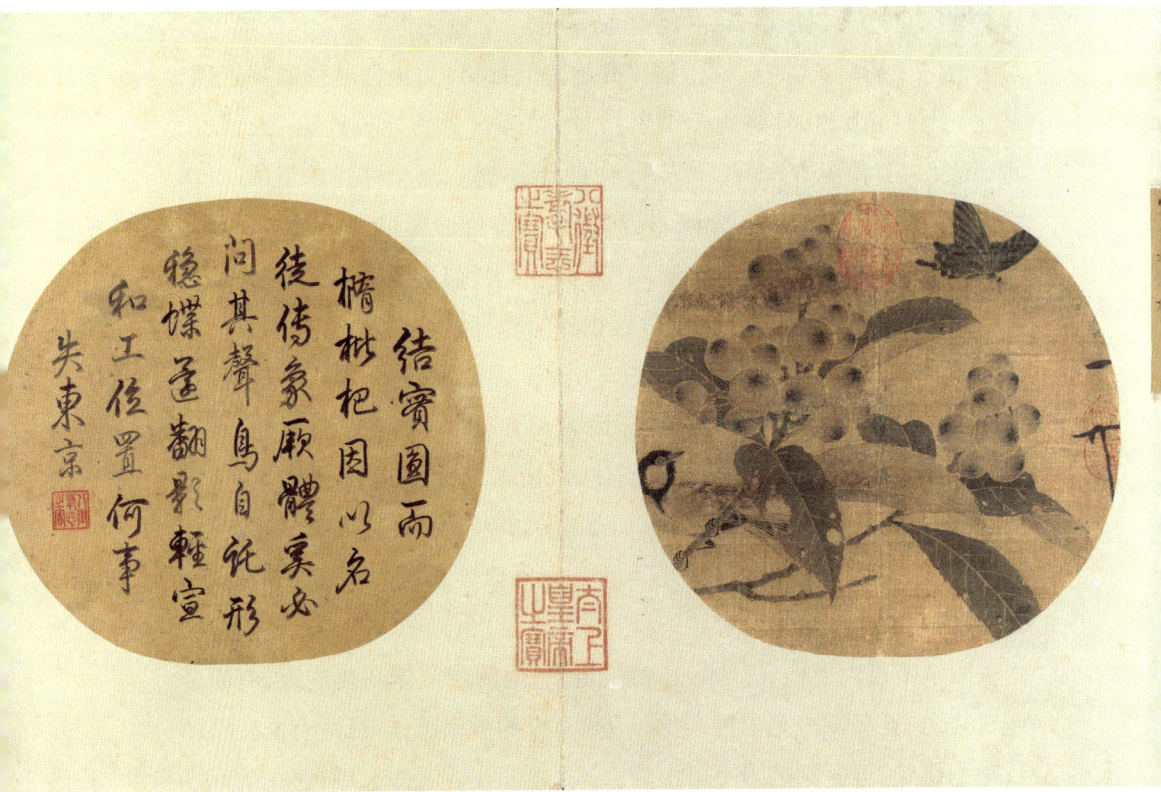

結實圓而楮
枇杷因以名
徒傳象顧體
問其聲鳥自
稳媒遥翻影
和工位置何
失東京

● 《枇杷山鸟图》(纨扇页),绢本
墨笔,22.6cm×24.5cm,赵佶,北宋,
北京故宫博物院藏

　　此画中枇杷果实累累,一只山雀栖于枝上,凤蝶于枝头
翩翩飞舞。今传徽宗的花鸟画多设色,此画纯以水墨勾染,很
有特点。对开上的乾隆御题诗也饶有意味,中有"宣和工位
置,何事失东京"的感慨。经营位置是谢赫"六法"之一,是中
国画构图的重要法则和"标准术语"。乾隆感慨道,徽宗既然
如此工于绘画的"经营位置",为何把江山丢了?乾隆此问,也
代表了后世对徽宗的评判标准。

徽宗朝的收藏，主要集中于书法、绘画、古器物三个领域，皇家均进行了系统的著录，且都以"宣和"冠名，这就是逞一时之盛，影响深远的《宣和画谱》《宣和书谱》《宣和博古图》。无怪乎后人提起宋代收藏时，都将"宣和"作为一个极具象征性的存在。

　　《宣和画谱》编纂者不详，有说是徽宗亲自操刀，有的则认为是徽宗授意，集体著录。也有人认为是蔡京、米芾等人编纂。书中收录魏晋至北宋时期的画家231人、作品6396件，按画科分为道释、人物、宫室、番族、龙鱼、山水、畜兽、花鸟、墨竹、蔬果十门，道释49人，人物33人，宫室4人，番族5人，龙鱼8人，山水41人，畜兽27人，花鸟46人，墨竹12人，蔬果6人。每门画科前，都附有一篇文章，简述该画科的起源、发展以及代表人物等，并按时代列出了画家的小传和作品。画谱收录了一批五代及宋代画家的作品，比如范宽、李成、黄居寀等。

　　《宣和书谱》是徽宗朝宫廷所藏书法作品的总目。全书共20卷，首列帝王书1卷，以下依次为篆书隶书1卷、正书4卷、行书6卷、草书7卷、分书1卷，并附诏制诰命于后，共著录徽宗朝之前的历代书法家197人、书法作品1344件。每种书体前都有叙论，叙述渊源及发展情况，然后是书法家小传，记载生平轶事，评论书法特点、优劣等；最后列出御府所藏的作品目录。该书体例精善，评论书法作品也精审详尽。有意思的是，宋代知名的书法家，比如苏轼、黄庭坚、司马光等人的书法作品，不见于书谱。尤其是黄庭坚的书法，徽宗还曾认真学习过，并通过米芾获得过黄庭坚所书的《千字文》。看来，当时宫廷内应该藏有这些人的书法作品，可能是此类人为"元祐党人"，政治上"不过关"，也就没资格纳入书谱了。

　　《宣和博古图》由徽宗敕撰，王黼①等编著。王黼为徽宗宠臣，北宋"六

---

① 王黼(1079—1126)，原名王甫，字将明，开封祥符(今河南省开封市)人，北宋末年大臣，宰相。王黼有口才，善巧言献媚，崇宁年间进士。初因何执中推荐而任校书郎，迁左司谏。因助蔡京复相，升至御史中丞。宣和元年任特进、少宰(右宰相)。金兵进入汴京，他不等诏命便带妻儿逃跑，宋钦宗下诏贬为崇信军节度副使。吴敏、李纲请求杀王黼，此事交由开封尹聂山处理，聂山与王黼宿怨未解，派人将其诛杀。

● 徽宗坐像（局部），绢本设色，106.7cm×188.2cm，
北宋，台北故宫博物院藏

像真宗徽宋

帝名佶神宗之十一子在位二十五年號宣和

● 宋徽宗真像（局部），绢本设色，姚文翰（托名），
清乾隆时期，美国大都会艺术博物馆藏

　　这两幅徽宗画像，一幅为宋代所绘；一幅为清代托名姚文翰
所绘，为《历代帝王真像》44幅之一，有学者认为是伪作，可能为
清末民初作品。前者所绘的徽宗神色饱满儒雅，面带自信的笑
容；后者所绘的徽宗面容清瘦，略显忧郁，这种形象倒是符合后
世对徽宗亡国之君的想象。

贼"之一。蔡绦的《铁围山丛谈》中称其有异容："美风姿,极便辟,面如傅粉,然须发与目中精色尽金黄,张口能自纳其拳。大抵皆人妖也。"这位金发金眼、喜好穿着、嘴巴巨大的人,尤其善于巧言献媚,深得徽宗信任。该书共三十卷,著录了宋代皇家收藏的青铜器共839件。书中将金石器物分为鼎、尊、彝、舟、卣、瓶、壶、爵、觯、敦、簠、杂器等二十类。各种器物均按时代编排,每类器物有总说,每件器物有摹绘图、铭文拓本及释文,并记有器物尺寸、重量与容量等。有些器物还附有出土地点、颜色和藏家姓名,且有较为深入的考证。书中对古器物的称谓如鼎、尊、爵等,一直沿用至今。

上述三部著录,成为宋代皇家收藏乃至整个宋代收藏鼎盛期的重要标志,也是古代历史上官方首次对收藏品的大规模、系统性著录工程。

说句题外的闲话,古人常用"文治武功"来评判历代帝王的功业。对徽宗这位独特的帝王"样本",其"文治"似乎用"治文"来评价更为确切。"文治",即以文教礼乐治理国家,而"治文",则包含了"优渥文化"的意味,目的似乎更为纯粹。徽宗将画学、建筑、收藏、著录等作为孜孜以求的事业,纳入政治生活的范畴,引领北宋走向了艺术的巅峰。像徽宗这样深刻影响了艺术史和收藏史的皇帝,确实不太多见,南唐后主李煜、清帝乾隆皆可与其参照。前者同样精于文事,与徽宗的命运相似,都是"失败的皇帝"。乾隆以"十全老人"自居,同样喜好文艺和收藏,但后人对其多有不懂装懂、附庸风雅的批评。总体而言,这些皇帝尚属重视文化艺术,他们所处的时代,皇家收藏也颇具规模。

与上述形成鲜明反差的,则是明代开国皇帝朱元璋。朱元璋出身草莽,当皇帝时不仅有杀画家的"劣行",且文化品味相当"独特",明代的皇家收藏也不受皇帝重视,反倒是民间收藏极其活跃。朱元璋在李公麟的《临韦偃牧放图》上有段长长的题跋,只字不提作品,而是大谈养马的重要性:"今天下定,岂不居安思危,思得多马,牧于野郊,有益于后世子孙。"此种题跋,确实不那么风雅。乾隆倒是对朱元璋赞赏有加,在此画上

● 《雪景寒林图》,绢本墨笔,
193.5cm×160.3cm,范宽,北宋,
天津博物馆藏

　　此画为宋画极品,画中群峰被白雪覆盖,山势高耸,深谷寒柯间萧寺掩映,溪桥
静立,天地一片空旷而寒彻。如果在博物馆亲睹,仿佛有一股逼人的寒气扑面而来。
此画的一棵树上,隐约有"臣范宽制"的名款。启功认为确是范宽画法,但从题款来
看,应是宋代范派的作品,而不是范宽真迹,"臣范宽制"可能为后人所加。《宣和画
谱》中有如下记载:"关中人谓性缓为宽,中立不以名著,以俚语行,故世传范宽山
水。"也就是说,范宽是别人给他起的"绰号",其本人不太可能在自己的画作上署一
个"俚语"。但话说回来,这只是一种推论,丝毫不损其天津博物馆"镇馆之宝"的
地位。

● 《弘历观画图》，纸本设色，136.4cm×62cm，郎世宁，清代，北京故宫博物院藏

　　此画为清宫廷画家郎世宁所绘，人物面部写实，富有西画风格；衣纹用笔绵密，构图采用散点透视，配景有工笔画趣味，是典型的宫廷画画风，反映了郎世宁糅合中西的特点。郎世宁为意大利传教士，后入清宫廷，历康、雍、乾三朝，为皇帝所重。画中乾隆着便服坐于石墩上，右边的案几摆满各种珍玩，宫女、太监等人或持如意，或整理案几上的陈设，或抱画，或持琴，或展轴供乾隆欣赏。此画也真实反映了乾隆嗜好收藏的雅兴。

题道："向于卷中见明高帝墨迹,英气飒飒,进露豪楮,恍睹其仪表。"总之,抛开帝王的政治评价不谈,仅就推动艺术发展而取得的成就,历代帝王中,应数徽宗为最。

分享与展示

　　独乐乐不如众乐乐。在这一点上，皇帝与常人无异。宋代皇帝的收藏，除了满足嗜好、自己赏玩外，也会通过某种途径与别人分享。分享虽然有一定的范围，但也体现了皇家收藏的公共属性。这基于收藏的心理——当收藏行为成为文化自觉，绝大多数藏家（皇帝也不例外）都乐意与人分享其中的快乐。宋代皇家收藏的体系中，比如崇文院、秘书省作为"国家图书馆"，已经具备了对外借阅的公用功能。即便是神御殿以及各类偏殿中较为私密的收藏，也不完全"秘不示人"，皇帝会带领近臣参观，或通过宴会展示。这与我们脑海中皇家收藏神秘而高冷的印象相去甚远，但历史就是这样，印象代替不了真相。

可以借阅的"国家图书馆"

　　崇文院和秘书省的藏书，其阅读对象除了皇帝、大臣以及管理人员外，还可以对外公开，尽管读者面有限，但也为后世官府藏书的利用产生了积极影响。这种制度也足以说明，宋代皇家藏书已经具备了现代图书馆的功能。

崇文院时期，藏书具有皇家特色，服务对象主要为皇室和大臣。秘书省时期，藏书的公共属性增强，服务对象也逐渐扩大，不仅可以借，而且可以抄。"库子"负责借阅，借书时程序严格，先填写"单子"，后经"监门"检查，履行完程序后方可带走。随着借出量的增多，还出现了"有借不还"的情况。沈括在《梦溪笔谈》中记录了"雅贼"的行径和官方采取的防盗措施："今三馆、秘阁凡四处藏书，然同在崇文院。其间官书多为人盗窃，士大夫家往往得之。嘉祐中，置编校官八员，杂雠四馆书，给吏百人，悉以黄纸为大册写之，自此私家不敢辄藏。样雠累年，仅能终昭文一馆之书而罢。"这段记录很有意思，一来证明了官藏图书确实被人偷过，二来记录了"士大夫家往往得之"，偷书的多是读书人。为防止这种行为，在藏书上做标记，一般的人家就不敢私藏了，这不失为一种好办法。政和四年（1114），负责管理图书的官员也曾倒苦水："三馆秘阁自崇宁四年借出书籍未还者四千三百二十八册卷，久不拘收。"对此，朝廷专门诏令："自今省官取借书籍，并申本省长贰判状权借，依限拘收。"

这些藏书除一般借阅外，还可为公私著述提供宝贵的资料，并允许抄阅。司马光在写《资治通鉴》时，就得到英宗的支持，"自择馆阁英才"，允许其在崇文院设立书局从事编纂，司马光得以查阅崇文院的大量典籍，极大地方便了《资治通鉴》的撰写。苏颂是北宋中期宰相，天文学家、药物学家，对经史、算法、地志、山经、本草、训诂、律吕等几乎无所不通。他领导制造了世界上最古老的天文钟"水运仪象台"，被李约瑟称为"中国古代和中世纪最伟大的博物学家和科学家之一"。仁宗皇祐五年（1053），苏颂召试馆阁校勘，仁宗嘉祐年间又被任命为集贤校理，神宗时加集贤院学士。苏颂借助在馆阁任职的便利，大量抄阅秘阁藏书，成为宋代的大藏书家，其孙苏象先称其"家中藏书数万卷，秘阁所传者居多"。这批藏书，后又被南宋初期另一位大藏书家叶梦得抄阅。

盛大的"艺术品博览会"

宋代皇家收藏的另一个公共行为，就是隆重且有趣的"曝书会"。其举办地，通常在被誉为"蓬山藏室、育才之府"的"三馆一阁"。为防止典籍和字画受潮、虫蛀，这里每年都要定期曝书（靖康之乱后有过短暂中止）。记录宋代馆阁变迁的《蓬山志》中载："秘省所藏书画，岁一曝之，自五月一日始，至八月罢。"其实，此举非宋代首创，也非宋代皇家"专利"，古人早就有了曝书的传统，且当时在民间也非常普及。曝书期间，有一项重头戏，就是大臣们前去赴宴观书，得以一览皇家收藏，并留下了众多记录观书的诗词歌赋。这有点类似今天各类博览会的"现场巡馆"，相当隆重而热闹，被称为"曝书会"或"曝书宴"。此举为宋代倡文治、优士夫的绝好例证，堪为一道风雅的文化景观。

曝书期间举办曝书会的制度，源于何时？这又是一个复杂的问题。早在太宗时期，崇文院曝书期间就会举办有大臣参加的宴会和观览皇家收藏的活动。《图画见闻志》记载，太宗朝秘阁建成后，"秘阁每岁因暑伏曝赏，近侍暨馆阁诸公张筵纵观，图典之盛，无替天禄、石渠、妙楷、宝迹矣"。淳化三年（992），太宗到新建成的秘阁视察，还多次召见三馆学士到秘阁观书，并举办宴请。但这种活动尚未形成制度，更确切地说，可以将其归类为北宋早期一项更为活跃的皇家活动"观书会"。当时，皇帝为彰显前朝事功，经常带领大臣到三馆秘阁、神御殿和偏殿观瞻前朝皇帝的御书、图画和文物艺术品，大家共同回顾宋朝历史，追忆先帝的丰功伟绩，期间君臣对饮赋诗，留下了大量"观书御制诗"，真宗、仁宗、英宗（在位时间短，活动并不频繁）、神宗四朝非常普遍。后来，观书会逐渐式微，倾向于在每年的曝书期间，于三馆秘阁举办，并开始有了两个"固定"：固定时间、固定地点，这就是通常所说的"曝书会"。稽考史料，可知曝书会在北宋定型，最迟至仁宗嘉祐三年（1058），神宗元丰时已经成为一项制度。但这并不意味着，发端于北宋早期的观书会就完全被曝书会取代，皇帝依然会在曝书会之外，举办各类有皇亲大臣参加的雅集活动。邵博在《邵氏闻见后录》中称："仁皇帝以嘉祐七年十二月丙申，幸天章阁，召两府、两制、台谏等观三朝御书。置酒赋诗于群玉殿。庚子，再幸天章阁，召两府以下观瑞物十三种。"就是这一次，仁宗还在群玉殿单独召见了宰相韩琦，"酌鹿胎酒一大杯，琦一举而尽"。第二年三月，仁宗驾崩，韩琦在哀册文中回忆当初饮鹿胎酒的情形，动情地说："因惊前会之非常，似与群臣而叙别。"邓椿《画继》也记载，宣和四年（1122）三月辛酉日，徽宗临幸秘书省，邀请王公贵族一同观赏皇家收藏的艺术品，"上起就书案，徙倚观之，左右发篋出御书画，公宰、亲王、使相、执政，人各赐书画两轴"。

南渡后，高宗力图恢复北宋传统，于绍兴十三年（1143）下诏"每岁曝书会"，并于来年规定曝书时间为五月至七月。期间举办的曝书会，定为每年七月七日。可以说，南宋举办的曝书会，较北宋规模更大，也更为规范和隆重。

《南宋馆阁录》记录了从绍兴十六年到开禧元年的20多次曝书会。举办前，秘书省要详细列出参会人员名单，并按官职提前排好座次，这与我们今天举办的官方活动并无二致。曝书会当天设有专门的"主席人"，同时把皇家珍藏的砚台、古琴、古器、图画、书籍、御书等分别摆在相应的位置上，以便参会人员观览，还为他们准备了丰盛的三餐和礼物，俨然皇家收藏的"艺术品博览会"：

是日，秘阁下设方桌，列御书图画。东壁第一行古器，第二、第三行图画，第四行名贤墨迹，西壁亦如之；东南壁设祖宗御书，西南壁亦如之。御屏后设古器琴砚。道山尚堂并后轩、著庭皆设图画。开经史子集库、续搜访库，分吏人守视。早食五品，午会茶果，晚食七品。分送书籍《太平广记》《春秋左氏传》各一部；《秘阁》《石渠碑》二本，不至者亦送。①

曝书活动被两宋众多文人记录了下来,使我们今天能够更为形象地了解当时的盛况。梅尧臣在《二十四日江邻几邀观三馆书画录其所见》中记录:

五月秘府始暴书,一日江君来约予。
世间难有古画笔,可往共观临石渠。
我时跨马冒热去,开厨发匣鸣钥鱼。
羲献墨迹十一卷,水玉作轴光疏疏。
最奇小楷乐毅论,永和题尾付官奴。
又看四本绝品画,戴嵩吴牛望青芜。
李成寒林树半枯,黄荃工妙白兔图。
不知名姓貌人物,二公对弈旁观俱。
黄金错镂为投壶,粉障复画一病夫。
后有女子执巾裾,床前红毯平围炉。
床上二姝展氍毹,绕床屏风山有无。
画中见画三重铺,此幅巧甚意思殊。
孰真孰假丹青模,世事若此还可吁。

有幸得观秘府珍藏的士夫大臣们,借此机会大开眼界。苏轼在《次韵米芾二王书跋尾二首》中也写道:

其一

三馆曝书防蠹毁,得见来禽与青李。

---

① 宋·陈骙等《南宋馆阁录 续录》,张富祥点校,中华书局,1998年,第68至69页。

秋蛇春蚓久相杂,野鹜家鸡定谁美。

玉函金钥天上来,紫衣敕使亲临启。

纷纶过眼未易识,磊落挂壁空云委。

归来妙意独追求,坐想蓬山二十秋。

怪君何处得此本,上有桓玄寒具油。

巧偷豪夺古来有,一笑谁似痴虎头。

君不见长安永宁里,王家破垣谁复修。

其二

元章作书日千纸,平生自苦谁与美。

画地为饼未必似,要令痴儿出馋水。

锦囊玉轴来无趾,粲然夺真疑圣智。

忍饥看书泪如洗,至今鲁公余乞米。

"来禽""青李"是王羲之《十七帖》中的二帖。苏轼这两首诗,主要评价米芾的收藏,称其"巧偷豪夺",但在三馆曝书期间得见二帖,确实给苏轼留下了极其深刻的印象。对于嗜好收藏的士夫大臣来说,这无疑是个开眼和过瘾的盛大节日。

其实,通过曝书,远不止收获眼界,还可以间或搞点学术研究。大藏书家叶梦得在《避暑录话》中记载:"往承平时,三馆岁曝书,吾每预其间。"当时,"村校中教小儿诵诗,多有'心为明时尽,君门尚不容,田园迷径路,归去欲何从'一篇。初不知谁作。大观间,三馆曝书,昭文库壁间有弊箧,置书数十册,蠹烂几不可读。发其一,曰《玉堂新集》,载此篇,乃幽求咏怀作也"。古代,典籍散亡不可胜数,叶梦得在曝书期间能够一睹典籍真貌,从而解疑释惑,确实是意外的收获。这方面记载,在宋人诗词、笔记中屡见不鲜。

皇帝宴会上的"主角"

宋代皇家的收藏品,除了上述借阅于众、对外展示的途径外,还会在一个重要场合露面,这就是宴会。而举办这些宴会的地点,往往就是我们前文所述的偏殿——皇帝的私人博物馆。

蔡京深受徽宗赏识,作为大书法家,后人推测他主持过《宣和书谱》的编纂工作。他留存至今的三篇文章——《太清楼侍宴记》《保和殿曲宴记》《延福宫曲宴记》,恰恰都是记录徽宗宴请的。其中,太清楼、保和殿、延福宫均收纳了大量帝王藏品。这些文章充满了对皇帝的尊崇乃至谄媚,但所见所闻自有历史情景的真实,为我们了解宋代皇家收藏的情形,提供了珍贵资料。

蔡京(1047—1126),字元长,北宋宰相、书法家,兴化军仙游县慈孝里赤岭(今福建省莆田市仙游县枫亭镇东宅村)人。他先后四次任宰相,四起四落,任期达17年之久。北宋末,太学生陈东上书,称蔡京为"六贼之首"。徽宗之子、钦宗赵桓即位后,蔡京被贬岭南,途中死于潭州(今湖南省长沙市)。

大观三年(1109),蔡京因遭弹劾而辞官退休,政和二年(1112)回到京师,仍为宰相,改封鲁国公,三天去都堂办理一次政事。这一年的三月,徽宗在太清楼设宴,庆祝蔡京回京。这次宴请规模盛大,徽宗极为重视,体现了他对蔡京的倚重。蔡京在《太清楼侍宴记》中为我们了解宣和殿——徽宗私人博物馆——提供了充分的想象空间:

> 命宫臣击鞠,乃是景福殿西序,入苑门,诏臣京曰:"此跬步至宣和廊,即言者所谓金柱玉户者也。"

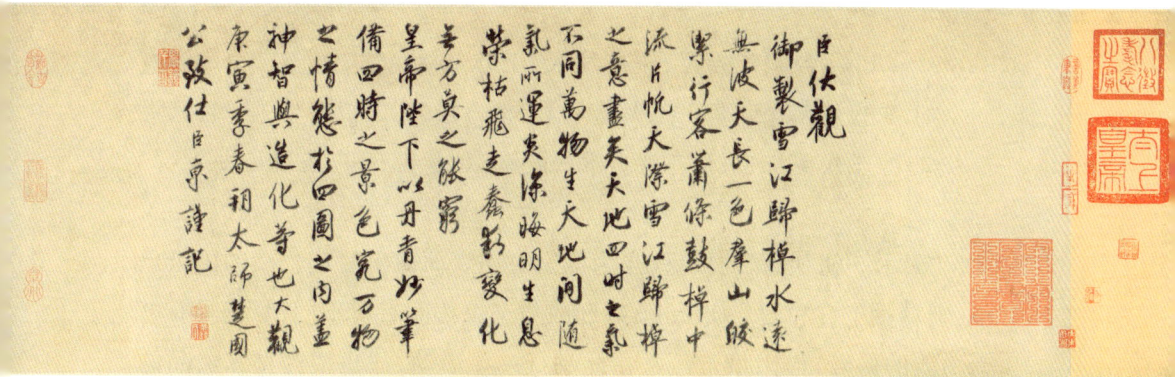

● 《雪江归棹图卷》（蔡京跋部分），绢本设色，30.3cm×190.8cm，
赵佶，北宋，北京故宫博物院藏

　　此为蔡京在徽宗所绘《雪江归棹图卷》上的
跋语。蔡京书法自成一家，为宋代书法艺术的重
要代表。此跋与蔡京在王希孟《千里江山图》上
的跋相对比，可以看出后者书风相对草率。

徽宗在宴会正式开始的前三天,亲临现场视察,对具体事宜做出了细致安排。当臣下走到宣和殿,他的言语中充满自信和骄傲,"跬步至宣和廊",则显示了对内府珍藏的尊敬和仰视。接下来,蔡京详细记录了宣和殿内景,这里陈列着徽宗的图书、笔砚、古鼎、字画等收藏。徽宗邀请大家上前仔细观赏。宣和殿的内外景,蔡京也一览无余:

> 几案、台榻漆以黑,下宇纯朱,上栋饰绿,无文采。东西庑各有殿,东曰琼兰,西曰凝芳,后曰积翠,南曰瑶林,北曰玉宇……臣京奏曰:宣王殿阁亭沼,洁齐清虚雅素若此,则言者不根,盖不足恤。①

"天水一朝"收藏的极盛,当为徽宗时期。而徽宗时期收藏的国家象征,则莫过于宣和殿。实际上,宣和殿与三馆秘阁有所不同,只是具有书斋功能的偏殿,但因皇帝经常在此举行一些活动,故也成为皇家藏品的陈设和收藏之地,而且更具私密性。蔡京这次得以进入宣和殿观赏徽宗的私家珍藏,可谓受宠若惊。

关于太清楼外的园林盛景,也很值得探究一番。北宋时期被称为"红杏尚书"的宋祁,以及苏轼的好友张方平,均有《九日侍宴太清楼》诗,记述了太清楼外的园林景色和宴会所见。宋祁诗中有"畦稻霜成后,宫橙露饱初"句,张方平诗中有"楚泽丹苞重,吴畦紫穗香"句。依诗意,应该是宴会上的应和之作,描写的也都是秋季时令且内容高度吻合,可能是同一次宴会。更有意思的是,宋祁诗中提到的橙子,在宋代颇受欢迎,还被当作贡品。周邦彦《少年游·感旧》词就有"并刀如水,吴盐胜雪,纤指破新

---

① 宋·蔡京《太清楼侍宴记》,见《中国野史集成续编》第三册,巴蜀书社,2000年,第551页。案:本书所引《中国野史集成续编》中的《太清楼侍宴记》《保和殿曲宴记》《延福宫曲宴记》三篇文字内容,为顺治三年(1646)宛委山堂刻本,取自《说郛》。另,《说郛》中《延福宫曲宴记》作者写为李邦彦,李邦彦当时也参加了延福宫的宴会。此文亦在《挥麈录·余话》卷一有载,作者写为蔡京。伊沛霞在《宋徽宗》一书中认为,该文作者"更有可能是李邦彦",详见该书第524页(注释第40条)。在此问题上,笔者从《挥麈录·余话》所载,暂且认为《延福宫曲宴记》作者为蔡京。

橙"句,运到北方的橙子略有酸涩之感,切开后撒上吴盐,以中和酸味,提升鲜度。这种古老的食用方法,还是非常科学的。此外,《太清楼侍宴记》中记载的赴宴人员名单中,宋祁与张方平均不在列,可以判定他们参加的宴会,与蔡京参加的不是同一场。

宣和元年(1119)九月十二日,徽宗在保和殿举办了另一次宴会。蔡京在《保和殿曲宴记》中写道:

> 中楹置御榻,东西二间,列宝玩与古鼎、彝器、玉器。左夹阁曰"妙有",设古今儒书子史、楮墨名画。右夹阁曰"宣文",设道家金匮玉笈之书,与神霄诸天隐文。上步前行,登稽古阁,有宣王石鼓,历邃古、尚古、鉴古、作古、传古、秘古诸阁,藏祖宗训谟与夏商周尊、彝、鼎、鬲、爵、斝、卣、敦、盘、盂,汉晋隋唐书画,多不知款识而骇见。上亲指示,为言其概。①

相比政和二年的那次宴会,蔡京这次对琳琅满目的皇家收藏兴趣更大、着墨更多、记录更详。"上亲指示,为言其概",看来徽宗还充当了讲解员的角色。在蔡京看到的这些藏品中,有一件非常特殊,就是"宣王石鼓"。这些石鼓今天珍藏于北京故宫博物院石鼓馆,是国宝中的国宝,最早发现于唐代,仁宗朝被司马光的父亲司马池发现并由向传师凑齐后,被徽宗"注入金身",藏于保和殿稽古阁。这十面石鼓上铭刻的文字,就是著名的"石鼓文"。

转年十二月,徽宗又举办了一次宴会,这次是在内府的延福宫,蔡京得以窥见会宁殿的收藏。《延福宫曲宴记》记录了蔡京看到的会宁殿情形:

---

① 宋·蔡京《保和殿曲宴记》,见《中国野史集成续编》第三册,巴蜀书社,2000 年,第 553 页。

诣穆青殿，后入崆峒洞天，过霓桥，至会宁殿。有八阁，东西对列，曰琴、棋、书、画、茶、丹、经、香。臣等熟视之，自崆峒入至八阁，所陈之物，左右上下皆琉璃也，映彻煜煌，心目俱夺。阁前再坐，小案玉斝珍异，如海陆羞脯，又与睿谟不同。酒三行，甚速，起诣殿例纵观。①

此后，徽宗还命侍从取来茶具，"亲手注汤"，与大臣们一起喝茶。关于这次宴会，后人多引用蔡京的文字来佐证宋代盛极一时的茶文化，倒是忽略了徽宗的收藏品。文中所称"又与睿谟不同"，真实记录了徽宗时皇家内府收藏空间的不同陈列和特点。宋代文人王安中②《宣和七年九月二十三日睿谟殿赏橘曲燕诗》(此诗中有"嘉橘争先睹，瑰橙复共持。琼浆封盎盎，金弹间累累"之句，同样提到了橘、橙两种水果，可见当时皇家宴饮的规制和习惯)中描述的睿谟殿景象，可与会宁殿对照：

> 器宝森罗列，虹辉粲陆离。
> 截肪传盏斝，盈尺捧舟彝。
> 碧落天之秘，蓝田地所奇。
> 连城宁复贵，旷代未尝窥。
> 冰莹玻瓈瓮，云承翡翠卮。
> 万丝萦玛瑙，五色碾琉璃。

蔡京的这三篇文章，为我们考察宋代皇家收藏提供了丰富的历史信息。帝王的宴会自有其庄重的一面，但宴会毕竟是让人放松的方式，当收藏品成为与珍馐佳肴并列的宴会主角，也就意味着其已经深度嵌入了

---

① 宋·蔡京《延福宫曲宴记》，见《中国野史集成续编》第三册，巴蜀书社，2000年，第555页。
② 王安中(1075—1134)，北宋词人，字履道，号初寮。中山曲阳(今河北省曲阳县)人。年轻时曾从师苏轼、晁说之。哲宗元符三年进士。徽宗时历任翰林学士、尚书右丞。以谄事宦官梁师成、交结蔡攸获进，附和宦官童贯、大臣王黼，赞成复燕山之议，出镇燕山府。后任建雄军节度使、大名府尹兼北京留守司公事。靖康初，被贬送象州安置。高宗继位，又内徙道州，复任左中大夫，不久去世。

宫廷生活。特别是蔡京以其亲眼所见，为我们揭开了宋代皇家收藏的一角帘幕。

徽宗为什么乐此不疲地把展示收藏作为宴会的重要内容？作为帝王，他完全没有必要被虚荣心驱使，在这种场合炫耀自己的财富。但藏品却不一样，代表了个人的品味和情趣，皇帝不仅愿意分享，而且可以从中获得分享的快乐，并通过这种途径与大臣们保持良好互动。伊沛霞在《宋徽宗》一书中做过精到分析：

> 皇帝与周围的人在身份上存在巨大差异，这意味着他们没有一种关系是简单的友谊。然而，皇帝也是人，有时也希望与别的男人建立友谊，一起做一些朋友之间经常做的事，比如分享美酒佳肴、闲聊、互相拜访，炫耀炫耀最近的收藏品等等，并不足为奇……皇帝不仅希望有宫女和嫔妃陪伴，也同样渴望身边有一些男伴，这些男伴与他有共同的兴趣爱好，能够从常人的角度来欣赏自己，而不仅仅是作为臣子来顺从自己(尽管这些人也不得不这样做)。①

---

① 伊沛霞著、韩华译《宋徽宗》，广西师范大学出版社，2018年，第258页。

皇帝与高参

　　宋代皇帝以行伍出身的赵匡胤起始,普遍对士夫阶层和艺术家抱有好感和开明的态度,尤其是那些具有文学、史学和书画造诣的大臣、士夫、艺术家,深受皇帝信任。赵匡胤登基后在太庙立碑"不得杀士大夫及上书言事人",虽然此举的真伪存在争议,但也足以说明问题。那些受皇帝宠信的士夫,除了步入政坛处理朝政,也会深度介入皇帝的收藏生活,成为某个领域的高参,负责搜集整理、鉴定评判,间或以私淑身份与皇帝小范围分享收藏的乐趣。这种特殊的身份,为提升他们的社会地位和声誉起到了极大的推动作用。他们也凭借各自的造诣,参与和推动了皇家收藏的发展,特别是保证了皇家收藏的水准。

太宗的前朝画师"淘宝队"

　　北宋初年,皇家基本延续了前朝的画院体制,继续设画院并加以扩充,成立翰林图画院,一大批五代时期的画家随之进入。太宗时期在国子监彩绘的《三礼图》,就是翰林画工的作品。《宋太宗实录》对此记载:"遣翰林画工二人赴国子监,画《三礼图》,待诏一人督其事。"

太宗在书画领域的主要参谋,除了前述的内臣裴愈,还有翰林图画院的画家高文进、黄居寀等人。高文进和黄居寀同为四川成都人,同在画院就职,同被太宗皇帝赐授翰林待诏,可谓"三同"——同乡、同事、同业。他们组成的"淘宝队",负责上山下乡搜集历代书画名作。

高文进,生卒年不详,其生平主要活动的时间跨越五代和宋初。高文进擅长佛道题材的人物画,师法曹不兴与吴道子,笔力快健、施色鲜润。干德三年(965)蜀平归宋后,太宗留意绘事,高文进与黄居寀时常伴随左右,并被派往各地搜寻艺术品,得到太宗嘉奖。黄庭坚评价高文进"国初高益名大高待诏,文进名小高待诏,今为翰林画工之宗。小高落笔高妙,名不虚得也"。

黄居寀(933—993后)为画家黄筌之子,擅绘花竹禽鸟,用笔劲挺工稳,填彩浓厚华丽。史载黄居寀"尤得太宗看重","委以搜访名画,鉴定品目,一时侪辈莫不敛衽"。黄氏父子的绘画影响了整个宋代的花鸟画艺术,以"黄家富贵"的富丽浓艳位居画院主流,形成院体画风,统治画坛达百年之久,余绪则延至当代。徽宗受其影响甚大,徽宗朝的《宣和画谱》著录其作品332件。苏轼谪居黄州时,在与陈季常的一封书信中,提及黄居寀所绘的龙,这就是著名的《一夜帖》。苏轼因为黄居寀的这幅作品,还委托好友陈季常给王君寄去团茶一饼。

高文进与黄居寀为前朝画师的身份,并没有受到太宗的歧视,太宗反倒对他们关怀有加,委以重任。我们很容易将其理解为北宋开国之初官方笼络人心、彰显文治的一种政治手段,但也不得不承认,皇帝的个人爱好也是驱使他们这么做的原因之一。《圣朝名画评》就记载了太宗与前朝画师蔡润的一段交集:

蔡润,建康人。善画舟船及江河水势。随李煜赴朝,籍为八作司赤白匠。太宗尝览润《舟车图》,因问画者名氏。左右进曰:实八作匠人蔡润笔也。上亦悟曰：是江南归命者耶？遽召入图画院为待诏。①

后来，蔡润画了一幅《楚襄王游江图》，太宗"嗟异久之"，看来是深有触动。这批前朝画师在宋代受到优渥的待遇，极大地影响了宋代绘画艺术的发展。可以想见，如果他们身上的政治印记被无限放大并遭受歧视，今人就很难领略宋人在艺术领域开创的"盛世图景"了。这的确是艺术的幸运，也是艺术家的幸运。

仁宗的御用布衣"音乐家"

仁宗赵祯（1010—1063）14岁登基，成为宋朝第四位皇帝，在位长达40多年。仁宗生活节俭，待人宽厚平和，将北宋王朝推向全盛阶段。仁宗非常喜欢画院画家高克明等人，在收藏领域的主要助手除了艺术家，还包括精于古器物赏鉴和音律的学者，比如胡瑗。这些人依据古器物帮助仁宗造作新乐。这完全符合皇家复古礼制的诉求——皇帝喜欢什么，身边就有什么样的人。

胡瑗（993—1059），字翼之，北宋理学先驱、思想家和教育家，与孙复、石介同称"宋初三先生"，因世居陕西路安定堡，世称安定先生。

景祐三年（1036），胡瑗经范仲淹引荐，以布衣身份与音乐家阮逸同赴京师，接受正急于改进雅乐的仁宗召见，奉命参定声律，制作钟磬。宋祁②在呈给仁宗的奏章中有详细记载：

> 景祐三年，诏令臣监领胡瑗铸造钟磬一架……瑗相次于杂物库

---

① 宋·刘道醇《圣朝名画评 五代名画补遗》，徐声校注，山西教育出版社，2017年，第134页。
② 宋祁（998—1061），字子京，小字选郎，祖籍安州安陆（今湖北省安陆市），北宋官员，著名文学家、史学家、词人，曾与欧阳修等合修《新唐书》。

● 《苹婆山鸟图》，绢本设色，
24.9cm×25.4cm，黄筌，五代西蜀，
台北故宫博物院藏

　　黄氏父子的花鸟画，奠定了宋代院体花鸟画的面貌，代表了那个
时代的主流审美取向，对后世花鸟画影响极大。如今，工笔花鸟画的
审美观念、绘画技法，也没有脱离宋人千年前定下来的框架。

《山鹧棘雀图》绘泉石、荆棘、竹丛、群鸟等，对大自然的观察细致入微。山鹧立于石上俯身饮水，情态自然生动。此画虽然没有署款，但上有徽宗题"黄居寀山鹧棘雀图"。

● 《山鹧棘雀图》，绢本设色，97cm×53.6cm，黄居寀，北宋，台北故宫博物院藏

请铜铸之时，忽于杂铜内得古钟三枚，即不知甚年及是何州府纳到。臣与故翰林侍读学士冯元即时验认，其钟古质精妙……于钟上有篆文两行，其篆亦字体古简，推本其文，不是近代所造，乃是汉魏间所用者，其文曰"越作朕皇祖文考宝和钟，越思万年，子子孙孙永宝用享"，凡二十二字。臣与冯元商量，此既古器，又合经典，遂画图样进呈，后一面勒令胡瑗悉依古钟形状制造新钟，成一十六枚。[①]

　　这次参定声律的过程颇有传奇色彩。"忽于杂铜内得古钟三枚"，这三枚古钟也不知蒙尘了多久，竟然成为仁宗制作钟磬的参考，可谓机缘巧合。但这次行动似乎并不那么成功，我们在"嗜古与复古"一节详述。

　　帮助皇帝制作钟磬的胡瑗，身份也很特殊，他7次应试均名落孙山，40岁时彻底放弃科举的念头，在泰州城（今江苏省泰州市）的经武祠办起了一所书院（私塾），并以祖籍安定立名，称"安定书院"。作为北宋时期的理学先驱、思想家和教育家，胡瑗始终是布衣身份，但依然受到朝廷和社会的尊敬，王安石誉其为"天下豪杰魁"，范仲淹则赞誉胡瑗"孔孟衣钵，苏湖领袖"，苏东坡也在《谒安定胡先生墓》中赞其"所以苏湖士，至今怀令名。我来起肃敬，为采湖之蘋"。神宗更是给了他"真先生"的评价。宋代，科举考试是读书人谋取功名的重要手段，受重视程度已不亚于今日之高考，但像胡瑗这样的布衣名士，能够被范仲淹举荐并帮助皇帝参定声律，的确是一种幸运。

徽宗的参谋"天团"

　　徽宗时期，他身边的收藏参谋就更多了，书画、古器物等领域均有一

---

① 宋·赵汝愚《宋名臣奏议》卷九十六，台湾商务印书馆，1986年，第15至16页。

批高人，比如在古器物领域有刘昺①，书画领域有米芾，较为综合的则有黄伯思②、翟汝文③等。用今天时髦的话讲，这些人可谓围绕在徽宗身边的"天团"。徽宗与这些参谋的关系，多依托艺术与收藏，"癫狂"的米芾即是其中的佼佼者。这种关系也会代际传承，徽宗之子高宗，就经常让米芾之子米友仁④鉴定其父的作品。米友仁在协助高宗收藏方面，较其父有过之而无不及。今天，我们还能看到米友仁鉴定并题跋的艺术品。

米芾（1051—1107），字元章，湖北襄阳人，北宋书法家、画家，与蔡襄、苏轼、黄庭坚合称"宋四家"。曾任校书郎、书画学博士、礼部员外郎。能诗文，擅书画，富收藏，精赏鉴，书法风骨飒然，绘画墨点氤氲，对后世影响极大。历史上关于米芾的记载和传说甚多，其人性格怪异，举止癫狂，拜石为兄，一袭唐人衣装，宁愿洗手不擦也不与人共用一块毛巾，人称"米颠"。

米芾作为有宋一代屈指可数的收藏家，与徽宗的关系相当亲近。这有赖于其艺术成就，也与他独特的身份有关。他的母亲阎氏在内廷服侍过高皇后，对神宗有养育之恩。神宗继位后，就把米芾调到秘书省做校书郎。徽宗时，米芾担任过书画学博士等职，成为徽宗从事艺术活动时颇受信任和赏识的高参。米芾看似狂傲，其实也是位左右逢源的人，但政治才干并不高，有时还带点"幼稚"，总之是个性相当独特且复杂。他早年与苏轼、黄庭坚等人交好，更是对苏轼崇拜有加，苏轼受打压后，他又向蔡京靠拢，对蔡氏书法多有讨好式的褒扬，被画家倪瓒讥讽为"谄佞小人"。

---

① 刘昺，宋开封东明人，字子蒙，初名炳，哲宗元符三年进士。

② 黄伯思（1079—1118），字长睿，别字霄宾，号云林子，黄履孙，邵武（今属福建）人。北宋晚期重要的文字学家、书法家、书学理论家。

③ 翟汝文（1076—1141），字公巽，润州丹阳人。登进士第，初为礼局编修官，徽宗嘉之，除秘书郎。后责监宿州税，旋召除著作郎，迁起居郎。精于书画，好古博雅，与苏轼、黄庭坚为好友。

④ 米友仁（1074—1153），一名尹仁，字元晖，小名寅哥、鳌儿，晚号懒拙老人，山西太原人，定居润州（今江苏省镇江市）。南宋画家，系米芾长子，世称"小米"。书法绘画皆承家学，故与其父并称"大小米"。他承继并发展米芾的山水画技法，奠定了"米氏云山"的表现方式。早年以书画知名，南渡后备受高宗优遇，高宗曾命他鉴定法书，但往往附会上意。书法虽不逮其父，却自有风格。

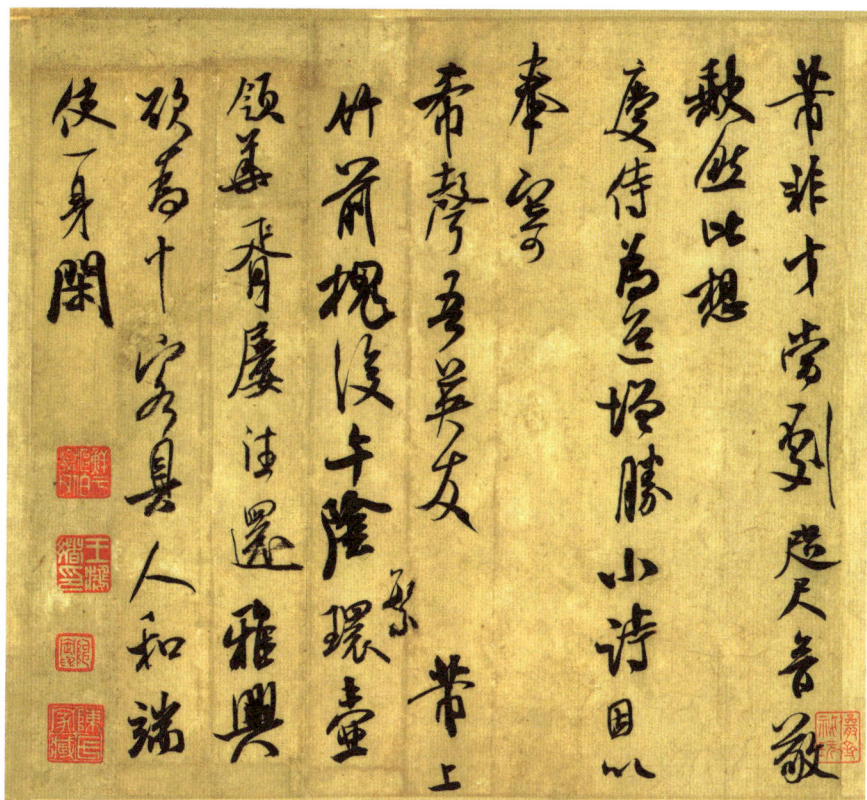

● 《竹前槐后诗卷》(亦称《致希声吾英友尺牍》
《非才当剧帖》),纸本行书,29.5cm×31.5cm,米芾,
北宋,台北故宫博物院藏

此帖为米芾致希声书札,文字内容是:芾非才当剧,咫尺音敬缺
然。比想庆侍,为道增胜。小诗因以奉寄。希声吾英友。芾上。竹前
槐后午阴环(改繁),壶领华胥屡往还。雅兴欲为十客具,人和端使一
身闲。

此帖实际上是一封书札附带了米芾写赠的一首七言诗,是宋人
传世书札的重要代表之一。

《铁围山丛谈》记有两则米芾投书蔡京，诉说生活窘迫，并为自己的绰号"米颠"正名的书信。蔡绦在书中称，蔡京对米芾"深喜之"。米芾"尝为书学博士，后迁礼部员外郎，数遭白简逐去"，他写信给蔡京，"且言举室百指，行至陈留，独得一舟如许大，遂画一艇子行间"。信中为了说明居室狭小、境遇窘迫，还画了一艘艇子证明，蔡京看后一笑。这封信，后来让蔡绦收藏了。米芾对"米颠"的绰号不满，他还写信告诉蔡京，自己在外地与京师之间做官，朝中举荐者不下数十人，都说自己很有才能，且无人称米颠。这封信也被人称为"米老辨颠帖"。蔡绦为蔡京之子，所记当不谬。

米芾这种看似癫狂的外表下暗藏机巧的心思，这在他与徽宗的交往中展现得淋漓尽致。某次，徽宗召来米芾，令其在乌丝卷轴上题书，米芾写道：

目眩九光开，
云蒸步起雷。
不知天远近，
亲见玉皇来。

此等马屁，拍得确实是高，米芾自然会得到丰厚的赏赐。还有一次，徽宗与蔡京在艮岳谈论书法，召米芾，令其在大屏上写字，并让米芾使用御案上的端砚。写就后，米芾捧砚跪请，称此砚已经被自己濡染，"不堪复以进御"，意思是我米芾取来就没法再还给皇帝了。徽宗大笑，就将端砚赐给了米芾。嗜好收藏、酷爱端砚的米芾手舞足蹈、喜见颜色，"余墨沾渍袍袖"。徽宗对蔡京说："颠名不虚得也。"蔡京则溜须逢迎，博皇帝开心："芾人品诚高，所谓不可无一，不可有二者也。"这两件事，在宋人的《春渚纪闻》和《清波杂志》中均有记录。特别是米芾将宝砚据为己有的方式，不可谓不高明，赞誉者称其"不拘一格，行事清旷"，不屑者则讥讽"装疯卖傻,攀附阿谀"。无论如何,这算是宋代收藏史的趣闻和掌故了,今人将米芾称为大宋收藏界的"夺宝奇兵"。

关于徽宗与米芾探讨当世书法家艺术特点的故事,也流传甚广。米芾说:"蔡京不得笔,蔡卞得笔而乏逸韵,蔡襄勒字,沈辽排字,黄庭坚描字,苏轼画字。"对于自己的书风,米芾直言"刷字"。米芾的鉴赏水平超迈古今,即便是在皇帝面前,他的这种带有戏谑意味的评判,也可谓一针见血。黄庭坚对米书不吝赞誉之词,认为"如快剑斫阵,强弩射千里",与米芾"刷字"的自评,简直是一体两面。曾敏行《独醒杂志》关于宋人书风的记载,则更为幽默:苏轼评价黄庭坚书法为"树梢挂蛇",黄庭坚则反讥老师是"石压虾蟆"。黄庭坚书法笔势偏瘦、撇捺开张,好似蛇挂在树梢之上;苏轼书法则形扁笔重,像石头下压着一只青蛙。此类竞才斗志的论辩和机锋,颇合宋代文人的行事风格,想来也是皇帝们喜欢与之交往的原因之一。

一个特殊的群体:太监

太监即宦官,又称内臣。在我们的印象里,太监一般就是那种捏着嗓子,跟在皇帝后面阿谀奉承、干涉内政,甚至谋害忠良的"反派"和"丑角"。宫廷戏看多了,人们就难免真假不分。其实,宋代皇宫的太监,较历朝历代相当特殊。《宋史》中立传的太监达53人,为历朝正史之最,其中47人活跃于北宋时期。这从一个侧面反映了宋代太监在宫廷生活中的地位。

宋代的太监虽然出身卑微,但在崇尚文治的皇帝心目中,是不可或缺的角色。他们跟随皇帝左右,也沾染文人趣味,《宋史》中有"皆以好翰墨文辞自矜持"的评价。他们痴迷书画,还承担了大量校勘典籍、民间寻宝,乃至掌管朝中事务的工作。《宣和书谱》和《宣和画谱》中收录了大量太监的书画作品,这些人甚为徽宗溺惑。

徽宗朝最有名的太监是童贯、梁师成,此二人被纳入"北宋六贼"①,名声虽然不好,但协助徽宗在收藏领域办了不少事。徽宗即位之初,就曾派童贯和蔡京到杭州搜寻名画。童贯借助其身份,把持了相当大的权力,蔡京父子对他也要献媚攀附。《铁围山丛谈》中称其"彪形燕颔,亦略有髭,瞻视炯炯,不类宦人,项下一片皮,骨如铁"。看来童贯还是个美男子,其势虽去,胡须尚在。"项下一片皮",似乎就是娘胎里带来的胎记,医学上称为"鲜红瘢痣"。《水浒传》中的杨志,脸上也有一块青色胎记,"青面兽"便以此得名。《宣和画谱》收录童贯作品4幅,并称其"性简重寡言,而御下宽厚有度量能容,喜愠不形于色"。此类溢美之词,恐怕只有徽宗朝官修的著作能写出来,足见童贯当时的影响。但童贯的社会评价,绝对没有《宣和画谱》捧得那么高。陆游《老学庵笔记》有则记载,称"蔡京为太师,赐印文曰公相之印,因自称公相。童贯亦官至太师,都下人谓之媪相"。"媪"意为"年老的妇人"。这个绰号确实是够损的。另一位太监梁师成也深受徽宗宠信,赐进士出身,因此有"内臣及第,始于梁师成"的说法。他聪慧狡黠,号称"隐相",尤善书法,临仿徽宗的瘦金体到了难辨真伪的程度。梁师成经常受徽宗之命鉴定宫中的法书名画,自己也喜好收藏,喜欢与文臣切磋品鉴之道。

太监刘瑗也是一位善画山水、精于赏鉴的高手。《宣和画谱》称其家藏万卷书画,能考校真伪、辨别古今,当时的藏家都很佩服他。有得书画而不知作者的,必求刘瑗去辨别品评。《宣和画谱》收录刘瑗作品9幅,皆是云林泉石的放笔之作。

太监即便是深受皇帝信任并大权在握,在当时还是属于主流之外的边缘,于是为了获得身份认同,不少人编造了许多攀附名士、认祖归

---

① "六贼"为北宋陈东所提:"今日之事,蔡京坏乱于前,梁师成阴谋于后。李彦结怨于西北,朱勔结怨于东南,王黼、童贯又结怨于辽、金,创开边衅。宜诛六贼,传首四方,以谢天下。"

宗、抬高身份的荒唐故事。童贯就以王珪①之子自居。梁师成的段子更有名，自称苏轼流落在外的儿子。这个故事流传甚广，但公案难断、众说纷纭，声名显赫如苏轼者，也会花边新闻缠身，只不过"蹭流量"的是个太监而已。

以皇帝为核心的收藏圈

宋代皇帝身边，几乎都有收藏领域的高参，远不止上述几位。由此，宋代的皇家收藏，形成了以皇帝为核心，辐射到高参、官员、士夫等领域的收藏圈。这个圈子，不仅包括那些在崇文院或秘书省、画院、书院等机构任职，专门负责收藏的公务人员，还包括王诜等贵胄，以及苏轼等士夫。尤其是米芾父子这些能够直接亲近皇帝的人，会充当顾问的角色，帮助皇帝把好收藏的关口，辨别真伪、评定品次、提供建议，有时也会与皇帝聊一些轻松的话题，共享关于收藏和艺术的感受。游走在皇帝身边的这些人，还以师生、同僚等关系为纽带，形成了收藏领域枝蔓缠连的"朋友圈"。王诜、苏轼、米芾等北宋晚期（宋代收藏最鼎盛的时期）一大批士夫围绕收藏这个共同嗜好，相互唱和、交流和雅会，就是最好的例证。作为"驸马爷"和显赫一时的收藏家，王诜更是借助"西园雅集"聚拢了一大批名士。在收藏领域，上至皇帝、下至士夫，形成了一个庞大的、精英化的收藏群体。庙堂与江湖，就这样奇妙地勾连在了一起。

在这个关系网中，帝王毫无疑问地处于中心位置，作为臣民的"衣食父母"，会为士夫大臣们提供更多的无形"附加值"。就像王家卫在电影

① 王珪（1019—1085），字禹玉，北宋宰相、文学家。仁宗庆历二年进士及第，高中榜眼。初通判扬州，召直集贤院。历官知制诰、翰林学士、知开封府等。神宗熙宁三年，拜参知政事。熙宁九年，进同中书门下平章事、集贤殿大学士。元丰五年，拜尚书左仆射兼门下侍郎。元丰六年，封郇国公。哲宗即位后，封岐国公。去世后获赠太师，谥号"文恭"。

《一代宗师》里展示的那样，宫宝森与叶问搭手，就意味着将名声给了他。比如，像米芾这样没有参加过科举考试的下级官僚，借助神宗、徽宗的恩宠以及"癫狂"的形象，其书画艺术在民间得到追捧，他也成为宋代最具传奇色彩和故事性的艺术家、收藏家。这种关系，简直就是各取所需和相互成全。但从现有的史料分析，皇帝与士夫大臣又不完全那么功利和世俗，否则米芾也不会在徽宗面前口出狂言，对当世书法家做出颇为"任性"但不失精到的点评。这取决于他们的共同爱好，在话题上保持了高度的一致性。在这种语境下，米芾的狂言非但不会受到责难，甚至会博得欣赏。

当然，在这个收藏圈里，士夫大臣因为知识占有上的优势，也会投帝王所好，说些恭维的假话。特别是在古器物辨别上，经常出现争论。这时，那些拥有绝对话语权的参谋就占了上风。蔡京等人对哲宗"传国玺"的鉴定，就为当世和后人诟病。我们在后面专门讲述这段传奇故事。

嗜古与复古

帝王对收藏及藏品的认识,向来都不那么简单。因为身份和地位的原因,他们的收藏品往往会服务于国家政治建设,于是就带有了些许政治的属性。宋代帝王秉持"追风三代"的政治抱负,追求国家礼制复兴,试图找到一条契合古人善治理念的政治道路。这种复古理念发端于行伍出身的太祖赵匡胤。建隆三年(962),他曾对侍臣说:"朕欲武臣尽读书以通治道。"沈括《梦溪笔谈》中亦记有一事,赵匡胤曾问"半部《论语》治天下"的宰相赵普:"天下何物最大?"赵普对答:"道理最大。"赵匡胤屡屡称善。太宗赵光义继位后,梁颢①在给太宗的疏中提出"国家兴儒,追风三代"的建议,这股风气在宋代皇家就一直传了下去,宋代几乎所有皇帝都将其作为治国理政的遵循,大倡复古之风。在这个过程中,帝王的那些收藏品特别是古器物,就扮演了重要角色。这是宋代皇家收藏深度介入政治生活的一种现象,也是宋代金石收藏和金石学大兴的重要推手。古代历史

---

① 梁颢,字太素,郓州须城(今山东省东平县)人,北宋大臣。生于宋太祖建隆四年,卒于宋真宗景德元年,太宗雍熙二年乙酉科状元。

中,似乎没有哪个王朝像宋王朝这样,将收藏的政治功用发挥得如此淋漓尽致。

金石的"政治功能"

金石古器物在政治生活中到底发挥着什么作用? 这与宋代皇家重视礼乐密不可分。礼作为儒家文化的核心,其本质就是一种符合道德规范的社会秩序。而礼制,则是维持社会秩序的基本手段。中华民族的礼乐文化源远流长,我们今日所称的"礼乐之邦""礼仪之邦",包含了丰富的文化内涵。原始文明时期,就已经出现了礼制的形态。西周时期,礼法制度已相当完备。唐代,皇家对历代礼制进行了总结和提炼,确立了国家礼典的模式。唐末五代,军阀割据,礼制崩坏。宋初,皇家便把恢复礼制、重振纲常作为一项重要的政治任务,并对唐代的礼制进行了沿袭和损益。两者最大的不同,就是宋人在继承的基础上,更加注重复古。

在"追风三代"的政治策略之下,宋代皇帝既然追求礼制的复古,那么,在修明典章、制作礼乐的过程中,肯定就要有所遵循。这个遵循,最重要的就是那些古器物,尤其是夏、商、周三代的器物。《铁围山丛谈》称:"时所重者三代之器而已,若秦汉闲物,非殊特盖亦不收。"这个标准,宋代皇家是非常明确的。宋朝开国伊始,赵匡胤就诏令在全国范围内颁行《三礼图》,以图示形式展示"三代"礼仪,成为宋代后世皇帝在礼制等领域的重要参照。太宗、真宗朝,也非常重视这个传统,而且不仅仅开始参考已有的典籍,进献给皇家的古器物也发挥了实证的重要作用。比如咸平三年(1000),乾州获得一件古铜鼎,献给真宗。铜鼎上有古文21字,"人莫能晓",真宗就指派句中正、杜镐"详验以闻,援据甚悉"。

古器物的作用就这样越来越凸显出来,以至于徽宗朝对这个问题进行过专门的研究。徽宗亲自作序并命议礼局郑居中等人编撰的《五礼新

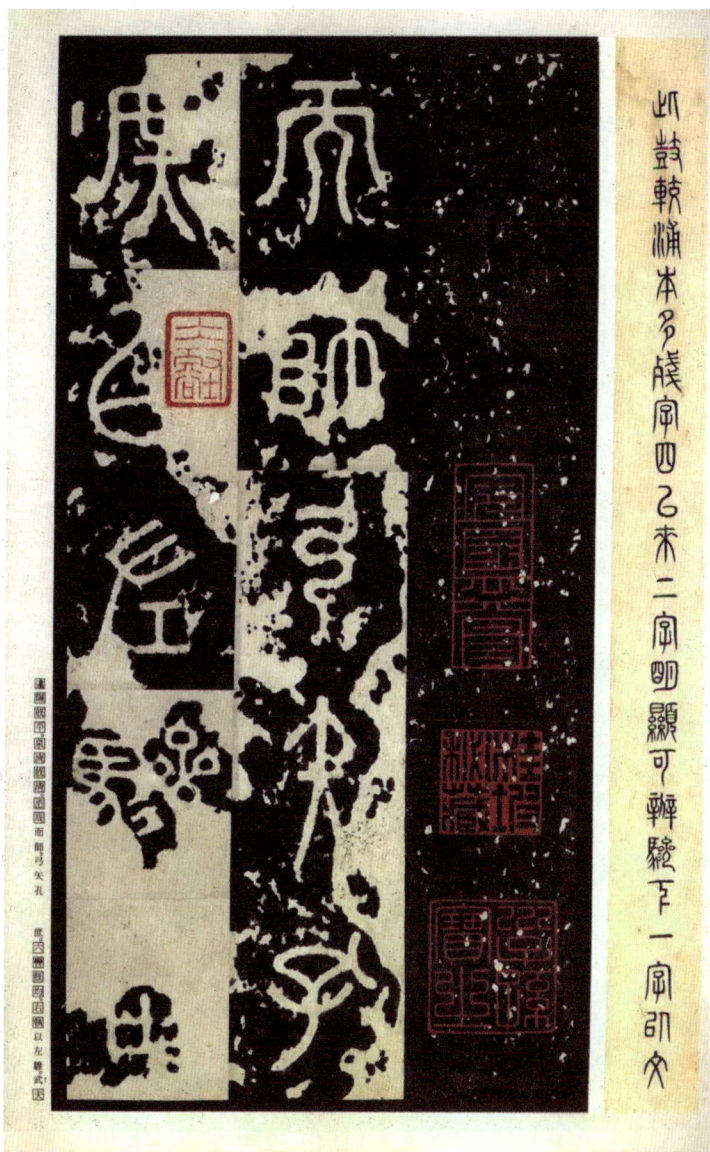

● 《石鼓文》中权本（局部），纸本墨拓，28cm×14.5cm，
北宋，日本三井纪念美术馆藏

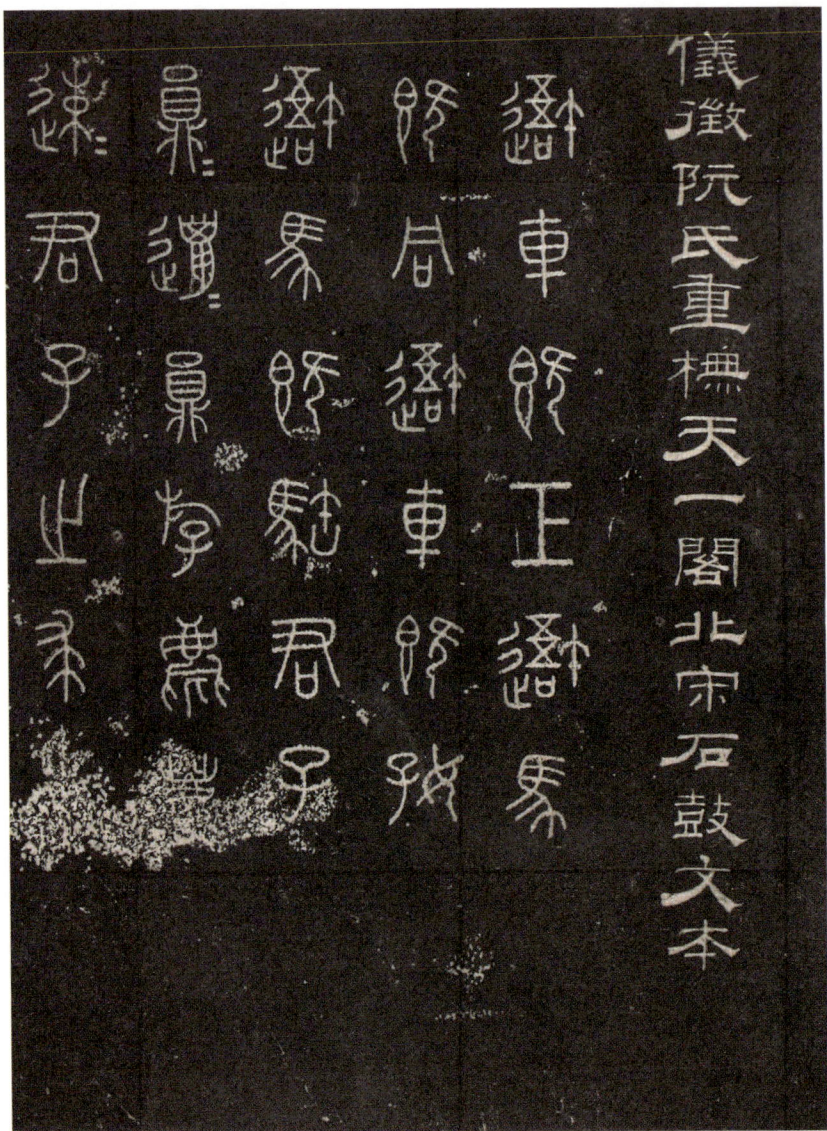

仪徵阮氏重橅天一閣北宋石鼓文本

● 《仪征阮氏重橅天一阁北宋
石鼓文本》(局部)。

此本流传最广,影响最大,后世多有重刊和发行,学石鼓文者多所借鉴。

今珍藏于北京故宫博物院石鼓馆的石鼓，堪称国宝中的国宝，被康有为称作"中华第一古物"。这十面石鼓上的文字，即石鼓文，是我国石刻文字之祖。唐代初年石鼓被发现，杜甫、韩愈、韦应物等均有诗称颂，并引起世人重视。唐代已有石鼓文拓本，但今已不传，流传至今的有明代安国"先锋""中权""后劲"等宋拓本，现藏于日本。至清代，阮元于嘉庆二年（1797）重摹"天一阁本"。阮元重摹本流传最广，影响深远。

　　石鼓发现于陕西凤翔府陈仓山（今陕西省宝鸡市），经历朝代赓续和战乱影响，流传至今殊为难得。唐末，石鼓在乱世中遁迹于江湖。北宋，仁宗令人寻访查找。时任凤翔知府的司马池（司马光之父）寻到九面石鼓，为凑齐十个，仿制出一面假鼓，后被识破。仁宗皇祐年间，向传师利用得到的石鼓文拓本寻找，于某屠夫家发现一块磨刀石，即为那面遗失的石鼓。至此，十面鼓终于团圆。石鼓颇受宋代皇帝重视，被送入内府保和殿珍藏，皇帝还把拓本赏赐大臣，徽宗更是在石鼓的文字槽缝间填入黄金。随着时代变化，石鼓文字多有残损，欧阳修曾记录了465字，后明代的拓本中又少了3个字。靖康之乱时，石鼓被运到北京，金人将石鼓上的黄金剔去后，弃于荒野。后来，御史大夫王楫重新发现掩藏在废墟中的石鼓。元朝之后，石鼓一直存放在北京，1937年后，被运至重庆，抗战胜利后再次运回北京，如今安然存放于北京故宫博物院石鼓馆。

仪》，记载了薛昂①的一则奏议。奏议中称，有司目前所用的礼器，与民间士夫家收藏的古器物不太一样，这些古器物大都出自古墓，规制当然是有所依据而且非常真实的。古人讲："礼失，则求诸野。"如今朝廷要订正礼文，则可以参考这些民间的古器物。薛昂建议"宜博访而取资焉"，派人到民间搜藏古器物，"图其形制，点校无差误，申送尚书省议礼局"。从中可以看出，朝廷如此重视这些古器物，就是为了支持礼制的改革。徽宗朝的大观年间，多次诏令搜求民间的尊、爵等古器物，以及古尺和律管等古乐器。这项工作，就是议礼局来负责的。依据古器物形制，朝廷进行了大规模仿制，这对宋代瓷器业的发展，起到了极其重要的作用，一大批仿照古器物样式的瓷器出现，加之皇帝的个人偏好与倡导，造就了宋瓷内敛深沉、极简高古的风格，并对后世产生了深远影响。朝廷的重视，也引发民间的古墓盗掘之风，但也不得不承认，越来越多的古器物被发现，为皇家的礼制改革和金石学的兴起，提供了最可靠的实物资料。下面，我们就举几个皇帝依据古器物进行礼制改革的例子。

仁宗朝的"造作新乐"

仁宗一朝，宋代的金石学开始兴起。仁宗曾命胡瑗等人依据杂物库发现的古钟造作新乐。但这项官方的工程似乎并不那么成功，欧阳修在《归田录》中记载：

> 太常所用王朴乐，编钟皆不圆而侧垂。自李照、胡瑗之徒，皆以
> 为非及。照作新乐，将铸编钟，给铜铸泻务，得古编钟一枚，工人不敢
> 销毁，遂藏于太常……叩其声，与王朴夷则清声合，而其形不圆侧

① 薛昂，神宗元丰八年进士，徽宗崇宁间历太学博士、中书舍人、给事中。

垂,正与朴钟同,然后知朴博古好学,不为无据也。其后胡瑗改铸编钟,遂圆其形而下垂,叩之掩郁而不扬,其镈钟又长甬而震掉,其声不和。著作佐郎刘义叟窃谓人曰:"此与周景王无射钟无异,必有眩惑之疾。"未几,仁宗得疾,人以义叟之言验矣。其乐亦寻废。[1]

这件事还记录在欧阳修的《集古录跋尾》中。在欧阳修眼里,胡瑗这次把工作给搞砸了。他虽然在形制上依据了古器,但"其声不和"。这可是件大事,既然皇帝要依据古物来定音律,如果声音不对,一切都无从谈起了,以至于大家议论纷纷,刘义叟更是将其与周景王铸"无射钟"联系在一起。公元前522年,周景王不听大臣劝阻,执意要造"无射"编钟,钟造好后,引起臣僚的议论,有人认为"乐不正""音不和",总之是不吉祥的声音。两年后,周景王去世,这套钟也被盖棺定论为"不和谐"之音。后来,仁宗果然得病了,似乎是应验了刘义叟的判断。把铸钟行为与帝王健康扯到一起,肯定是偶发的巧合,但想必不是故意加害的"妄言",欧阳修也非故意与胡瑗"过不去"。在古人心目中,礼乐就是那么神秘、神奇和神圣,在这种心理暗示的作用下,冥冥之中似乎就有了"心灵感应"。不过,布衣名士胡瑗好像并没有因此而"背锅"。

哲宗朝的"传国玺"

把古器物收藏与政治生活联系在一起且最为曲折离奇的,当数徽宗同父异母的哥哥——哲宗赵煦。

绍圣三年(1096),发生了一件轰动朝野的献宝事件。皇家话语权在古器物身上,展现得淋漓尽致。哲宗因为这件事,把国号都给改了。现存

---

[1] 宋·欧阳修等《渑水燕谈录/归田录》,李伟国点校,中华书局,1981 年,第 17 页。

的众多史料对此有详细记载。我们就把《宋史》"哲宗本纪"以及"舆服六"的记载摘录下来,请读者自行领略吧。

哲宗本纪记载:

元符元年春正月庚戌朔,不视朝。丙寅,咸阳民段义得玉印一纽。

(三月)乙丑,诏翰林学士承旨蔡京等辩验段义所献玉玺,定议以闻。

五月戊申朔,御大庆殿,受天授传国受命宝,行朝会礼。己酉,班德音于天下,减囚罪一等,徒以下释之。癸丑,受宝,恭谢景灵宫。戊午,宴紫宸殿。庚申,诏献宝人段义为右班殿直,赐绢二百匹。

六月戊寅朔,改元。①

"舆服六"中的记载更加详细:

绍圣三年,咸阳县民段义得古玉印,自言于河南乡刘银村修舍,掘地得之,有光照室。四年,上之,诏礼部、御史台以下参验。元符元年三月,翰林学士承旨蔡京及讲议官十三员奏:

按所献玉玺,色绿如蓝,温润而泽,其文曰"受命于天,既寿永昌"。其背螭钮五盘,钮间有小窍,用以贯组。又得玉螭首一,白如膏,亦温润,其背亦螭钮五盘,钮间亦有贯组小窍,其面无文,与玺大小相合。篆文工作,皆非近世所为。

臣等以历代正史考之,玺之文曰"皇帝寿昌"者,晋玺也;曰"受命于天"者,后魏玺也;"有德者昌",唐玺也;"惟德允昌",石晋玺也;则"既寿永昌"者,秦玺可知。今得玺于咸阳,其玉乃蓝田之色,其篆

---

① 元·脱脱等《宋史》卷十八,中华书局,2000年,第233至234页。

与李斯小篆体合。饰以龙凤鸟鱼,乃虫书鸟迹之法,于今所传古书,莫可比拟,非汉以后所作明矣。

今陛下嗣守祖宗大宝,而神玺自出,其文曰"受命于天,既寿永昌",则天之所畀,乌可忽哉?汉、晋以来,得宝鼎瑞物,犹告庙改元,肆眚上寿,况传国之器乎?其缘宝法物礼仪,乞下所属施行。

诏礼部、太常寺按故事详定以闻。礼官言:五月朔,故事当大朝会,宜就行受宝之礼。依上尊号宝册仪,有司豫制缘宝法物,并宝进入。俟降出,权于宝堂安奉。前三日,差官奏告天地、宗庙、社稷。前一日,帝斋于内殿。翌日,御大庆殿,降坐受宝,群臣上寿称贺。先期,又诏龙图、天章阁赍治平元年耀州所献受命宝玉检,赴都堂参议。诏以五月朔受传国宝,命章惇书玉检,以"天授传国受命之宝"为文。①

"传国玺"到底是如何被发现的?在"掘地得之"以及进献的过程中,是否遵循了宋代"墟墓之物不能进献"的规定(这一规定主要指不能上贡皇家而非官府的,皇家对古墓里的东西还是有所避讳的。沈括在《梦溪笔谈》中也谈到一个现象:前朝留下来的书法真迹,很多是凭吊死者或是问候病人的书信。唐贞观年间,皇家搜购前世书法很少遗漏,除了吊丧问疾的书信,几乎都归入内府。士大夫家所存,都是当初朝廷所不取者,所以能够流传至今)?这些都不重要,重要的是如何打扮历史这个漂亮的"小姑娘"。《续资治通鉴长编》的记载,可与《宋史》互读:

翰林学士承旨蔡京等奏,奉敕讲议定验咸阳民段义所献玉玺,臣等取责段义状,委于绍圣三年十二月内,于河南乡刘银村修造家舍掘土得之,即不是茔域内收到。曾有光照满室,及篆文官称……臣等取到秘阁所收玉玺谱记录,与历代史书参照,皆不相合,今止以历

① 元·脱脱等《宋史》卷一百五十四,中华书局,2000 年,第 2396 至 2397 页。

昌永寿既　天于命受

元符所得玺

永　既　于　受
昌　寿　天　命

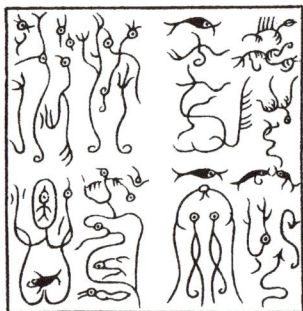

纽

检

宋·赵彦卫《云麓漫钞》载"元符所得玺"印文,辽宁教育
出版社,1998年,第156至157页。

代正史所载为据,略去诸家与传注之缪,考验传授之实。①

　　此番考证,可谓下足了功夫,先阐明文物获取的正当性与合法性——"即不是茔域内收到",这就巧妙规避了"墟墓之物不可进献"的规定,为哲宗的下一步动作扫清了障碍。《续资治通鉴长编》透露的这一信息非常重要,但在《宋史》中没有记录。

　　接下来就是真伪问题。"传国玺"如果不真,一切都无从谈起。实际上,"传国玺"在当时就引发争议,段义献玺的第三天,就有朝臣认为"恐非秦玺"。宰相章惇②更是个火爆的直性子,坦言"秦玺何足贵,但令集议,不过藏天章瑞物库而已",但他最后也识趣地闭嘴了。彼时,哲宗正在不遗余力地打击旧党,消除高太后的政治影响,亟须这块"宝贝儿"充当门面,树立威信和形象。要知道,"传国玺"从秦朝开始,就是一个极具象征性的存在,代表了皇权"受命于天"的正统。蔡京等人"汉、晋以来,得宝鼎瑞物,犹告庙改元,肆眚上寿,况传国之器乎"的谄媚之言,正合哲宗心意。当时的大画家和大收藏家李公麟也持相同看法。翟耆年《籀史》记载,李公麟认为"此玺真秦李斯所作,可考不疑"。李公麟于金石领域收藏颇丰,有《考古图》等著录,惜已失传。

　　后来发生的一切也就顺理成章了,哲宗为此将年号由"绍圣"改为了更具纪念意义的"元符",并举行了盛大的仪式。这种通过阐释文物的价值和通过对文物的占有来显示统治正当性以及帝王权威的政治操作,充满了吊诡,是宋代皇帝极力追寻"三代遗风"的特例。可惜的是,这块"传国玺"传到第二代就废掉了。哲宗之后,徽宗弃之不用,自己用羊脂白玉刻了一颗"受命宝",崇宁五年(1106)又用鸟虫篆刻了一颗"镇国宝"。

---

① 宋·李焘《续资治通鉴长编》卷四百九十六,台湾商务印书馆,1986年,第3页。
② 章惇(1035—1106),字子厚,号大涤翁,建宁军浦城(今福建省南平市浦城县)人。北宋中期政治家、改革家,银青光禄大夫章俞之子。

● 《维摩演教图》(局部),纸本墨笔,34.6cm×207.5cm,
李公麟(传),北宋,北京故宫博物院藏

　　李公麟擅白描,精妙传神,为绘画史中的"白描大师"。线是中
国画的基本表现形式,所谓"以书入画""书画同源",实际上强调的
就是对线条的掌控能力,讲求用笔、劲力、转折、顿挫等等。人们在
评价吴道子、曹不兴的绘画时,经常使用"吴带当风""曹衣带水"来
形容其画风,这也是对线描特点的生动反映。此画表现维摩向文殊
宣扬佛教大乘教义的场景。维摩坐于榻上,风度文雅,对面的文殊
相貌端庄,雍容自在。

徽宗朝的"大晟编钟"

徽宗时期,对依据收藏的古器物造作新乐的热情依然不减。音乐作为宋代宫廷礼仪的重要组成部分,在热爱文艺的徽宗眼中,有必要进行改革,这也是他的政治抱负之一。《宣和博古图》记载,崇宁三年(1104)甲申岁孟冬月,在应天府(今河南省商丘市)崇福院出土了6枚春秋时期所铸的古钟,被认为"于受命之邦出为太平之符者"。

这6枚古钟的发现,使徽宗相当高兴。一来,钟上所刻的文字是"宋成公之钟",宋成公当然是"宋家"的人,春秋时期宋国第二十一任国君。二来,该钟发现于应天府,冥冥之中,就更加神奇了。后周显德六年(959)六月,赵匡胤时任殿前都点检、宋州归德军节度使。转年正月,陈桥兵变发生,赵匡胤黄袍加身、登基即位,因发迹于宋州,将国号定为"宋"。四十多年后的景德三年(1006),真宗以帝业肇基之地,升宋州为应天府。对徽宗来说,祖宗发家之地发现了刻有"宋成公"字样的宝贝,这是吉上加吉的兆头,于是命董逌①对该钟进行考证,并参照古钟式样铸造了12套336枚编钟,并进行了耗时多年的音律改革,颁诏"赐新乐名大晟,置府建宫"。大晟府成为徽宗朝的最高音乐机关,在音乐史乃至词史上影响深远。

受徽宗指派,大晟府提举(主管)周邦彦召集词人、乐师开展了大规模的古音整理和新乐创作工作,"大晟乐"与"大晟词"颇受朝廷器重。作为宋词婉约派的集大成者,周邦彦领导大晟府开创的词风被后世称为"大晟词",并衍生出了宋词的一个流派——"大晟词派"。周邦彦在大晟府任职时间较短,对于"大晟词派"的提法以及他在大晟府期间扮演的角

---

① 董逌,字彦远,东平(今山东省东平县)人,北宋藏书家、书画鉴定家,以精于鉴赏考据而闻名。董逌依其藏书撰《广川藏书志》,已佚,另著有《广川画跋》六卷、《广川书跋》十卷、《广川诗故》四十卷。

色,虽然学界存有争议,但皇帝嗜古对宋代音乐、文学等领域产生的影响,却是不争的事实。

南渡之后,南宋皇家依然在沿用徽宗朝的《宣和博古图》所载古器样式,以及大晟乐作为祭器雅乐。赵彦卫的《云麓漫钞》中称:"今之太常所用祭器雅乐,悉绍兴十六年礼器局新造,祭器用《博古图》,雅乐用大晟府制度,大晟乐用徽宗君指三节为三寸,崇宁四年所铸景钟是也。"《宋史》以及南宋词人姜夔的《大乐议》,也称"绍兴大乐,多用大晟所造,有编钟、镈钟、景钟,有特磬、玉磬、编磬,三钟三磬未必相应"。这些记载,透露了非常重要的信息。靖康之乱时,徽宗朝所铸大晟编钟被金人掠走,部分运至金中都和上京,部分赏赐于人,有的则深埋于黄土,南宋皇家已经无法找到原物,其祭器只能新造,样式就参考了徽宗朝留下来的《宣和博古图》。当时,徽宗朝的皇家金石收藏也伴随着战争散佚,金石著录在南宋皇家礼制复建中起到了非常重要的作用。乐调,则参考了大晟府制度,乐器也模仿大晟府所造样式,赵彦卫称"崇宁四年所铸景钟"以及《宋史》和《大乐议》的"多用大晟所造",应是南宋皇家沿袭旧制的新仿品。模仿与复制,始终是两宋礼乐制度下祭器、乐器的重要制造手段。虽然皇家的收藏品遭到战争浩劫,但幸好还有皇家主导的收藏著录可以参考,皇帝们在礼制问题上亦步亦趋,不愿脱离前人仪轨而另起炉灶。

在上述几件事上,对文物的审美需求、真伪辩论,已经让位于政治话语、政治秩序的构建,而且多少都带有宋代皇帝普遍迷恋"祥瑞"的迷信心理。这或许就是珍妮特·埃利奥特、沈大伟在《中国皇家收藏传奇》中所说的"半宗教的力量推崇"吧。但宋代皇帝在这种信仰推崇外,还有政治趣味的选择,以及像徽宗这样基于艺术喜好的行为。总之,宋代的皇帝们确实是一个复杂的综合体。

● 大晟南吕编钟，通高28厘米，
辽宁省博物馆藏

　　此为流传至今的大晟编钟之一，为整套编钟中的"南吕编
钟"，形制古雅，铜质精纯。

律令与盗掘

    有宋一代，随着经济社会的高度发展，以及皇家收藏和士夫收藏的勃兴，官方承袭旧制，已经具备了一定程度的文物保护意识和相关保护制度。一方面，皇家律令对古物挖掘等行为做出了规定；另一方面，复古之风兴盛，金石学大行其道。上至帝王，下至士夫，对金石古物宝爱有加，但这些器物中有相当一部分出自地下埋藏，从而引发盗掘之风猖獗。律令与现实之间，难免产生抵牾。"法网"与"柔情"总是剪不断、理还乱，成为我们观察宋代皇家收藏乃至社会风物的一个独特视角。

律令与"掘钱"

    关于文物的律令，古已有之。这里先费一点笔墨，谈谈文物的概念。"文物"一词，最早见于《左传·桓公二年》："夫德，俭而有度，登降有数。文物以纪之，声明以发之，以临照百官。"此处所指的"文物"，实际上是"文"与"物"两词并用，译为在物品上纹饰和记录，引申为典章制度。用"文物"指称物质文化遗产，即我们今天泛指的不可移动文物比如古建筑、古遗址、古墓葬等，以及可移动文物比如书画、瓷器、古玩等，20世纪30年代才正式定型。此前，古人通常用古器、古物、古董、骨董等来指称文化遗产中的可移动文物。但也不是那么绝对，唐宋时期也有"文物"一词，且含义与今日类似，只不过还没有形成约定俗成的概念。比如，唐代诗人杜牧在《题宣州开元寺水阁阁下宛溪夹溪居人》一诗中就有"六朝文物草连空，天淡云闲今古同。鸟去鸟来山色里，人歌人哭水声中"句。南宋徐君宝妻《满庭芳·汉上繁华》词中也有"清平三百载，典章文物，扫地俱休。幸此身未北，犹客南州"句。这两处所称的"文物"，就有前代遗留的意思，与今日"文物"的概念非常接近。而对于文物中的出土物，古人则通常称"宿藏物"。

唐代，关于文物的律令已经出现。《唐律疏议》载："凡于他人地内得宿藏物者，依令合与地主中分。"如果违反规定"隐而不送者"，"计合还主之分，坐赃论减三等"。对于规制较高的器物，则不能平分，"得古器、钟鼎之类，形制异于常者，依令送官酬直"。

而对于盗墓行为和盗墓者，唐代的规定就更为严格，"发冢盗墓者均以贼盗论处""诸发冢者，加役流；已开棺椁者，绞；发而未彻者，徒三年"。《唐律疏议》的这些条款是迄今可见的古代对文物的最早律条，是我国文物保护法律制度的渊薮。尤为可贵的是，其中蕴含了朴素的"无主物先占"理念。

宋代的相关文物保护规定，与唐代《唐律疏议》的规定几乎一样，简直就是在"抄作业"，同样体现了"无主物先占"理念。《宋令》中规定："凡于官地得宿藏物者，皆入得人；于他人私地得，与地主中分之；若得古器形制异者，悉送官，酬直。"正是这些规定，催生了宋代住宅交易的独特现象——掘钱。沈括《梦溪笔谈》中记载："洛中地内多宿藏。凡置第宅，未经掘者，例出掘钱。"

不难理解，像洛阳这样的"前朝旧都"，地下埋藏势必异常丰富，如果是未经挖掘的宅第，如果你想买下来，房屋拥有者就会理直气壮地要求补偿一笔"掘钱"。这也与古人窖藏财富的习惯息息相关。今天，我们在考古中就通过窖藏发掘,发现了大量先人遗留。今天浙江省云和县还流传着"掘藏"的方言,意为某事发生后,就像从地下挖到宝藏那样兴奋,引申为获得意外之财的惊喜。明代项元汴是古代收藏史上最大的私人藏家,他的父亲项铨就曾在买下住宅数十年后,于墙内发现黄金,急召故宅主人子孙,将金子全部退还。项氏的家风,堪为楷模。

沈括《梦溪笔谈》在谈到"掘钱"时,就记载了一则"无妄费"的案例:

张文孝官居左丞,"以数千缗买洛大第",价钱都谈好了,但卖家提出要加"掘钱"千余缗。张丞相想买,只能咬咬牙掏"掘钱"把房子买了下来。后来发生的"异事",出乎预料。翻修宅第时,张家人挖出一个石匣,"不甚大而刻镂精妙,皆为花鸟异形,顶有篆字二十余,书法古怪,无人能读"。打开匣子后,发现内藏黄金数百两。"鬻之","金价正如置第之直","不差一钱"。

"掘钱"的规定,与我们今天开展大型基础设施建设前需进行考古调查的要求非常相像。考古调查的费用,依《文物保护法》规定,由建设单位纳入预算。也就是说,要由开发这块土地的建设者支付。"掘钱"的支付方是房屋的购买方,基本上遵循了谁可能获益谁就支付费用的原则。不同的是,今天的考古调查是一种法律规定下的政府行为,而宋代的"掘钱"更像是买卖双方的自由约定。不管怎样,这段颇为有趣的历史记载,为我们纵向地了解古人在文物保护方面的做法提供了参考。

猖獗的盗墓

"宿藏物"的出土,除了源于合法工程建设(如前述张姓宰相翻建房屋)或自然原因(如洪水冲刷,史料对此多有记载,不再赘述)外,相当一部分,则来自于盗墓。而对盗墓的惩戒,宋代也基本上承袭了唐代的规定,但在具体条款上也有所区别。《宋刑统》"发冢"规定:"其冢先穿及未殡而盗尸柩者,徒二年半;盗衣服者,减一等;器物、砖、版者,以凡盗论。"
而且朝廷明确要求,墟墓之物不能上贡,只能"籍收官库"。比如,哲宗时,
宗室仲忽将得到的一件宝鼎进献朝廷,《宣和博古图》称:"是鼎也,仲忽
于元祐间进之,奇古可爱,足以冠周器,腐儒挟持异端,辄称墟墓之物,
以请罪焉。"邵博在《邵氏闻见后录》中,也记录了一个绍圣初年其先人
进献白玉奁的故事,"府上于朝,批其状云:墟墓之物,不可进御,当籍收
官库"。

在这里,我们着重谈谈盗墓这一古老的"职业"。纵观古代收藏史,盗
墓几乎是全程伴生、屡禁不绝的行为。宋代盗墓猖獗到什么程度?试举
几例:

神宗元丰元年(1078),盗墓贼在河南阳翟(今河南省禹州市)发掘了
张耆①和晏殊②的墓冢。此时,距晏殊去世仅仅23年,而且晏殊死后薄葬,
即使这样也未能幸免。这说明,宋人已经不再把盗墓的目标指向古人,且
地方官员也受利益驱使行盗墓之事。张邦基在《墨庄漫录》中记载,政和
间,程唐为陕西提点茶马,李朝孺为陕西转运,他们派人在凤翔府"破商
比干墓,得铜盘"。盗掘的目的,无非是为了获利,因此当时古器物的买卖
也很普遍。而有的为了规避"形制异于常者"的限制和官府的追究,甚至
将出土的器物"击碎以鬻之"。

宋代皇帝出于"复古三代"的政治需求而对古器物重视有加,并大肆
在民间搜集,加上士夫阶层的喜好,直接或间接地引发了民间盗墓的猖
獗。可以想见,这些盗掘之物会流入势要、商贾、士夫之家。即便是朝廷有
"墟墓之物不能上贡"的要求,也不可能完全杜绝。因此,其中的一部分也

---

① 张耆(? —1048),初名旻,字元弼,汴京(今河南省开封市)人,11岁时在真宗王府供职,咸平中
为天雄军兵马钤辖,天禧二年为武信军节度使、同平章事,出判陈州,仁宗天圣三年拜枢密使。明道
元年加右仆射,为昭德军节度使兼侍中,后封徐国公。庆历三年以太子太师致仕。
② 晏殊(991—1055),字同叔,抚州临川(今属江西)人。北宋政治家、文学家,14岁时以神童入试,
赐同进士出身,初为秘书省正字,后历任右谏议大夫、集贤殿学士、同平章事兼枢密使、礼部刑部尚
书、观文殿大学士知永兴军、兵部尚书等。至和二年病逝,世称晏元献。晏殊是北宋时期的著名词
人,尤擅小令,与其第七子晏几道被称为"大晏""小晏",与欧阳修并称"晏欧"。

会通过搜集、进献等方式流入秘府。在这种情况下，许多人受利益驱使，就不惜铤而走险。蔡绦在《铁围山丛谈》中记载：

> 世既知其所以贵爱，故有得一器，其直为钱数十万，后动至百万不翅者。于是天下冢墓，破伐殆尽矣。独政和间为最盛，尚方所贮至六千余数，百器遂尽。①

上引文字出自《铁围山丛谈》卷四，是收藏史中一段非常重要的记载。蔡绦从"虞夏而降"说起，一直谈到靖康之乱后北宋皇家金石器物散佚，其间逐一点评了刘敞、欧阳修、蔡绦伯父蔡襄（蔡京堂兄，也是当时的书法家）、苏轼、李公麟等北宋具有代表性的金石藏家及其历史贡献，文献价值甚高。

蔡绦之外，叶梦得在《避暑录话》中也有相似记载：

> 宣和间，内府尚古器，士大夫家所藏三代秦汉遗物，无敢隐者，悉献于上。而好事者复争寻求，不较重价，一器有值千缗者。利之所趋，人竞搜剔山泽，发掘冢墓，无所不至。往往数千载藏，一旦皆见，不可胜数矣。②

翻阅宋人笔记，我们经常会见到"发地""发冢"这两个词。事实上，两者是有很大区别的。"发地"，意味着有可能是偶然发现了地下埋藏物，当然，也不排除是主动盗墓；而"发冢"，基本上就是主动盗墓了。比如，邵博在《邵氏闻见后录》记载："近年洛阳张氏发地得石十数，汉蔡伯喈隶尚书、礼记、论语，各已坏缺。论语多可辨，每语必他出，至十数语，则曰凡章若干。"邵博还依据出土物，对《论语》的文字进行了考证，并发问："按隋

---

① 宋·蔡绦《铁围山丛谈》卷四，中华书局，1983 年，第 80 页。
② 宋·叶梦得《避暑录话》卷下，涂谢权点校，山东人民出版社，2018 年，第 124 页。

史既迁其石于长安,今尚有出于洛阳者,何哉?"他客居长安时,"蓝田水坏一墓,得退之自书薛助教志石……欧阳公以下,好韩氏学者,皆未见之也"。这段记载非常明确,墓葬被发现是因为发生了水灾。当然,邵博也记录了盗墓的情形,他听张浮休讲,盗贼晚上盗掘"咸阳原上古墓","有火光出,用剑击之,铿然以坠,视之,白玉帝也"。

此类记载在沈括《梦溪笔谈》卷十九"器用"一条也屡见不鲜,基本上也是"发地""发冢"两个词混用。比如,第319条"今世人发古冢得蒲壁"、第323条"郓州发地得一铜弩机"、第326条"济州金乡县发一古冢"、第329条"熙宁中尝发地得大钱三十馀千文"、第331条"予顷年在海州,人家穿地得一弩机"、第336条"今人地中得古印章,多是军中官",等等。

规定与现实的取舍

宋代盗墓的猖獗,是特定的政治文化背景的产物。虽然法律对此做出了规定并加以严惩,且政府三令五申禁止厚葬,但与历朝历代一样,依然不能完全杜绝这种行为,尤其是赶上金石学大兴、对古器物需求空前增长的时期,民间的盗墓就更加肆无忌惮了,甚至还出现了官民同盗、官方带头的情况,上述程唐与李朝孺盗比干墓,即为恶例。此举在当时引起的负面效应,令朝廷也深感震惊。据称,李朝孺将盗墓所得铜盘献给了徽宗,徽宗怒斥:"前代忠贤之墓,安得发掘!"并罢免了李朝孺,将铜盘返还。李朝孺马屁没有拍成,实在是因为犯了众怒。要知道,比干墓早已是文人凭吊兴亡、寄兴抒怀的"景点",唐代汪遵的《比干墓》诗中称:"国乱时危道不行,忠贤谏死胜谋生。一沉冤骨千年后,垄水虽平恨未平。"北宋,邵雍有《过比干墓》诗:"精诚皦于日,发出为忠辞。方寸已尽破,独夫犹不知。高坟临大道,老木无柔枝。千古存遗像,翻为冶子嗤。"宋末,比干墓依然出现在诗人笔下。汪元量的《比干墓》最为知名:

卫州三十里，荒墩草无数。

忽听路人言，此葬比干处。

下马扪石碑，三叹不能去。

斐然成歌章，聊书墓头树。

我吊比干心，不吊比干墓。

世间贤与愚，同尽成黄土。

斯人亦人尔，千千万万古。

　　圣贤安息之地，就这样遭到官方人士的无情盗掘①。这就是历史的复杂所在，宋人对金石古物的兴致，引发铤而走险之徒以身试法。这其中，自然也包含官民的默契成分——遵循基本的心理约定，官方也就不追究了，否则宋人的笔记中也不会出现大量关于盗墓的记载。而每一次盗墓都被官方发现并处罚，也并不现实，何况有些盗墓行为也直接与皇家的政治生活相关，皇帝绝对脱不了干系。比如，《宋史》"宋乔年传"记载，"徽宗议谒诸陵，有司预为西幸之备。昇治宫城，广袤十六里，创廊屋四百四十间，费不可胜"。官方在装饰廊屋的时候，必然会油饰粉刷，用的底胎竟然是人骨："会髹漆，至灰人骨为胎，斤直钱数千。尽发洛城外二十里古冢，凡衣冠垄兆，大抵遭暴掘。"此举之恶，简直就是"挫骨扬灰"。文中指出的官员"昇"，就是宋乔年之子宋昇，父子二人依附蔡京而得势。宋乔年死后，宋昇初为京西都转运使，后擢至显谟阁学士，在徽宗谒陵时干出了泯灭人性的勾当，与李朝孺的盗掘行为同样性质恶劣，但宋昇的命运就不一样了，照样得到徽宗赏识，官运亨通。皇家对盗墓所持的双重标准，确实耐人寻味。庆幸的是，比干墓在今天得到了妥善保护，与比干庙一并被纳

---

① 实际上，程唐、李朝孺所盗是否为比干墓，张邦基在《墨庄漫录》中持审慎态度，后世学者亦对此多有疑问，明代顾炎武在《金石文字记》中称"而比干殷人，必无葬凤翔之理也"。王子今《中国盗墓史》中认为这可能是一处西周墓葬。但墓主身份并不影响后人对此次盗掘的评判。

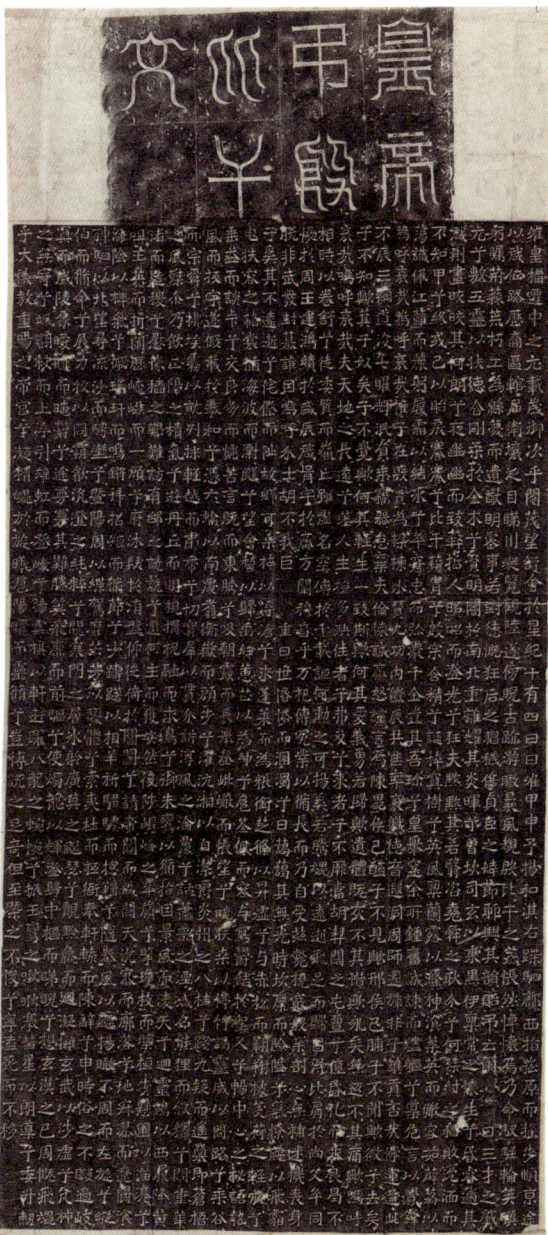

● 魏孝文皇帝吊
殷比干文拓本

　　此碑始刻于北魏太和十八年(494)，俗称"太和碑"，传为崔浩所书，原石久佚，宋翻刻，今存于河南省卫辉市比干庙。此碑为魏碑代表，笔画方正，结字宽博，历来为书家所重。

入全国重点文物保护单位,而北宋时期那些寂寂无闻的荒野孤坟,就没有这样的命运了。

宋代,官方在律令之外,也通过颁发诏令对猖獗的盗墓行为进行约束。这些诏令,似乎也并不能完全调和盗墓与文物需求之间的矛盾,律令之下的现实因素以及对律条的选择与使用,就显得格外重要了。南宋绍兴年间的王公衮,祖墓被守墓人盗发,王公衮向州衙控告,州衙将盗掘者处以杖刑。王公衮对判罚不满,一怒之下砍掉了守墓人的头。他自知犯法,便去州衙自首。王公衮哥哥王佐①当时在朝中做侍郎,得知此事后,愿以官职相换,替弟弟赎罪。这件事闹到了朝廷,经朝中大臣集体讨论后,结果仅仅是降了王佐一级官阶,王公衮反倒"孝名闻天下"。根据律法,故意杀人当判死刑,但血亲复仇又与杀人有所区分,而且在对盗墓者判罚较轻的情况下,王公衮得到了法律的豁免和道义的认可。

前文所述哲宗朝的"传国玺"事件,更是通过回避法律条文和规定,使这一不知确切来源的宝贝获得了政治的正当性,从而能顺理成章地进入皇家,催生出一个新的年号。律令之下的取舍,不仅体现了皇帝对"祥瑞"的痴迷,更可见对古器物所持的复杂心态和政治手腕运用得娴熟。在天子与群臣集体行为正确的前提下,是否为墟墓之物,即便是行盗墓之恶,也不那么重要了。这种看似毫无原则的政治取舍,说白了,就是一种"家天下"的表现。皇权之下,律条仅仅是约束"该约束的人"。

---

① 王佐(1126—1191),字宣子,号敬斋,绍兴府山阴县禹会乡广陵里(今浙江省绍兴市钱清镇)人。宋高宗绍兴十八年戊辰科状元(朱熹同榜)。王佐在任典八州、知四府,所仕之处皆以德政闻名。淳熙六年知潭州(今湖南省长沙市)时平定陈峒叛乱,辛弃疾为之作《满江红·贺王帅宣子平湖南寇》。之后知临安府逾三年,进权工部、户部尚书。卒葬山阴县天乐乡竺里峰之原,朱熹为其祠题额"忠孝",陆游为其撰《尚书王公墓志铭》。

图谏与权谋

北宋神宗时期,"监门小吏"郑侠画过一幅《流民图》献给皇帝。严格说,这幅画并不算真正的艺术品,也称不上皇家收藏,但有绕不开、躲不过的理由。作为郑侠的"图谏",《流民图》就像一个横冲直撞的小子,突然间走进历史舞台的中央,裹挟于宋代重大的政治事件,被赋予"一幅画扳倒王安石"的政治想象,影响实在是太大了。既然曾被皇帝过眼,哪怕只是短暂地拥有,我们姑且作为特例和个案,将其纳入皇家收藏的范畴。

郑侠与《流民图》的故事,太过曲折离奇,简直是一出波诡云谲的宋代宫廷生活连续剧,如今再好的编剧恐怕也写不出如此精彩的剧本。《宋史》为郑侠专门立传,我们就依据史料记载,抽去枝蔓,简述这件事的来龙去脉。

一幅画扳倒了王安石

郑侠(1041—1119),字介夫,福州福清(今属福建)人,家住福清海口镇覆釜山下(今为牛宅村),后迁至县城西塘,世称"西塘先生",作品有

《西塘集》《西塘先生文集》等。嘉祐四年（1059），郑侠的父亲郑翚任江宁（今江苏省南京市）酒税监。治平二年（1065），郑侠到父亲任所，读书于清凉寺。当时王安石任江宁知府，对郑侠关爱有加。治平四年（1067），郑侠中进士，授将仕郎，秘书省校书郎。

熙宁二年（1069），王安石受神宗重用，担任参知政事（宰相），正式实行变法。此时，王安石依然没有忘记郑侠，提升其为光州（今河南省潢川县）司法参军。这是郑侠与王安石人生中的"蜜月期"。作为后生晚辈，能够得到当朝宰相的提携与厚爱，郑侠充满感激。

熙宁五年（1072），两人开始产生嫌隙。郑侠任期期满后入京三次拜见王安石，直陈变法弊端，并拒绝了王安石让其通过考试做京官的建议。"耿直男孩"离京后，还寄信王安石，陈述新法的危害。此后，郑侠被重新任命，当了个京城安上门的监门小吏，即守门官。王安石对郑侠的作为虽然不太开心，还是让其子王雱转告郑侠，希望他去担任修经局检讨的职位，后又让门客黎东美再次劝说，未果。期间，郑侠向黎东美陈述了变法带来的弊端，黎东美转呈王安石，王安石对变法做了局部修正。

熙宁六年（1073）至翌年三月，久旱不雨，史称"人无生意""身无完衣"。熙宁七年（1074）三月，郑侠在京城再也憋不住了，画《流民图》，写《论新法进流民图疏》，请求朝廷罢除新法。奏疏送到阁门，递不进去，郑侠只好"假称密急"，"发马递上之银台司"，终于呈到神宗手里。郑侠在奏疏中说："陛下观臣之图、行臣之言，十日不雨，即乞斩臣宣德门外，以正欺君之罪。"这算是拿性命相搏的"毒誓"，郑侠将自己逼到了墙角。

接下来，神宗登场，历史的一场大戏才算进入高潮。《宋史》记载："疏奏，神宗反复观图，长吁数四，袖以入。是夕寝，不能寐。"翌日，神宗下令更改王安石的政策，"民间欢叫相贺"。神宗又下《责躬诏》，广求言路。三日后，果然天降甘霖，"远近沾洽"，真是令人匪夷所思。这段记载颇有小说家的风格，不排除是后人"小说入史"的演绎。辅政大臣们此时也粉墨登场，入内祝贺，神宗把《流民图》及奏疏甩给他们看，一通斥责，言外之意很明确:你们早干什么去了? 拍马屁的时候比谁都积极!

王安石见此情形,不辞职也说不过去了。这一辞职,朝廷内外才知道神宗罢除新法竟然是《流民图》和《论新法进流民图疏》导致的,于是"群奸切齿",把郑侠交给御史台,定了个"擅发马递罪",也就是说,郑侠当初上疏献图时,谎报了军情,这也算是"实事求是"。而此时的神宗竟然也没拦着。吕惠卿①、邓绾②等人更是劝皇上不能听"狂夫之言",把新法"罢废殆尽,岂不惜哉",神宗又任命吕惠卿为相,恢复了新法。

郑侠还是那么耿直,再次上疏,这次他画了《正直君子社稷之臣图》《邪曲小人容悦之臣图》,痛斥新任宰相吕惠卿。吕惠卿知道后大怒,奏为"谤讪"之罪,后来又觉得不过瘾,想治郑侠死罪。这次,神宗又登场了,他认为郑侠的言行都是为了江山社稷和黎民百姓,既忠诚又可嘉,哪能深究? 于是,郑侠保住一条命,被流放到英州。

元祐元年(1086),哲宗登基,大赦天下,郑侠遇赦回到福清,后经苏轼等人推荐,被起用为泉州教授。绍圣元年(1094)四月,"元祐党人"受到打击,包括苏轼、郑侠在内的人被贬斥放逐,郑侠"二进宫"又被贬到英州,直到元符三年(1100)复职。大观元年(1107),蔡京立"元祐党人碑",郑侠又名列其中,再次被罢职还乡,在家乡待了12年后,郑侠于宣和元年(1119)八月离开纷扰的人世,享年79岁。

《流民图》的故事,众说纷纭,有"站"王安石的,也有"站"郑侠的。有人认为王安石当了"冤大头",被反对派设计陷害。而郑侠无非是反对派手中的一颗棋子罢了,反对派祭出的"杀器",就是《流民图》。有人认为王安石骄傲偏执、打击异见,变法确实不接地气,弄得民不聊生,而郑侠的

---

① 吕惠卿(1032—1111),字吉甫,号恩祖,泉州南安水头镇朴里人,北宋宰相,政治家,王安石变法中的"二号人物",和王安石情同师徒,后因事生恨。宦途起伏不定,后半生一直在朝外辗转,历任翰林学士、知军器监、参知政事、知太原府等职。

② 邓绾(1028—1086),字文约,成都双流人,举进士,曾任职方员外郎,著有《治平文集》《翰林制集》等,在王安石权倾一时期间投靠王安石,后宋神宗罢黜王安石相位,由吕惠卿取而代之,又投靠吕惠卿,王安石复位后,邓绾又向其谄媚。

"义举"可彰千古。后人对这段公案的探幽实在是太多,在此不赘述,倒是王安石的"老对头"司马光对其有过公允评价:"人言安石奸邪,则毁之太过;但不晓事,又执拗耳。"其实,这段评价用在郑侠身上,也颇为贴切。

"流民图"的图画范式

《流民图》这幅画是不是郑侠所画?史料里没有详细记载。笔者认同高居翰的观点——肯定是找人代笔[1]。理由当然能找出很多,最直接的就是郑侠不会画画,而且这幅画要献给皇帝,肯定不能敷衍了事,但又不能找当世高手代笔,否则易生破绽。这是依据历史情景做出的判断,在没有确切史料证伪之前,笔者对此深信不疑。这就牵扯出另一个问题,如果是找人代笔,就意味着郑侠绝不是心血来潮,而是蓄谋已久,背后肯定还有隐匿而不为人知的故事。

从收藏的角度而言,这次进献,完全不同于宋代通常意义上的文物艺术品进献,郑侠压根就没有把《流民图》作为艺术品对待,神宗也绝对不会将其归类为艺术品——《流民图》就是一张承载了政治诉求的"图谏"——艺术属性只是政治生活的附属而已,并非为了满足皇帝对艺术的需求。所以这幅作品一旦完成政治使命,就没有多少人关注了。它看上去像是王安石辞相的"关键因素",实际上只是个工具。

这幅画今已失传,我们看不到了。神宗是否收藏过《流民图》?如果收藏过的话,为什么不见于官方的书画著录?这两个疑问好回答。神宗肯定是拥有过此画,不管是长期拥有还是转手送人。它不纳入书画著录的原

---

[1] 高居翰在《画家生涯》中分析认为:怀疑的目光同样可以投向大量官员,他们不以画知名,最少技术不怎么高超,却被称许制作了细致而复杂的作品。这样的事例包括郑侠……记述这些某某人"绘制"或"制作"图画事迹的作者也许完全明白,这些作品实际上是在这些官员的授意下由不知名的画工完成的。详见《画家生涯》,生活·读书·新知三联书店,2012 年,第 150 至 151 页。

因,也无非是算不上正统意义上的书画艺术品。如果没有归为内府而是流落民间,又是如何传承、何时消失的?今天,我们可以从南宋时期的《南游纪旧》《佩韦斋辑闻》等笔记中找到相关记载。据说此画纸本设色,长六尺、高尺半,白描勾勒后敷色,画技并不那么老成。画上一支逃荒的队伍逶迤于田间驿道,人物近百,有求乞老者、背幼农妇等等,还有恶吏骑马持鞭,抽打衣不蔽体的少女。南宋后,元代版本的《三柳轩杂识》及明刻本《六砚斋笔记》也有记载,称其真迹保存于镇江民间的藏家手中。但明代之后,就不见于史料了。[①]据此,《流民图》或许消失于明代。

明代诗人陆深有《题郑侠流民图》一诗:

近时画手数吴伟,泰和郭诩差可拟。
良工位置着意深,何但烟云生笔底。
此幅浅淡颇有工,描写人物间关里。
骨肉牵联老稚兼,衣裳褴缕面目紫。
云是郑侠流民图,仿佛啼号声满耳。
风回草树生昼阴,翠壁华堂容有此。
云间才子曹濮阳,胸藏丘壑心如水。
谒来射策光明宫,便欲饱暖同遐迩。
俸资积月数不盈,鬻画太半收书史。
时骑瘦马向长安,买得残缣大小李。
会心论格不论钱,袖来向我陈终始。
关仝荆浩久己无,马远夏圭呼不起。
郭生自是清狂人,东抹西涂聊复尔。
太平有象鸡狗肥,世路无情乡井徙。
君不见治乱兴亡各一时,凭仗调和与燮理。

---

① 相关考证详见张成忠、王磊所撰《郑侠的流民图最终流落何方》,《东方收藏》,2010 年第 10 期。

● 《流氓图卷》（局部），周臣，明代，
美国克利夫兰美术馆藏

　　此画以线描为主，画中人物神色凝重而黯淡，人
物之间较少交集，相对独立。

民瘼宁知千百端，君门空瞻一万里。

陆深（1477—1544），明代文学家、书法家，松江府（今上海市）人。这首诗以及诗后注录"摩挲此图，展转不已。荆文相公，熙丰天子"，为我们考察《流民图》的流变，提供了丰富信息。

首先，诗名虽为"题郑侠流民图"，但实际上所题应为吴伟绘制的作品，首句即为"近时画手数吴伟"，说得非常明确。诗中称"云是郑侠流民图"，与此诗诗名相印证，估计是吴伟所绘此图，当时用了"郑侠流民图"的名字，后又有"荆文相公，熙丰天子"的按语，直指王安石（王安石封荆国公，谥号文，故称荆文公）与当年的"熙丰变法"，亦可佐证。也就是说，陆深看到吴伟所绘《郑侠流民图》，有感而发，遂成此诗。此诗最后一句"君门空瞻一万里"，当是从苏轼《黄州寒食诗》"君门深九重，坟墓在万里"化用而来。①与郑侠是"忘年交"、与王安石是"老对头"的苏轼，如果泉下有知，不知有何感想？

这说明，明代已开始把"郑侠流民图"作为一种具有明确指向性的图谱意象，而非特指郑侠的画作。至清代，这种现象就更为普遍了。查慎行②《送彭南陔赴长沙》一诗有"郑侠图曾伤目击，陈琳檄可愈头风"句，而杨中讷③在《高邮道中书事》诗中写得更为直白："空怀忧国长沙泪，难绘流民郑侠图。"

《流民图》开创了绘画史上的一种图画范式，每当后世画家想要表达对现实的不满，尤其是对黎民百姓困苦命运的关注时，它就被拿来借用，甚至是直接冠以"郑侠流民图"的名字行世。我们今天所能见到的"流民

---

① 苏轼《黄州寒食诗》作于"乌台诗案"后被贬黄州期间，该诗的《寒食帖》号称"天下第三行书"。
② 查慎行（1650—1727），初名嗣琏，字夏重，号查田，后改名慎行，字悔余，号他山，晚年居于初白庵，故又称查初白。杭州府海宁花溪（今浙江省海宁市袁花镇）人，清代诗人、文学家。诗坛"清初六家"之一，继朱彝尊之后被尊为东南诗坛领袖。
③ 杨中讷（1649—1719），字遄木，号晚研，浙江海宁人，雍建子。康熙三十年进士，官右中允。有书名，模晋唐，尤工草书。

图"，仅明代就有数件，分别由周臣、石崿、吴伟等人绘制。明之后，"流民图"也屡见不鲜。而最为知名的，当数蒋兆和①先生于20世纪40年代绘制的史诗长卷《流民图》。

另一件不得不说的"艺术品"

像《流民图》这样横冲直撞走进宋代的宫廷生活，并深度参与了历史的所谓"艺术品"，其实还有一件，就是楼璹的《耕织图》。高居翰在《画家生涯》中认为，这幅作品与郑侠《流民图》一样，非楼璹本人所绘，也是找人代笔，但这并不影响《耕织图》的传奇命运。

楼璹（1090—1162），一字国器，鄞县（今浙江省宁波市）人，楼异之子，以父任得官，初为婺州（今浙江省金华市）幕僚。绍兴三年（1133）任于潜（今浙江省临安市）县令，绍兴五年（1135）通判邵州，绍兴二十五年（1155）知扬州。累官至朝仪大夫，绍兴二十六年（1156）主管台州崇道观。

《耕织图》是楼璹在担任于潜县令时绘制的。据《鄞县志》记载："楼璹除于潜县，笃意民事，为耕织二图。耕自浸种至入仓，凡二十一事；织自浴蚕至剪帛，凡廿四事。事为之图，系以五言诗各一章，章八句。"也就是说，这幅作品包括21幅耕图、24幅织图，系统性地描绘了从浸种到入仓的田耕过程，以及从浴蚕到剪帛的蚕织过程，而且每幅画都附一首五言八句的律诗。与郑侠的《流民图》开创了"流民图图谱体系"一样，《耕织图》是历史上"耕织图图谱体系"的开山之作，被冠以"中国最早完整记录男耕女织的画卷""中国农桑生产最早的成套图像资料""世界首部农业科普

---

① 蒋兆和（1904—1986），卓越的人物画家、美术教育家，在传统中国画基础上，融合西画之长，创造性地拓展了中国水墨人物画的技巧。

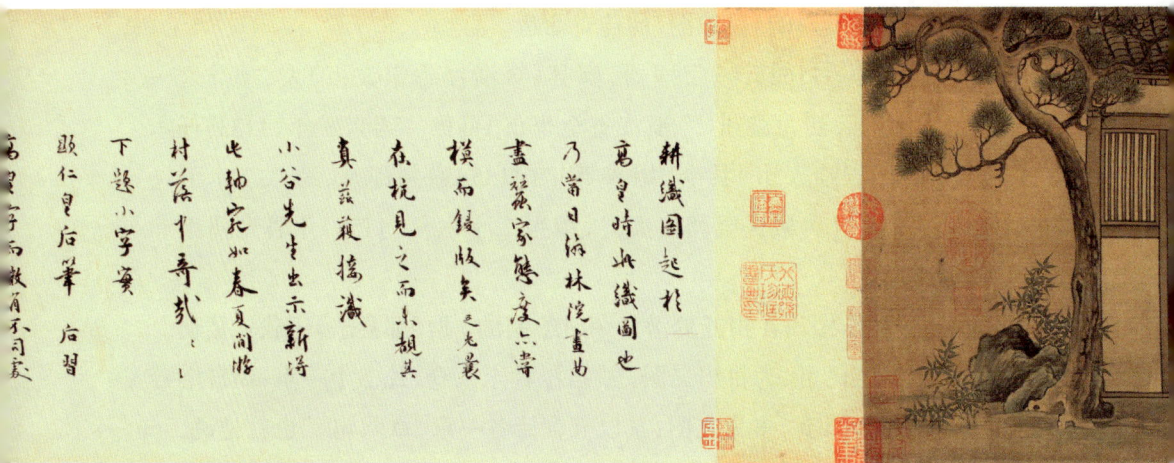

● 《蚕织图》，绢本设色，518cm×27.5cm，
楼璹，南宋，黑龙江省博物馆藏

　　此卷所绘，是江浙一带蚕织户自"腊月浴蚕"始，至"下机入
箱"的养蚕、织帛全过程，无款，线描风格也不尽相同，再据跋语
所记，可以判定为南宋画院画工的集体摹本。图下所注小字为
高宗吴皇后书，皇后奖励蚕织，以仪范天下。

画册""农耕时代最漂亮最有价值的图文书"等溢美之词。

《耕织图》的命运,比《流民图》好很多。这幅画献给高宗的过程,不像《流民图》那样有详细记载,我们今天无从考证了,但《耕织图》献给高宗后,深得赏识,高宗"即令嘉奖,并敕翰林画院摹之"。高宗赏识的原因,可能有二。一是时间上"恰到好处"。南渡之后,百废待兴,高宗为了鼓励民间耕织,向地方官员发布了"务农之诏",这幅画在这个时间段突然出现,来得正是时候。二是题跋上"分寸自如"。画作的题跋很讨人喜欢:"高宗皇帝身济大业,绍开中兴,出入兵间,勤劳百为,栉风沐雨,备知民瘼,尤以百姓之心为心,未遑它务,下务农之诏,躬耕耤之勤。"我们姑且不去猜测楼璹是怎么画出这幅画的,这种"踩着点"的进献,充满了目的性。不得不承认,楼璹献画之后官运畅达,确实是借了势、沾了光。

为表达"皇后亲蚕,以仪范天下"的传统,此画进入内府后,还宣示后宫,高宗的吴皇后亲自在画师临摹的作品上做了题注,称为《蚕织图》。可以确信,《耕织图》与《蚕织图》都曾藏于南宋内府,算得上真正的皇家收藏,但楼璹的《耕织图》原作今已失传,《蚕织图》如今珍藏在黑龙江省博物馆,成为现存最早用绘画形式记录古代蚕织生产的珍贵史料。南宋之后,历史上出现了众多以《耕织图》为范本的再创作,或直接冠以"耕织图"的名字,或"照葫芦画瓢",以农桑、耕织、农务、棉花等为题材,总之是代有传承,影响深远。最为知名的是康熙皇帝亲自主导的"耕织图"。康熙二十八年(1689)南巡途中,江南官员呈献了楼璹《耕织图》的残本,康熙将其带回京,命人依照楼璹底本进行了重绘,皇帝亲笔题诗并撰写序文,后人称其为《康熙御制耕织图》。

宋代历史上,这种臣子主动进献自己绘制的画作进而劝谏皇帝的事情,不止上述《流民图》与《耕织图》。仁宗朝的嘉祐二年(1057),时任滨州守臣的李慎微曾将《秋雨图》献给仁宗皇帝。当时,仲秋苦雨,禾头生耳(禾穗因雨发芽,像长了耳朵,会造成减产)。画中描述了久雨导致农作物受灾的场景。仁宗看到此图后,掩图叹息道:"阴阳失理,以至是邪?"皇帝

右傳梁風子親醬蕭蘭館重著複宇接棟
連甍庭際古梅垪墻外脩篁肅珠極間敞
出牖之趣少文兄十有二葳生立族上藏极作或
息或分消咸上族玩陽隱之似殊或趙德將事坤
熊生勤曲盡高致而描寫飄逸清色清閒人物
衣着如草高奇作所謂咸筆者是也戴筆無
欲安卯乙之母已如甚人之到身而床到者興呼
嫿風之甬不見久已觀菩之續流傳珠希音
好者懷之有取于斯平
壬子三月既望　　　　　可養重袁拜題

子葳得首圖之三葳恩友未諦日煬貞二圖于宅詳
與君藏因株分荊一圖三以不知葳河年矣越沒
角馬致志藏草為延津之合鎖朵澤絕矣絡
緯佽氏先後三高圖圓氣連技一家眷屬也名圖
樀還舊觀羽後之靈陵元見河史之已再親鲁圖
之玉雷氏之刻堂廷道我圖以重裝復之一卷冠以
青幢繼人澤視殿以佐戎親裝之勞雖延續累
風子宮殿究廷菩帝換魯之圖太白之為不
之葳也
乙卯桂月　　二石老人童裝并題

中商作人物二十有一宋圖十有三各司其事曲盡其
態雨釋迦出山圖同出一手其為限子真迩最題南
石興　　　　　　　以藏頹筆京文畫風恭而電兒史
宋而後之為絕饗惜屬樊榭未之見也梓弓藝南
隙此之謂矣
越二日再題　　　　　兩軿

● 《耕织图卷》,绢本设色,25cm×210cm,梁楷,
南宋,美国克利夫兰艺术博物馆藏

    此《耕织图卷》为南宋画家梁楷所绘,梁楷曾于南宋宁宗朝担任画
院待诏。其人放浪形骸,特立独行,作画也不以细谨工稳取胜,用笔挥
洒自如,颇有个性。梁楷最著名的作品为《太白行吟图》《泼墨仙人图》,
其水墨写意之法影响深远。

右北宋王居正紡車圖舊為南
宋室相物元趙吳興購藏見諸記
載錄今題跋俱佚吉素邨太守于
嘉慶丁丑官比部時以舊拓唐楷
碑易之陳玉方侍御重為裝池
道光庚子三月科試東茉養觀於
試院之帶經堂為書所自如此永
豐劉繹識

● 《纺车图》，绢本设色，21.6cm×69.2cm，王居正，
北宋，北京故宫博物院藏

　　宋代，此类农作题材很受画家青睐。此图中，村妇怀抱哺
乳婴儿，坐在纺车前劳作，稍远处一位老年村妇为之牵线。画
中还绘有一个嬉戏的儿童和一只小狗，描摹精细入微，人物面
目栩栩如生。

认为这是阴阳失调产生的问题,并问近臣:禾穗都发芽了,该如何是好?北宋收藏家、鉴赏家董逌在《广川画跋》中记录了此事。据董逌称,《秋雨图》被皇家收藏于秘阁,直到徽宗朝的崇宁三年(1104),黄符据此临摹了一幅,并请董逌在摹本上题跋。如此算来,至董逌题跋时,此画已在北宋皇家收藏了近半个世纪。

上述三幅作品,在宋代皇家收藏的体系中,绝对称得上另类,它们都不属于传统意义上的艺术品,更像是充满了政治意味的"应时之作"和"命题图本",但恰恰是这种政治意象被历代所借用,以至于像《流民图》《耕织图》对后世产生的影响,某种程度上甚至超过了宋代皇家收藏的其他艺术品。我们也不得不承认,收藏作为人类的行为,实际上就是人与物之间复杂关系的展示。物终归是要为人服务的,不管是政治企图还是审美需求,抑或是利益的获取。

战争与命运

没有永远的拥有，只有永恒的漂泊。收藏史，实际上也是一部文物艺术品颠沛流离、命运多舛的历史。收藏的兴衰与社会的安定与否，以及不可预判的非人为因素几乎是相伴相生、如影随形。皇家收藏因其特殊的权力加持，收藏品在承平时代，基本上不会遭受太大的破坏，但这种情况也不是没有，无外乎"天灾"与"人祸"两种因素所致，而且古今中外，大抵如此。

天灾与人祸

祥符八年（1015），天圣十年、明道元年（两个年号均为1032），三馆秘阁遭遇过两次火灾，许多珍贵的典籍和字画被付之一炬，这属天灾之祸。文物艺术品最怕的就是火。今天，我们对2019年法国巴黎圣母院的大火还心有余悸，和平时期的"文明浩劫"，的确是防不胜防。这也提醒我们，在任何时候都要牢记历史教训。但人类似乎是个健忘的种群，否则，历史也不会如此往复。

有宋一代,虽然金石收藏大兴,但也时常有毁碑等人祸发生,且这种事情大多有官方背景。《宋史》的《姜遵传》记载,姜遵"为治尚严猛,所诛残者甚众。在永兴,太后尝诏营浮图,遵毁汉唐碑碣代砖甓,既成,得召用"。姜遵为讨好皇太后,竟然毁碑代砖,营造浮图,而且还得到了重用。此事在《宋史》的《陈尧佐传》以及宋人笔记《道山清话》中亦有记载。《道山清话》的记载更为详细:当时有一名县尉力劝姜遵此举不可为,"至于叩头流血",姜遵不但没有听从劝告,还罢免了县尉,"自是人无敢言者"。何斯举为此作诗:"长安古碑用乐石,虿尾银钩擅精密。缺讹横道已足哀,况复镌裁代砖甓。有如天吴及紫凤,颠倒在衣吁可惜。"

　　最大的人祸,是战争。战争是影响文物艺术品命运的最大因素。每一次由战争带来的社会动荡,都是一次文物流散、收藏洗牌的过程。20世纪30年代抗日战争期间,故宫文物一路辗转南迁,凝聚了多少人的心血?阿富汗的巴米扬大佛,虽然被全世界呼吁保存,但也难敌炸弹的残酷轰炸。人类对文明的守望,有时显得格外悲壮和无助。宋代皇家收藏的黄金岁月,就是随着靖康之乱而终结的。后世对此的评判,也离不开兴衰成败的因果论,这在徽宗痴迷赏石收藏,大兴艮岳建设时,就已经暗设了历史的伏笔。

皇家藏品的浩劫

　　靖康二年(1127),金兵南下攻取东京,掳走徽、钦二帝,史称靖康之乱,又称靖康之难、靖康之祸。北宋灭亡后,退位的徽宗赵佶与钦宗赵桓以及皇室、皇族、贵戚、近臣、工匠等被押往金国。清代王夫之称之为"两君俘,六宫虏,金帛括尽,冻饿空城",昔日的繁华,一朝落尽。

　　与北宋皇室等一同被掠走的,还包括皇家的收藏。《宋史》记载:

夏四月庚申朔,大风吹石折木。金人以帝及皇后、皇太子北归。凡法驾、卤簿,皇后以下车辂、卤簿,冠服、礼器、法物、大乐、教坊乐器、祭器、八宝、九鼎、圭璧、浑天仪、铜人、刻漏、古器、景灵宫供器,太清楼秘阁三馆书、天下州府图及官吏、内人、内侍、技艺、工匠、娼优,府库畜积,为之一空。辛酉,北风大起,苦寒。①

《宋史》的记载,颇有一股凄寒之意。这批北宋皇家旧藏,一部分被金人占有,一部分毁于战火,还有一部分散落于民间。周辉在《清波杂志》中有更为详细的记录:

靖康乱后,汴河中多得珍宝。有获金燎炉者,以尚方物,人间不敢留,复归官府。扬州仓卒南渡,扬子江中遗弃物尤多,后镇江渔户于西津沙际,有得一囊北珠者。太平兴国中,郑州修东岳庙,穿土得一玉杵臼以献,亦五代乱离时之物。金玉没于地中,盖亦有时而复出。②

周辉出生于靖康元年,即1126年。转年,发生了靖康之乱,他的文字应该不属于儿时回忆,但也十分可靠。邵博在《邵氏闻见后录》中亦有"国破,虏尽取禁中物,其下不禁劳苦,半投之南壁池中"的记载,可以相互佐证。从中可见,皇家收藏不仅遭战火而流离,更遭人祸之摧残。这部分投入水中的文物艺术品,字画基本上算是"寿终正寝",倒是古器物尚有重见天日的可能。

《铁围山丛谈》也有相关的记载,蔡绦言语中颇有愤愤不平的惋惜:

俄遇僭乱,侧闻都邑方倾覆时,所谓先王之制作,古人之风烈,

---

① 元·脱脱等《宋史》卷二十三,中华书局,2000年,第291页。
② 宋·周辉等《清波杂志(外八种)》卷七,上海古籍出版社,1991年,第49页。

悉入金营。夫以孔父、子产之景行,召公、散季之文辞,牛鼎象樽之规模,龙瓿雁灯之典雅,皆以食戎马,供炽烹,腥鳞湮灭,散落不存。文武之道,中国之耻,莫甚乎此,言之可为于邑。至于图录规模,则班班尚在,期流传以不朽云尔。①

北宋皇家的古器物,落得个"食戎马,供炽烹"的悲惨命运,确实是斯文扫地。

朝祚更迭、历史赓续之间,也必然会波及私人收藏的命运。当时,众多收藏家对这一劫难甚为痛惜。李清照在《金石录后序》中说:

> 至靖康丙午岁,侯守淄川,闻金人犯京师,四顾茫然,盈箱溢箧,且恋恋,且怅怅,知其必不为己物矣。建炎丁未春三月,奔太夫人丧南来。既长物不能尽载,乃先去书之重大印本者,又去画之多幅者,又去古器之无款识者,后又去书之监本者,画之平常者,器之重大者。凡屡减去,尚载书十五车。至东海,连舻渡淮,又渡江,至建康。青州故地尚锁书册什物,用屋十余间,期明年春,再具舟载之。十二月,金人陷青州,凡所谓十余屋者,已皆为煨烬矣。②

家国丧乱之际,皇家收藏尚且如此,何况赵明诚、李清照夫妇?仓皇之中,明知这些藏品即将不能属于自己了,"且恋恋,且怅怅","既长物不能尽载,乃先去书之重大印本者,又去画之多幅者,又去古器之无款识者,后又去书之监本者,画之平常者,器之重大者",李清照颇为克制的笔调下,隐藏的是何等的不舍?藏品如命,每一次割舍,都不啻为别离。

阿城注意到了李清照割舍"长物"的次序,在其《闲话闲说:中国世俗

---

① 宋·蔡绦《铁围山丛谈》卷四,中华书局,1983 年,第 80 页。
② 宋·李清照《金石录后序》,见《金石录》卷尾,齐鲁书社,2009 年,第 258 页。

与中国小说》中称："李清照写《金石录后序》讲到战乱时如何保留收藏，说是插图多的书先丢，没有款识的古器先丢，原则是留下文字最为重要。读书人认为文字留下了，根也就保住了。"知识分子的收藏，与通常意义上的商业化收藏，确实存在理念差异。留守了文字，也就留守了文化的根脉，这是藏家自觉承担的使命。上引蔡绦"至于图录规模，则班班尚在，期流传以不朽云尔"，说的就是这个道理。这也是蔡绦惋惜之余，聊以慰藉之处。

在《金石录后序》文末，李清照再次感慨：

> 呜呼，余自少陆机作赋之二年，至过蘧瑗知非之两岁，三十四年之间，忧患得失，何其多也！然有有必有无，有聚必有散，乃理之常。人亡弓，人得之，又胡足道？所以区区记其终始者，亦欲为后世好古博雅者之戒云。[①]

"有有必有无，有聚必有散。"理解了这句话的含义，也就不难理解历史上那些真正的大收藏家"不求所有、但求所得"，以及"过眼即拥有"的平淡和从容了。收藏就是一种生命的体验，当你拥有过，就不必奢求占有。

艮岳的文学想象

在这次战争带来的浩劫中，艮岳的命运最为独特。本就无辜的文物艺术品，在社会动荡的时候，容易被附会上改朝易代的原罪。靖康之乱中被毁的艮岳，与其玩物丧志的主人徽宗，就被后人屡屡提及，并被赋予无

---

① 宋·李清照《金石录后序》，见《金石录》卷尾，齐鲁书社，2009年，第259页。

限的文学想象。这是收藏史中颇为独特的一种现象，也是宋代皇家收藏留下的永恒话题。

宋代，赏石收藏颇为兴盛，帝王中徽宗为最，士夫中米芾称雄。而艮岳，可谓宋代赏石收藏的集大成者。艮岳于政和七年（1117）兴工建设，宣和四年（1122）竣工，初名万岁山，后改名艮岳、寿岳，或连称寿山艮岳。徽宗专门写有《御制艮岳记》，当朝臣子也多有赞美的诗赋。艮岳位于汴京宫城东北，"括天下之美，藏古今之胜"，冈连阜属，东西相望，园内种植奇花异草，畜养珍禽异兽，俨然皇帝私属的植物园与动物园。徽宗还异想天开，为了营造艮岳内云雾缭绕的仙境之感，叫人用油绢做成口袋，弄湿后吸满水蒸气，打开时云气四散，称之"贡云"。

为满足徽宗对赏石的喜好，蔡京等大兴"花石纲"（往汴京运送花石的船只，每十船为一纲，故有此称谓），专负奇石运送。船队从江南到开封，舳舻相接，络绎不绝，所过之处，百姓要供应钱谷和民役，有的地方为了让船队通过不惜拆毁桥梁，凿坏城墙，闹得民怨沸腾。《水浒传》中，"青面兽"杨志就是因为押送花石纲而翻船，不敢回京赴命，只得远走江湖。在第十二回"梁山泊林冲落草，汴京城杨志卖刀"中，杨志坦陈流落关西的原因："道君因盖万岁山，差一般十个制使，去太湖边搬运花石纲赴京交纳。不想洒家时乖运蹇，押着那花石纲来到黄河里，遭风打翻了船，失陷了花石纲，不能回京赴任，逃去他处避难。"

宋江、方腊起义时，离金兵破城已经不远。徽宗的这点个人嗜好，也终于在靖康之乱时走到了尽头。明代李濂《汴京遗迹志》中记载："及金人再至，围城日久，钦宗命取山禽水鸟十余万，尽投之汴河，听其所之。拆屋为薪，凿石为炮，伐竹为笓篱。"更令人痛心的是，"又取大鹿数百千头杀之，以啖卫士云"。

关于这段历史，元代诗人郝经①曾赋诗：

---

① 郝经（1223—1275），字伯常，泽州陵川（今山西省陵川县），宋末元初大儒。

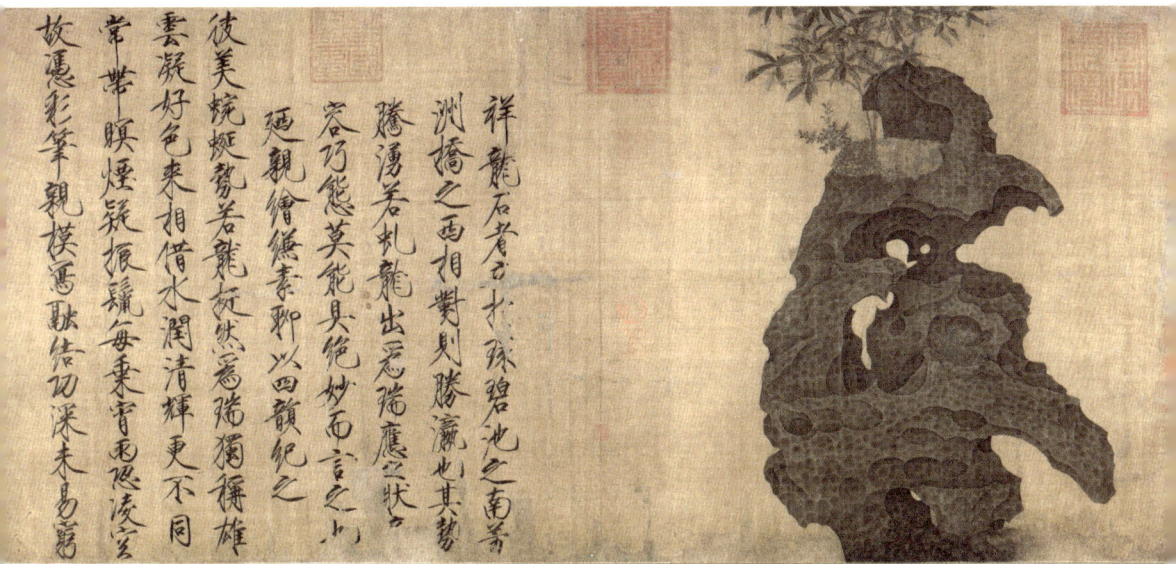

故憑彩筆親摹寫聊俾徽音質未窮
常帶暝煙疑蓄麝每乘宵雨恐凌空
雲凝好色來相借水潤清輝更不同
彼美婉孌若龍然為瑞獨稱雄
延親繪繢素聊以四韻紀之
容巧態莫能具絕妙而言之也
騰湧若虬龍出為瑞應之狀云
洲橋之西相對則勝瀛也其勢
祥龍石者立於環碧池之南萼

● 《祥龙石图》（局部），绢本设色，53.8cm×127.5cm，
赵佶，北宋，北京故宫博物院藏

　　此画主体部分为一块巨大的太湖石，石顶有几株异草，旁有徽宗题写的跋语，书画相得益彰。太湖石乍看如龙头，符合米芾定义的"瘦、漏、皱、透、丑"的赏石审美标准，也暗含了徽宗的道教理念。这是徽宗痴迷赏石在艺术领域的见证。

万岁山来穷九州，

汴堤犹有万人愁。

中原自古多亡国，

亡宋谁知是石头？

  徽宗痴迷收藏、豪奢无度的形象，似乎已经在人们心中根深蒂固，这是历史赋予他的悲剧，也是其不得不承担的历史定位。论及徽宗，后世几乎无人不提艮岳和花石纲，清初文人陈维崧①在《满江红》中写道：

宋室宣和，看艮岳、堆琼砌璐。

也费过、几番锤凿，两朝丹垩。

花石纲催朱太尉，宝津楼俯京东路。

晋铜驼、洛下笑人忙，曾回顾。

花千朵，雕阑护。峰万状，长廊互。

使神搬鬼运，无朝无暮。

一自燕山亭去早，故宫有梦何由作？

叹世间、风物剧催人，成南渡。

  "风物催人"，似乎也是收藏的命运，但像徽宗这样被赋予了"亡国肇始"之意的，却比较少见。今天，依我们秉持的史观，绝对不会得出"亡宋谁知是石头"的结论。历史的因缘际会都属必然，对历史的感喟亦能理解，但当帝王将其权力附加于个人喜好且无所节制时，自然就会埋下"历史必然"的种子。

---

① 陈维崧(1625—1682)，字其年，号迦陵，宜兴人。明末清初词人、骈文作家，阳羡词派领袖，"明末四公子"之一陈贞慧之子。

靖康之乱后,宋代皇家收藏式微。1276年,元军攻克南宋都城临安,大宋气数已尽,秘府收藏再次易主。这一年的冬天,南宋皇家的"图书、礼器并送京师"。在元朝为官的王恽百无聊赖之下,通过朋友张易的关系,敲开了秘书监的大门,一睹这批已经易主的秘藏,"披阅者竟日,凡得二百余幅",其中,有147幅书法作品、81幅绘画作品。这当然不是南宋皇家收藏的全部,兵乱相继,许多珍藏四散流离,归入元朝的已属凤毛麟角。且王恽仅用一天的时间,也没有睹其全部。即便是这样,他也百感交集,将这批过眼的作品记录在了《书画目录》,使后人有幸了解战乱中幸存的南宋皇家收藏,为今人考察藏品的递传提供了依据。在《书画目录》序中,王恽发出了"拭目而观,可谓千载一遇也"的感慨。他认为,皇家收藏散亡"不可胜记","皆有数存其间"。上天似乎都已经安排好了。

三年后的1279年,宋军崖山战败,陆秀夫负帝投海,宋王朝自此远去,留下了一个长长的背影。

本部分,我们以靖康之乱时徽宗被掳后北上所写的《燕山亭·北行见杏花》作结:

> 裁剪冰绡,轻叠数重,淡著胭脂匀注。
> 新样靓妆,艳溢香融,羞杀蕊珠宫女。
> 易得凋零,更多少、无情风雨。
> 愁苦。问院落凄凉,几番春暮。
> 凭寄离恨重重,者双燕,何曾会人言语。
> 天遥地远,万水千山,知他故宫何处。
> 怎不思量,除梦里、有时曾去。
> 无据,和梦也新来不做。

士夫风尚

有宋一代,民间收藏的主要群体为士夫阶层。十夫,即士大夫、读书人。宋代偃武修文的治国策略,促使士夫阶层空前壮大,成为士的"黄金时代"。而士夫收藏的主流,则是为官的文人,他们兼有官僚与文人的双重身份,是宋代收藏乃至我国古代收藏史中颇具特色的一个群体。宋代士夫收藏的品类也主要集中于书画和金石两个方面,具有明显的群体特征与较高的辨析度。此时,士夫收藏的文化自觉业已形成,士夫阶层凭借其融通庙堂与江湖的身份、全面的文化素养和独特的文化趣味,将收藏纳入正经补史、寓意于物的文化范畴,赋予收藏更为丰富的文化内涵,并成为社会的主流风尚,带动了收藏的繁荣。收藏的商业特征、消费属性虽然已经显现并影响了收藏行为,但并非主流。居主流的,是士夫阶层对藏品的研究与著录,以及围绕收藏展开的雅集、唱和等文化活动,且成一时风气,极大地影响了后人对宋代收藏的认知。王国维在《宋代之金石学》中对此有非常精辟的见解:"缘宋自仁宗以后,海内无事,士大夫政事之暇,得以肆力学问。其时哲学、科学、史学、美术,各有相当之进步,士大夫亦各有相当之素养。赏鉴之趣味与研究之趣味,思古之情与求新之念,互相错综。"

宋代书画艺术勃兴。无论是皇家的倡导还是民间的喜爱,都促成了艺术史上的一座高峰。书法上,宋人尊重个性与自由,产生了苏轼、黄庭坚、米芾等一大批影响深远的书法家;绘画领域,山水、花鸟、人物诸科均名家辈出,特别是文人画形成,伴随着相关理论的构建与成熟,直接影响了元代以及后世文人画的发展。士夫阶层对书画艺术的喜爱,是宋代书画收藏兴盛的主要原因。苏轼、米芾、李公麟、王诜等人兼具艺术家与收藏家两种身份,既孜孜于艺术实践,又不辍于藏品搜集。书画艺术的实践可以为收藏提供"眼力",更为收藏注入了丰富的文化内涵;而收藏又为艺术创作提供了可供学习和借鉴的珍贵资料,同时衍生了相关文人雅集、书画理论、诗词唱和等,也促生了宋人对笔墨纸砚等文房用品的收藏热。两种身份的"相互成全""互为生发",在古代收藏史中颇为耀眼。宋代的书画收藏家是一个极其庞大的群体,除上述几位外,知名的还有楚昭辅、苏易简、贾似道等,其中的佼佼者当属米芾,他的收藏行为,以及在著述中对书画收藏的辨析、收藏活动的记录,都是我们研究收藏史的珍贵史料。

在官方与民间的共同努力下,宋代金石学大兴。金石学可谓中国考古学的"鼻祖"。"金石"二字中,"金"为青铜器及铭文,"石"指石刻及其文字。将文字刻于石上或铸于青铜器上,是古人传承历史的重要手段。早在汉代时,存于简帛上的先秦文献已残缺不全,故"三代"青铜器铭文与东周以后的石刻文字,显得尤为珍贵。金石学萌芽于汉代,到宋仁宗时期,开始广受重视,至徽宗时则蔚然成为士夫显学,达到历史的高峰。这既得益于宋代皇帝奖励经学、恢复礼制的倡导,也与士夫正经补史的努力,以及宋代墨拓术、印刷术的发展密不可分。此时,士夫对金石古物的收集、整理和研究出现了空前的热潮,涌现出一大批金石收藏家和金石著录。北宋《考古图》、南宋《续考古图》中记载的两宋青铜器藏家超过60位[1],其他不见著录的则更多。《宋史》中记载的金石著作中,著名的有欧阳修《集古录跋尾》六卷、吕大临《考古图》十卷,还有杨南仲《石经》七十五卷、谢利贞《玉篇解疑》三十卷、宋敏求《宝刻丛章》三十卷、赵明诚《金石录》三十卷等等。金石学的大兴,也引发了盗墓猖獗,前面已有简述。

---

① 详见夏超雄《宋代金石学的主要贡献及其兴起的原因》,《北京大学学报》,1982 年第 1 期,第 66 至 67 页。

除书画、金石两大收藏领域,宋代士夫收藏可谓包罗万象。其中,私家藏书极其兴盛,万卷书楼,南北遥望,形成与皇家官府、书院寺观藏书"三足鼎立"的格局,开创了中国藏书文化的新局面,并诞生了《郡斋读书志》《遂初堂书目》和《直斋书录解题》等影响深远的著录。苏轼、米芾等人嗜好藏石,多有佳话流传。对文房用品的喜好也是士夫风尚,文人书斋的笔墨纸砚等用具,已经超越了单纯的使用范畴,成为满足士夫的赏鉴趣味、文化追求,借此回向内心世界的重要载体,不仅丰富了收藏文化的内涵,而且显著地影响了后世的审美,成为我们观察宋代士夫文化生活、精神世界的一个窗口。此时,与文房相关的著录大量出现,苏易简的《文房四谱》为历史上第一部撰写文房器物的谱录类著作。此类鉴藏活动,亦多见于士夫彼此唱和的诗词之中,苏轼、黄庭坚、米芾等人互动频繁,有的还亲自制作文房用品,投入的精力可与书画等藏品等观,而且更加体现了赏玩的趣味性。可以说,宋代士夫的收藏,为后世收藏起到了极其重要的定型作用,这表现在收藏的品类、著录、趣味、思想等各个方面。宋之后的收藏,基本没有跳脱出宋人奠定的型格。

本部分从士夫的藏品获取、储放、雅集与唱和、研究与著录、相关收藏思想等方面入手,选取北宋早期至南宋晚期的收藏家欧阳修、吕大临、苏轼、米芾、王诜、赵明诚、贾似道等人,或以他们为主要线索记述其生平、收藏事略及收藏思想,或以他们的交谊为主线,展示宋代士夫阶层的收藏行为和收藏现象。这些人的时间跨度为200多年,基本可以涵盖两宋的历史。其中,欧阳修作为北宋开风气之先的文坛宗主,在金石收藏和研究领域亦有划时代贡献,并以其为中心形成了金石收藏的群体,所著《集古录跋尾》收录周秦至五代近400篇金石文跋尾,堪称金石学开篇之作。吕大临《考古图》收录商周至秦汉古器224种,开创最早且系统的图录体例,为宋代金石学"图谱中兴"的代表作。赵明诚接续欧阳修,所著《金石录》收录上古至五代的古器,并对古器文字进行详细考证,为宋代金石研究的典范和集大成者。贾似道在南宋末期权倾一时,家藏富可敌国，是宋代的最后一位大收藏家。苏轼、米芾、王诜等在北宋中后期形成了活跃的"收藏圈"，西园雅集风绪远播。这个群体中的收藏家，兼具文人素养和艺术造诣，把相互题跋、唱和、雅会外延为收藏的主流活动，给后人留下许多风雅的话题，颇具代表性和典型性，从中可以窥见宋代士夫收藏的活跃，以及当时雅化的生活方式和趣味。

宋代士夫收藏给后人留下的一个显著印象，就是精英化。彼时，知识分子不仅掌握了政治权力，而且手握文化与时尚的"权杖"，其收藏行为以及收藏思想广泛而深刻地影响了宋代收藏文化。他们大多秉持传统知识分子的风骨与气质，虽然乐于重金求购藏品和交换，并在社交中将藏品作为重要筹码，但收藏的文化意味更为强烈，最具代表性的就是围绕收藏而展开的唱和活动。另外，士夫中的艺术家群体并不太愿意主动介入市场，保持了一种"游心艺事"的单纯与澄澈。一方面，这是宋代收藏市场较宋之后尚处于发育期的表现；另一方面，恰恰是这种精英化的气质，构建了宋代收藏文化的独特景观。

本部分最后一节，简述宋代商贾、市民收藏，从民间收藏的角度考察宋代社会收藏的兴盛，作为对皇家收藏和士夫收藏的必要补充。

市集与淘宝

宋代的士夫阶层，不可能像皇家那样，通过权力的强势介入，有源源不断的民间资源向上供给。他们获取藏品的手段，除了赏赐以及特殊情况外，大致分为购买、交换、馈赠三种。其中，购买就涉及交易场所的问题，这是衡量收藏活跃度的重要标志之一。大凡收藏的盛世，无不有标志性场所，比如今天世人皆知的北京琉璃厂，可谓收藏界象征性的存在。"天水一朝"收藏的繁荣，某种程度上并不亚于今天，最具突破性的，就是产生了贩卖古董字画的商铺、市集等交易场所，而且还有"鬼市"等流动性交易市场，藏品也可以像商品那样典当质押。收藏市场的形成，标志着藏品的商业属性已经出现，这与宋代城市和商业的繁荣密不可分。

古代城市的"高光点"

两宋出现了诸如汴京（今开封，北宋都城）、临安（今杭州，南宋都城）等商业繁荣、人口密集的大都市，堪称古代城市发展史中的"高光点"。在这些城市的大街小巷，商铺林立、热闹非凡，洋溢着一股自由而活跃的气息。画家张择端的《清明上河图》，画的就是北宋开封的景象，是我们观察宋代城市绝好的视觉样本：一幅画沿汴河徐徐铺陈，从城郊到码头，全景式地展现了街市、建筑、商铺和各色人等。宋人在笔记中也记述了当时开封、杭州的繁华，最有代表性的就是孟元老的《东京梦华录》和吴自牧的《梦粱录》，前者写开封，后者写杭州，南北都城的繁华，尽收笔底。如果把张择端的《清明上河图》与这些笔记进行图文互读，更如身临其境。浓郁的商业氛围和烟火气息，为收藏的繁荣特别是收藏市场的形成，提供了社会基础。

宋代城市的飞速发展，最直接的原因就是坊市制度、宵禁制度的取消，被后世称为一场"城市革命"。何为坊市制度？唐代诗人白居易在《登观音台望城》中这样描述长安城的景象："百千家似围棋局，十二街如种菜畦。"彼时的大唐都城长安，四四方方、规规整整，确如白居易所言似"围棋局"。这就是唐代城市规划的特点：坊（居民区）与市（商业区）分开设立，相互独立且封闭，即为"坊市制"。与"坊市制"并行的就是"宵禁制"，居民在晚上规定的时间内（除特殊情况外），禁止上街，否则挨罚。唐代流传下来的那首著名"鬼诗"《秋夜吟》，其中"六街鼓歇行人绝，九衢茫茫空有月"，写的就是宵禁制度下的长安城：一轮明月照耀之下，冷冷清清、空空荡荡，确实令人毛骨悚然。宋代，这两项制度都被废除了，"坊"与"市"不再被人为地划定空间的限制，城市彻底松绑。《清明上河图》中的商铺大多依街而设，居住与商业混杂，甚至店铺侵街现象严重，都是依据实情实景的描绘。真宗咸平五年（1002），官方还曾以强势手段拆除过开封城的违章建筑。此外，宋人的夜生活也十分丰富，汴京城内瓦舍勾栏、酒楼茶坊几乎是夜夜笙歌、通宵达旦。蔡绦《铁围山丛谈》记载，马行街人烟浩闹，是"都城之夜市酒楼极繁盛处也"。火爆到什么程度呢？"灯火照天""永绝蚊蚋"，烟火把蚊子都熏没了。

如果说取消坊市制度、宵禁制度是促进宋代城市商业繁荣的直接因素，那么，一系列人口、土地政策又为城市繁荣奠定了基础。宋代人口结

● 《清明上河图》（局部），绢本设色，24.8cm×528.7cm，
张择端，北宋，北京故宫博物院藏

    此画属当时十分流行的"风俗画"范畴，采用散点透视的构图
法，记录了汴京的城市面貌和当时的百姓生活，描摹极其精微，人
物虽小，但形象生动，富有情节性和故事性。所绘建筑等均有所依
据，是北宋都城繁荣景象的见证，也是北宋城市发展的真实写照，
具有极高的艺术价值和历史价值。

构较唐代发生巨变,"不立田制、不抑兼并"的政策导致大批农民拥向城市。科举制的推行也促进了士夫阶层的兴起,大量读书人出现在城市。城市的人口结构不仅发生变化,整体素养也有很大提升。他们当中的官员阶层更是凭借较为稳定的经济来源、充裕的闲暇时间,将文化需求转换为活跃的收藏行为,引领了城市的文化风尚。此外,宋代以租赁业为代表的生活服务业也飞速发展,出行可租赁车马,婚丧嫁娶可找专职的"四司人"帮办。书画等艺术品也可以拿到当铺质押换钱。收藏市场,就根植于这样的社会商业环境。宋代的收藏行为,因为市场的形成和交易方式的变革,较唐代有了质的飞跃。

交易市场之种种

宋代的收藏市场,以书画交易市场为重点,开封是当时买卖和流通的中心。具体的交易场所和交易方式,大致可分如下几类:

坐地设铺。店铺是藏品交易的固定场所,北宋时期,最发达的是宫城附近及城东北、东南和西部街道,售卖书画等物的店铺也主要分布在这一带。孟元老《东京梦华录》中记载:"街北都亭驿,相对梁家珠子铺,余皆卖时行纸画。"这些售卖古董、字画、珍玩的店铺相对集中,容易发挥聚集辐射效应。此外,因为宵禁制度的取消,"鬼市"也应运而生。《东京梦华录》中记载了几例:

> 东角楼街巷:南通一巷,谓之"界身",并是金银彩帛交易之所,屋宇雄壮,门面广阔,望之森然,每一交易,动即千万,骇人闻见。以东街北曰潘楼酒店,其下每日五更市合,买卖衣物书画珍玩犀玉。
>
> 潘楼东街巷:潘楼东去十字街,谓之土市子,又谓之竹竿市。又东十字大街,曰从行裹角,茶坊每五更点灯,博易买卖衣服图画花环

领抹之类,至晓即散,谓之"鬼市子"。①

庙会交易。与店铺的全天候交易不同,市集交易类似于定期开放的庙会交易,场所固定、时间固定。北宋最著名的市集为开封的大相国寺庙会,《东京梦华录》中称其售卖的"皆书籍、玩好、图画及诸路罢任官员土物香药之类",这实际上就是个古玩的综合交易市场,其中也包括了各类官员淘汰下来的旧物。南宋时期,绍兴的开元寺庙会也很兴盛,庙会上亦有书画交易。

典当质押。把艺术品进行典当交易,最早可以追溯到唐代,进入宋代,就更为普遍了,前述太宗将王齐翰所绘《罗汉图》十六卷归为己有的故事,就是一例。这实际上是一种将艺术品作为质押物换取钱财的做法,还贷之后再将艺术品赎回,如果逾期,当铺就可以自行处理,将作品卖出。从中可见,当时的艺术品已经具备了一定的商业属性。宋代,这种行为一般称为"质",而当铺则称为"质库"。吴自牧的《梦梁录》、洪迈的《夷坚志》、米芾的《画史》等均有记录。《梦梁录》记载:"府第富豪之家质库,城内外不下数十处,收解以千万计。"可见宋代典当业的发达。《夷坚志》中记录了一次"背信爽约"的案例:有人拿三幅画到质库抵押,要钱十千,掌柜的不愿意给,认为要价有点高,言语间带点奚落。客人说,这三幅画买时花了三十万,都是名人所绘。现在急着用钱,暂时搁在这里,千万别有什么顾虑,到时候肯定会赎回来的。掌柜的仔细察看三幅画,其中一幅是寿星像,就询问"参谋"曹耘,曹耘认为可以如数付钱。客人后来又"求益至三",最终加到二万达成交易。这三幅画中,第二幅是祠山大帝像,"丹青烨如"。不过,客人拿走二万后再也没有回来赎画,以至于掌柜的"决意香火"。正是这幅祠山大帝画像,后来被都监赵训武之子找人临摹,临摹的作品因为被婢女丢进枯井,可能是"触犯神明"吧,造成赵家人疯

① 宋·孟元老等《东京梦华录(外四种)》,周峰点校,文化艺术出版社,1998 年,第 14 至 15 页。

疯癫癫,曹耘一家自此也不敢吃猪肉了(不食猪肉是祠山信仰之一)。今人在考察宋代书画交易时,经常引用洪迈的这段文字,但往往掐头去尾,忽略语境的衬托。实际上,这段颇有点神话色彩的记载,讲的是祠山信仰的故事,与《夷坚志》作为笔记小说的文体和猎奇的文风颇为契合,倒是于不经意间给后人留下了宋代艺术品质押的旁证。

榷场收购。宋代与辽、金、西夏等共同开辟的边境贸易市场,即"榷场"。前述靖康之乱后,高宗朝就曾于榷场收购北方遗失之物。

大相国寺:淘宝圣地

北宋时期,位于开封城的大相国寺,可以说是士夫藏家们淘宝的圣地,地位犹如今日之琉璃厂。在这里发生的淘宝故事,足以载入史册。

大相国寺今天仍然屹立于开封,为知名的旅游景点,始建于北齐天保六年(555),唐代延和元年(712)睿宗赐名大相国寺。北宋时期,大相国寺深得皇家尊崇,多次扩建,是京城最大的寺院和佛教活动中心。《水浒传》中鲁智深倒拔垂杨柳的故事,就发生在大相国寺,鲁智深当时是寺庙菜园子的看守。该书第六回"九纹龙剪径赤松林,鲁智深火烧瓦罐寺"中如此描述鲁智深看到的大相国寺景象:"智深提了禅杖便走,早来到寺前。入得山门看时,端的好一座大刹。但见:山门高耸,梵宇清幽。当头敕额字分明,两下金刚形势猛。五间大殿,龙鳞瓦砌碧成行;四壁僧房,龟背磨砖花嵌缝。钟楼森立,经阁巍峨。幡竿高峻接青云,宝塔依稀侵碧汉。木鱼横挂,云板高悬。佛前灯烛荧煌,炉内香烟缭绕。幢幡不断,观音殿接祖师堂。宝盖相连,水陆会通罗汉院。时时护法诸天降,岁岁降魔尊者来。"

大相国寺位于开封内城南部,毗邻汴河,处在最繁华的区域,是北宋的商业和文化中心,也是最大的文物艺术品集散地。大相国寺的商品交易,属于定期开放的市集,如前所述,类似于庙会。王栐《燕翼诒谋录》称:"东京相国寺乃瓦市也,僧房散处,而中庭两庑可容万人,凡商旅交易,皆萃其中,四方趋京师以货物求售、转售他物者,必由于此。"吴自牧在《梦粱录》中对此有过一番解释:"瓦舍者,谓其来时瓦合,去时瓦解之意,易聚易散也。"这个解释甚为精到。大相国寺每月开放五次,频率颇高,在此交易的商贩不同于有固定店面的坐贾,市集一散,各归来处。

《东京梦华录》中专门有"相国寺内万姓交易"一节记录其交易的盛况:

> 相国寺每月五次开放万姓交易,大三门上皆是飞禽猫犬之类,珍禽奇兽,无所不有。第三门皆动用什物,庭中设彩幕露屋义铺,卖蒲合、簟席、屏帏、洗漱、鞍辔、弓剑、时果、脯腊之类。近佛殿,孟家道冠王道人蜜煎,赵文秀笔及潘谷墨,占定两廊,皆诸寺师姑卖绣作、领抹、花朵、珠翠头面、生色销金花样幞头帽子、特髻冠子、绦线之类。殿后资圣门前,皆书籍、玩好、图画及诸路罢任官员土物香药之类。后廊皆日者货术传神之类。寺三门阁上并资圣门,各有金铜铸罗汉五百尊、佛牙等,凡有斋供,皆取旨方开三门。左右有两瓶琉璃塔,寺内有智海、惠林、宝梵、河沙东西塔院,乃出角院舍,各有住持僧官,每遇斋会,凡饮食茶果,动使器皿,虽三五百分,莫不咄嗟而办。①

在这个可容纳万人的市场,所售商品可谓无所不有,书籍、玩好、碑帖、字画、笔墨等所有与收藏有关的内容,几乎是应有尽有。诗人范成大在《相国寺》一诗里写道:"倾檐缺吻护奎文,金碧浮图暗古尘。闻说今朝恰开寺,羊裘狼帽趁时新。"这里的市集,对当时的人来说简直就是"购物

---

① 宋·孟元老等《东京梦华录(外四种)》,周峰点校,文化艺术出版社,1998年,第20页。

天堂"。相国寺留下了许多收藏家的足印,赵明诚、李清照夫妇就经常在此逛街淘宝。李清照在《金石录后序》中记载:

> 每朔望谒告出,质衣,取半千钱,步入相国寺,市碑文果实归,相
> 对展玩咀嚼,自谓葛天氏之民也。后二年,出仕宦,便有饭蔬衣练,穷
> 遐方绝域,尽天下古文奇字之志。日就月将,渐益堆积。丞相居政府,
> 亲旧或在馆阁,多有亡诗、逸史、鲁壁、汲冢所未见之书,遂力传写,
> 浸觉有味,不能自已。后或见古今名人书画,一代奇器,亦复脱衣市
> 易。尝记崇宁间,有人持徐熙牡丹图求钱二十万。当时虽贵家子弟,
> 求二十万钱,岂易得耶?留信宿,计无所出而还之。夫妇相向惋怅者
> 数日。①

　　夫妻俩不仅在大相国寺淘到了碑文等物,也有与心爱之物失之交臂的惋惜,"有人持徐熙牡丹图,求钱二十万"而不能得的经历,确实是心有不甘但又无可奈何。米芾在《画史》中也记录了他在相国寺淘宝的收获,他与范大珪同行,"以七百金常卖处买得《雪图》,破碎,甚古,如世所谓王维者"。花大价钱把王维的《雪图》收入囊中,对米芾来说绝对划算。他在《书史》中说:"世传秦传国玺多种,唐同时传二本……相国寺中有刻作板本卖。"此外,米芾还曾用八金购得"纸桃"两枝,认为是"徐熙真笔也"。

　　宋人的诗词中,也有大相国寺逛街所得的记录。酷爱把收藏活动记录成诗的梅尧臣,在《同次道游相国寺买得翠玉罂一枚》中写道:

> 古寺老柏下,叟货翠玉罂。
> 兽足面以立,瓜腹肩而平。

---

① 宋·李清照《金石录后序》,见《金石录》卷尾,齐鲁书社,2009 年,第 257 页。

虚能一勺容,色与蓝水并。

我独何为者,忽见目以惊。

家无半钟畜,不吝百金轻。

都人莫识宝,白日双眼盲。

　　梅尧臣的"收藏诗"铺陈有余,但韵致稍显不足,不过为我们考察宋人的收藏活动提供了堪称诗史的珍贵资料。他对这次淘宝经历可谓"沾沾自喜",虽然"家无半钟畜",但看到翠玉罂之后双眼放光,大吃一惊,"不吝百金轻"地果断出手。得到宝贝后还不忘揶揄那些不识货的人"白日双眼盲"。可以想见,他们夹杂于大相国寺接踵摩肩的人流中,一边翻看一边品鉴,或窃喜或惋惜,与我们今日逛街淘宝没有任何差别。

　　受这些士夫藏家的影响,大相国寺的僧人,有时也会充当"中间人"的角色,为他们留心文物艺术品。刘道醇在《圣朝名画记》记载,景祐年间,李成的孙子李宥为开封府尹,他委托相国寺的寺僧惠明寻购李成画作,"倍出金币,归者如市"。这些寺僧得天时地利,往往会成为藏家的耳目和帮办,久而久之,也熏染了一股"文气"。周密的《癸辛杂识》就记录了一个有趣的现象,相国寺佛殿外有石刻,上题:"苏子瞻、子由、孙子发、秦少游同来观晋卿墨竹,申先生亦来,元祐三年八月五日,老申一百一岁。"苏子瞻就是继欧阳修之后北宋文坛的领袖苏轼,子由是苏轼的弟弟苏辙,孙子发为苏轼诗文唱和的好友,秦少游是"苏门六君子"之首的秦观。晋卿则是北宋的大画家和大收藏家——驸马爷王诜,也是当时收藏圈的"饭局召集人"。申先生暂时没有查到相关记载。这块石刻由苏轼题名,被寺僧放在佛殿外,可见当时的人们已经认识到"名人效应"的重要性。

　　两宋期间,像大相国寺这样具有文物艺术品集散地性质的市集,应该不止一处。但遗憾的是,无论规模还是影响,似乎再也找不到与之媲美的了,特别是南宋都城杭州,相关记载确实比较少见。不过也没有关系,依托江浙地区的富庶和繁华,宋人在杭州已经开始悄悄孕育另一个收藏的

● 《晴峦萧寺图》，绢本设色，111.4cm×56cm，李成，北宋，美国纳尔逊-阿特金斯艺术博物馆藏

　　在宋代的山水画家中，李成与范宽并驾齐驱，对后世山水画特别是元代山水画产生了深远影响。此画以直幅形式绘就山谷景色，群峰兀立，瀑布飞泻，中景山丘上有寺塔楼阁，水滨则有水榭、茅屋、板桥等点缀，行旅人物隐约其间。此画皴法多变，技艺娴熟，兼雄浑与清润为一体，具有极高的艺术水准。

盛世。我们不妨把目光放长远，在历史中来一次"穿越"：

北宋咸平元年（998），杭州知府张去华①到杭州的天竺寺，向观音菩萨祈雨并得到"应验"。之后，人们纷纷来此祈福。建炎南渡后，杭州成为南宋都城，皇亲国戚和民间百姓来此进香的越来越多，沿途茶楼酒馆林立，游摊商贩云集，逐渐成为后世所称的"天竺香市"。"天竺香市"发展到明代，成一时之盛，便是著名的"西湖香市"。明末大文学家张岱在《西湖香市》中，用诗一般的文笔，记录了当时的盛况：

> 西湖香市，起于花朝，尽于端午。山东进香普陀者日至，嘉湖进香天竺者日至，至则与湖之人市焉，故曰香市。然进香之人，市于三天竺，市于岳王坟，市于湖心亭，市于陆宣公祠，无不市，而独凑集于昭庆寺。昭庆寺两廊故无日不市者，三代八朝之古董，蛮夷闽貊之珍异，皆集焉。至香市，则殿中边甬道上下、池左右、山门内外，有屋则摊，无屋则厂，厂外又棚，棚外又摊，节节寸寸。凡胭脂簪珥、牙尺剪刀，以至经典木鱼、伢儿嬉具之类无不集。此时春暖，桃柳明媚，鼓吹清和，岸无留船，寓无留客，肆无留酿。袁石公所谓："山色如娥，花光如颊，温风如酒，波纹如绫"，已画出西湖三月，而此以香客杂来，光景又别。士女闲都，不胜其村妆野妇之乔画；芳兰芗泽，不胜其合香芫荽之薰蒸；丝竹管弦，不胜其摇鼓颔笙之聒帐；鼎彝光怪，不胜其泥人竹马之行情；宋元名画，不胜其湖景佛图之纸贵。如逃如逐，如奔如追，撩扑不开，牵挽不住。数百十万男男女女、老老少少，日簇拥于寺之前后左右者，凡四阅月方罢。恐大江以东，断无此二地矣。②

① 张去华(938—1006)，字信臣。开封府拱州(今河南省睢县)人，张谊之子，北宋文学家。
② 明·张岱《陶庵梦忆》卷七，西湖书社，1982年，第86页。

明末,是古代收藏史的第二个高峰。彼时的杭州,昭庆寺两廊"无日不市",贩卖三代八朝之古董、蛮夷闽貊之珍异,俨然北宋的大相国寺。时光流转,收藏的重心也从中原的开封,向人文鼎盛、富甲一方的江南转移了。

交换与唱和

　　实际上，到大相国寺淘宝或通过市场购买，只是士夫收获藏品的一个渠道。他们的藏品还通过交换、馈赠等非商业途径获得。宋代的士夫喜欢诗词唱和，这是当时非常流行的一种文人社交方式。那些满腹经纶的知识分子在交换或受赠藏品时，也会诗歌往还，留下了许多记录。我们在解读这些唱和诗词时，往往留意于文学价值和交游轨迹，但对收藏行为却少有关注。实际上，在宋代收藏的繁盛期，士夫已经把相互馈赠、品鉴题跋等纳入社交的中心环节并蔚然成风，这是其他历史时期难以比拟的一种文化现象。

　　既然在收藏领域往来频繁，就自然而然地形成了收藏群体，其中，分别以欧阳修、苏轼为核心的两个群体最为显赫和知名。这两个群体聚拢了大批爱好收藏的士夫，构成北宋士夫交游和收藏活动的两座文化高峰，具有鲜明的群体特征和文化个性。他们以收藏为机缘，彼此诗酒往还，使主流收藏活动超然于商业，显示了那个时期士夫阶层普遍的趣味和追求。当然，他们也会借助文物艺术品不菲的价值进行功利的交换，文物艺术品"社交筹码"的作用不容忽视，庞大的收藏群体中也有像王诜、米芾这样巧取豪夺的个案，但这些并不代表主流价值和旨趣，反而恰恰体现了宋代士夫收藏主流价值主导下的多样化特征，以及繁荣的收藏现象对士夫生活的全方位渗透与影响。

欧阳修的收藏"朋友圈"

宋代收藏至徽宗朝达到极盛。在此之前的仁宗朝，特别是仁宗庆历、皇祐、至和、嘉祐时期，可谓收藏极盛的"预热期"。这一时期，以欧阳修为核心，聚拢了刘敞、梅尧臣、韩维等一大批喜好金石古器物收藏的士夫，他们主要围绕金石古器物相互交换馈赠，并为各自的著述提供帮助，间或诗文唱和与雅会，已经形成"群体效应"，并直接影响了以苏轼为核心的另一个收藏群体。

欧阳修的集古主要集中于金石器物，尤以金石器物的文字墨本为主。游宦四方之余，他一直留意搜集，蔚为可观，同时，也请友人、门生等帮忙。嘉祐四年（1059），欧阳修致信王素[①]，请其将"蜀中碑文，虽古碑断缺，仅有字者，皆打取来"。此外，他的许多藏品也为朋友主动馈赠。韩琦[②]在定州时就曾赠给欧阳修多件碑文拓片。对欧阳修帮助最大的，则是另一位知名的金石学家刘敞。刘敞出守永兴军（宋代的行政区划之一，辖今陕甘各一部、豫西一小部）期间，得地理之便，大量搜集先秦两汉古器物，将器物上的文字拓成墨本，如《韩城鼎铭》等寄送欧阳修。欧阳修对刘敞非常感谢，称"自公之西，集古屡获异文"。他还在《集古录跋尾》中

---

① 王素（1007—1073），字仲仪，王旦之子。莘县（今山东省聊城市莘县）人。仁宗朝与欧阳修、蔡襄、余靖等同为谏官，以敢言著称。皇子生，仁宗欲大赦天下，大赏将士，百官晋级。王素上书谏阻，仁宗听从其言。王德用进二美女与帝，王素直言谏止，皇帝遂将二女遣出。

② 韩琦（1008—1075），字稚圭，自号赣叟，相州安阳（今河南省安阳市）人。北宋政治家、词人。韩琦为仁宗天圣五年进士，历任将作监丞、开封府推官、右司谏等职。曾奉命救济四川饥民。宋夏战争爆发后与范仲淹率军防御西夏，人称"韩范"。之后又与范仲淹、富弼等主持"庆历新政"，仁宗末年拜相。英宗时调和帝后矛盾，确立储嗣之位。神宗即位后坚辞相位，反对"熙宁变法"。韩琦为相十载，辅佐三朝皇帝，为北宋的繁荣发展做出了贡献。他家中藏书万卷，在安阳筑有"万籍堂"。

说:"余所辑录,自非众君子共成之,不能若此至多也。"

澄心堂纸号称"肤卵如膜,坚洁如玉,细薄光润",南唐以来,一直是士夫阶层非常喜欢的文房藏品,北宋的士夫爱之尤甚,蔡襄专门写过《澄心堂纸帖》。康定元年(1040),欧阳修将自己得到的澄心堂纸转送梅尧臣二幅,梅尧臣专门赋诗《永叔寄澄心堂纸二幅》,中有"昨朝人自东郡来,古纸两轴缄縢开"句,记录了欧阳修的高谊隆情。五六年后,梅尧臣又从宋次道(宋敏求,北宋大藏书家)处得到澄心堂纸百余幅,在《答宋学士次道寄澄心堂纸百幅》一诗中,依然对欧阳修之前的馈赠念念不忘。刘敞也喜欢澄心堂纸,至和二年(1055)写了一首名字很长很长的诗《去年得澄心堂纸,甚惜之,辄为一轴。邀永叔诸君各赋一篇,仍各自书藏以为玩,故先以七言题其首》。从长长的名字就能看到,刘敞得到澄心堂纸后,也邀请了欧阳修等好友赋诗唱和。欧阳修专门写了《和刘原父澄心纸》,其中有"奈何不寄反示我,如弃正论求俳诙"句,抱怨刘敞"不寄反示我"。而梅尧臣则作《依韵和永叔澄心堂纸答刘原甫》(刘敞字原父,一作原甫),中有"怪其有纸不寄我,如此出语亦善诙"句,也抱怨刘敞有点"不够意思"。当然,这种抱怨带有朋友间戏谑的成分,不能当真。三人的另外一位好友韩维,也在《奉同原甫赋澄心堂纸》中记录了此事,称"君安得此尚百幅,题以大句先群贤",并发出了"耽独玩物古所戒,崇尚浮藻政岂先"的感慨,体现了当时士夫对收藏所持的心态。需要说明的是,后人常将欧阳修于康定元年得到的澄心堂纸,误为刘敞所赠,实乃混淆了上述诸诗写作的时间次序和内在逻辑。

欧阳修在与朋友互赠藏品、相互唱和之余,还会举办以赏鉴为主题的宴会。至和元年(1054)的一次聚会,被众人的诗词记录了下来。欧阳修《与子华、原父小饮,坐中寄同州江十学士休复》中有:"岁晚忽不乐,相过偶乘闲。百年才几时,一笑得亦艰。"客人韩维在《和永叔小饮,怀同州江十学士》中记录得更为详细:

翰林文章伯，好古名一世。

家无金璧储，所宝书与器。

北堂冬日明，有朋联骑至。

新樽布几案，二鼎屹先置。

大鼎葛所铭，小鼎泽而粹。

坐恐至神物，光怪发非次。

群贤刻金石，墨本来四裔。

纷穰罢卷轴，指摘辨分隶。

其中石赞藏，家法非一二。

精庄与飘逸，两自有余意。

兴来辄长歌，欢至遂沉醉。

瘢饥足箪瓢，韩饮尚文字。

乃知内可乐，不必钟鼓贵。

温温江冯翊，兹理久所诣。

赋诗多雅言，嗜酒见淳气。

岁晏不在席，使我长叹喟。

这首长诗详细描写了欧阳修集古的兴趣和"小饮"所见，"新樽布几案，二鼎屹先置"，想必是大家一同观赏了欧阳修专门为宴会准备的"大鼎"和"小鼎"。此外，客人还看到了欧阳修的金石墨本珍藏，韩维给予了很高的评价："群贤刻金石，墨本来四裔。纷穰罢卷轴，指摘辨分隶。"宴会上的另一位客人刘敞，在《和永叔寒夜会饮寄江十》中也记录了当时的情景："主人文章伯，谈道辄忘倦。每至绝倒处，恨不使君见。鸟迹上古书，龙头冢中器。其人骨已朽，感此相与醉。"几位好友一边欣赏欧阳修珍藏的"上古书"与"冢中器"，一边发思古之幽情，感叹"其人骨已朽"，喝着喝着就"相与醉"了。后来，欧阳修还专门为这次小聚中朋友们欣赏的"大鼎"，写了一首长诗《葛氏鼎》。

精于金石文字和金石收藏的欧阳修，对绘画艺术的赏鉴水平如何？他在《集古录跋尾》中说："画之为物，尤难识其精粗真伪，非一言可达。"沈括《梦溪笔谈》中有一则非常著名的故事，也可以从中了解到，欧阳修对绘画艺术基本上是"不专业"的。欧阳修曾得到一幅古画，画中绘有一丛牡丹和一只猫，但"未识精粗"。吴育是欧阳修的亲家，看到画后认为，这是正午的牡丹。画中牡丹萎靡无力且施色干燥，正是正午阳光照射的样子。猫的瞳孔缩成一条线，也是正午时猫的眼睛。如果是带露水的花，花心是聚拢的，且颜色润泽。猫的瞳孔在早晨和晚上都是圆的，随着太阳照射角度的变化，瞳孔会逐渐狭长，正午时就眯成一条线了。沈括认为，吴育"此亦善求古人笔意也"。在绘画赏鉴上，欧阳修远不如亲家那么细致。在这里，他和沈括都用了"精粗"一词来评判绘画作品，这是宋人重要的赏鉴标准。宋代，特别是北宋时期，刻画精微的作品占据了画坛主流，艺术评价的标准，自然离不开艺术创作的潮流。当然了，凡事都有两面。欧阳修虽然对绘画艺术并不专业，"难识精粗"，但不代表他没有自己的艺术观。他在评价国子监直讲、王安石女婿杨褒所藏的《盘车图》时，写有同题诗，诗中直言："古画画意不画形，梅诗咏物无隐情。忘形得意知者寡，不若见诗如见画。"其中所称的"梅诗"，就是梅尧臣的《观杨之美盘车图》。二人对这幅画相互唱和，均留下了诗作。欧阳修的"画意不画形"，与苏轼所持的艺术观高度一致。苏轼在《书鄢陵王主簿所画折枝二首（其一）》中称："论画以形似，见与儿童邻。赋诗必此诗，定非知诗人。"欧、苏均提倡意趣而非形似，是宋人非常重要的绘画理论。正是有了这些引领时代的观点，才为后世写意画的勃兴奠定了理论基础。也可以这么说，"精粗"之论，只限于"技"。欧阳修不是画家，不谙画艺，自然不懂"正午牡丹"的奥妙，但在"道"的层面，他和苏轼作为北宋引领风气之先者，均提倡文人画的写意观，功莫大焉。而且，欧、苏的观点都出自对绘画作品的赏鉴，是由收藏活动而生发出来的。这一点，人们似乎有所忽略。"正午牡丹"自宋之后，成为绘画的一个典型题材，后世多有佳作。有的画中还绘

● 《水墨写生图卷》,纸本水墨,47.3cm×814.1cm,
法常,南宋,北京故宫博物院藏

    此画作者为南宋画僧法常,用简笔法,纯以水墨写之,笔法娴熟,墨趣充盈,对明代沈周、徐渭,清代朱耷、"扬州八怪"等水墨写意画影响深远,并对日本水墨画的发展产生了巨大影响,法常因此被誉为"日本画道之大恩人"。此画所体现的宋人写意之风,恰恰是欧阳修、苏轼等人倡导的"画意不画形"的生动实践。

有猫和蝴蝶,取猫、蝶谐音为"耄耋",有祝人长寿之意。

欧阳修之外,梅尧臣、刘敞等也各有收藏领域的"朋友圈",从而形成了一个颇为活跃的收藏群体。这其中,梅尧臣尤为擅长用诗歌记录收藏活动。钱锺书《谈艺录》认为"其题画之作,欲以昌黎《画记》之法入诗,遂篇篇如收藏薄录也"。其实,对于研究收藏的人来说,梅诗的"薄录"也很有价值。

苏轼与王诜的交换与唱和

经过了欧阳修等人的前期"预热",宋代士夫收藏开始渐渐繁荣,至苏轼活跃于历史舞台的神宗、哲宗两朝,则处于"预热"之后的快速"升温"阶段。此时,作为欧阳修之后的名宗宿儒,苏轼已名满天下。而士夫阶层的收藏经过苏轼等人的努力,已经显化为一种颇有影响的社会现象,徽宗朝收藏的历史高峰,也正是在这种氛围中快速地酝酿着。在以苏轼为核心的收藏群体中,苏轼虽然称不上大收藏家,却是当仁不让的"精神领袖",而王诜在这个群体中也扮演了重要角色。

王诜,字晋卿,功臣王全斌之后,娶英宗女蜀国大长公主。他身为驸马,婚姻生活不检点,惹怒过小舅子;作为苏轼的"铁杆",在"乌台诗案"中受到连累,被贬异地;作为画家,他的山水画独具特色,名重一时,《宣和画谱》收录其作品35幅;作为收藏家,他惯用"巧取豪夺"的无赖伎俩,在收藏圈"闻名遐迩",遭到苏轼等朋友的批评和劝诫;作为收藏界饭局的"召集人",开创了"西园雅集"的文会,成一时之士林雅事;作为《水浒传》里的"小王都太尉",则是带着"小跟班"高俅偶遇端王赵佶而发迹的人物。这样一位混合了批评与褒扬两种极端评价且身份多元的人物,确实有点另类。

苏轼与王诜在收藏领域的交集,大体上可以分为两个类别:一是作为社交活动的藏品交换,二是作为鉴藏活动的相互唱和。

宋代,随着商品经济的发展,士夫购买文物艺术品已经非常普遍,即便是不进行直接交易,一些交换和馈赠也往往带有文化消费的性质,尤其是那些奇货可居的藏品,就被赋予很高的价值,在"托人办事"等场合派上了用处。朋九万在《东坡乌台诗案》中记载:熙宁八年(1075),柳诩因家境贫寒找苏轼帮忙周济,但苏轼无钱可借,某日苏轼"得犀一株",便送给王诜,称柳诩想以三十贯卖出,王诜心领神会,将物品退归柳诩并赠三十贯。大相国寺僧人委托苏轼到王诜处求紫衣(紫色袈裟)一道,送给苏轼一批藏画,苏轼留下了朱繇、武宗元的作品,其他作品则送给王诜。王诜很高兴,直接回赠苏轼两道紫衣,请其转交。苏轼另一位佛门挚友宝月大师惟简,拜托他为自己求一个师号(对道行出众的僧人所加的称号),面对老朋友请托,苏轼非但没有收礼,反而将自己收藏的一幅画送给王诜,谎称是宝月大师藏画,并让王诜代寻师号。王诜收到礼物后,把此事办得"妥妥"的。此类馈赠多出于为朋友办事,社交中的藏品作为交换筹码,具有重要的"交换价值"。那么,这算不算一种"权钱交易"?实际上,这是"乌台诗案"发生后,苏轼供述内容的一部分。在苏轼"因言获罪"的前提下,此类请托事务作为受罚证据,似乎是无足轻重的。总体而言,苏轼与王诜的交往中,王诜给予了极大帮助,足见其仗义疏财的个性。

另一类作为鉴藏活动的交换与唱和,则不带功利和世俗色彩,显得风雅而有趣。元祐三年(1088)十二月,苏轼见到王诜为王巩(王定国)绘制的《烟江叠嶂图》,写下《书王定国所藏烟江叠嶂图》,诗中最后一句写道:"还君此画三叹息,山中故人应有招我归来篇。"这句诗可谓"暗藏机关",不仅表达了苏轼对此画的爱惜,也有言外之意:我是真舍不得归还,能否给我画一幅?王诜随即和诗《奉和子瞻内翰见赠长韵》,也是在诗的最后一句,给了苏轼一个明确的答复:"会当别写一匹烟霞境,更应消得玉堂醉笔挥长篇。"他要"别写一匹烟霞境",另画一幅送苏轼,但不能白送,你苏轼要"醉笔挥长篇",给我写篇文章。苏轼当然是答应了,他拿到王诜为其绘制的水墨卷《烟江叠嶂图》后当即写诗应和,并附了长长的序文:"王晋卿作《烟江叠嶂图》,仆赋诗十四韵,晋卿和之,语特奇丽。因复次韵,不独纪其诗画之美,亦为道其出处契阔之故,而终之以不忘在莒之戒,亦朋友忠爱之义也。"此后,王诜也用苏轼原韵再次应和,回应了二人之间的朋友之谊和患难之情。这一来二去,两人围绕《烟江叠嶂图》多次唱和,留下一段佳话。如今,王诜的《烟江叠嶂图》珍藏于上海博物馆。

王诜在收藏圈惯用"巧取豪夺"的伎俩,他与苏轼之间也不例外,二人关于藏品的"争夺",风雅之余又多了一份真性情的流露。元祐七年(1092),酷爱赏石的苏轼从程德孺处得到两块石头,赋《双石》诗,并将其命名为"仇池石",宝爱之情溢于言表。转年,苏轼从扬州返回开封,"仇池石"成为他和钱勰(钱穆父)、王钦臣(王仲至)、蒋之奇(蒋颖叔)等相互唱和的重要主题。上述三人,与苏轼同为"元祐四友",彼此交好。此时,王诜突然横亘其间,上演了一出颇为热闹的"夺宝戏码"。王诜先是以小诗投石问路,想借观"仇池石"。苏轼遂作诗,前引称:"仆所藏仇池石,希代之宝也,王晋卿以小诗借观,意在于夺,仆不敢不借,然以此诗先之。"王诜夺宝的把戏被苏轼识破,但苏轼也有点无可奈何,"不敢不借",在诗中要求王诜不得"传观",并尽快归还。二人的"拉锯战",引发了钱勰、王钦臣、蒋之奇的"看热闹"和"居间调解",苏轼第二首诗讲得很清楚:"王晋卿示诗,欲夺海石,钱穆父、王仲至、蒋颖叔皆次韵。穆、至二公以为不可许,独颖叔不然。今日颖叔见访,亲睹此石之妙,遂悔前语。仆以为晋卿岂可终闭不予者,若能以韩干二散马易之者,盖可许也。"三个调停人竟然各抒己见,在蒋之奇亲眼看到"仇池石"的妙处后才达成一致,认为不能白让王诜占便宜,要用王诜收藏的韩干画马图来交换。这个价码要得确实有点高,被王诜拒绝了。交换不成,事情似乎应该结束了,但苏轼的这帮"损友"又"各怀鬼胎",钱勰想要把石头和画据为己有,蒋之奇更狠,建议"焚画碎石",来个"一损俱损"。对此,苏轼在另一首诗中称:"轼欲以石易画,

● 《烟江叠嶂图》(局部),绢本设色,45.2cm×166cm,
王诜,北宋,上海博物馆藏

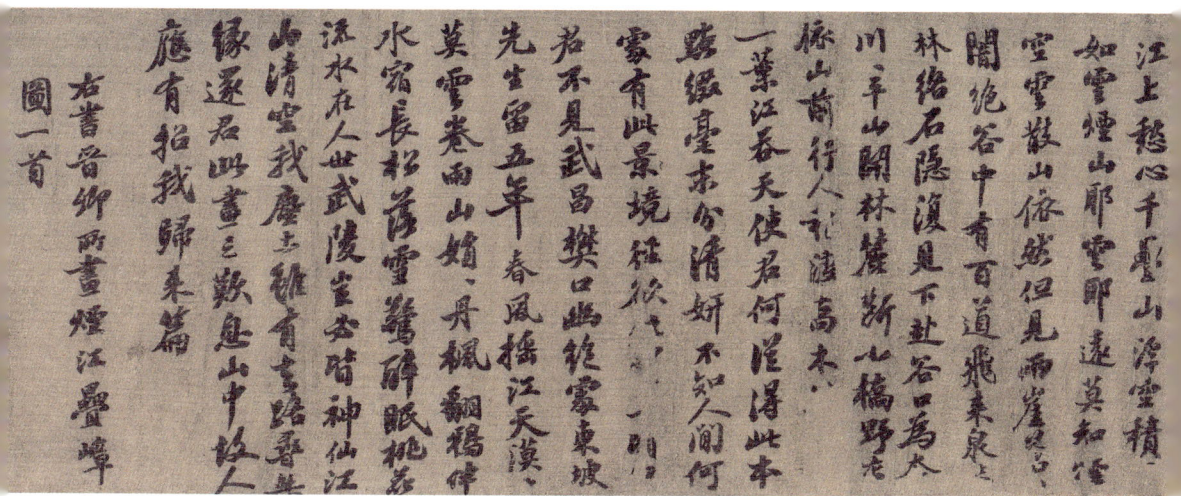

● 苏轼在《烟江叠嶂图》上的跋语(局部)

上海博物馆现藏王诜《烟江叠嶂图》有两幅,一
为青绿设色本,一为水墨本。此为青绿设色本。

晋卿难之,穆父欲兼取二物,颖叔欲焚画碎石,乃复次前韵,并解二诗之意。"

　　这段有趣的"公案"尚有许多细节待填充,比如,苏轼是否把石头送给了王诜?学界对此意见不一。笔者认为,苏轼虽然有"不敢不借"的为难和"不得传观、尽快归还"的要求,但应该没有把"仇池石"拱手让给王诜。"王晋卿示诗,欲夺海石"的"欲"字,即为王诜的想法,尚未成为现实。在此基础上,苏轼的"石画互换"设想才能正式成立。否则,依他对王诜的了解,"仇池石"肯定是肉包子打狗——一去不还。问题又来了,在石头与画分属他们二人时,钱勰如何才能将二者据为己有?蒋之奇又怎能"焚画碎石"?他们都出了什么"馊主意"?这件事只有苏轼的"一面之词",我们只能靠想象来弥补其中的细节了。

王诜与米芾的藏品交换

　　明末的张岱有句名言:"人无癖不可与交,以其无深情也;人无痴不可与交,以其无真气也。"这句话用在王诜与米芾身上,可谓恰如其分。在宋代收藏史上,二人都以个性彰显而著称,收藏的数量和质量堪可抗衡,均是数一数二的大藏家;收藏行为也非常相似,"恋物痴"不可自拔,"真性情"一览无余,闹出许多为了心爱的文物艺术品而巧取豪夺、蛮横要赖的逸事。二人之间的藏品交换,也堪称半斤八两,但王诜似乎略胜一筹。

　　米芾的《书史》与《画史》中,记录了许多他和王诜交换藏品的故事,大致可分三类:对等交换、借去不还、从中搅局。

　　《书史》中有一段王诜、米芾、刘泾等多人交换的记载:

　　《朱巨川告》,颜书。其孙灌园屡持入秀州崇德邑中,不用为荫。

余以金梭易之。又一告类徐浩书,在邑人王衮处,亦巨川告也。刘泾得余颜告背纸,上有五分墨,至今装为秘玩。然如徐告,粗有徐法尔。王诜与余厚善,爱之笃。一日见,语曰:"固愿得之。"遂以韩马易去。马寻于刘泾处换一石也。此书至今在王诜处。①

这段记载很有意思。颜真卿的《朱巨川告》原来由孙灌园收藏,米芾以金梭换得。他把这幅书法作品的背纸送给刘泾,虽然只有五分墨色,但刘泾"装为秘玩"。王诜用韩干的马图换走了米芾的颜真卿书法。不久后,米芾又用换来的马图于刘泾处换得一块石头。在这个互换的"闭环"中,米芾其实用金梭换来了刘泾的石头,王诜用韩干马图换来了颜真卿书法,而刘泾则用石头换来了韩干马图。大家换来换去,各得其所,不亦乐乎。

借去不还的例子,在《画史》中屡有记录,比如,"余收易元吉逸色笔,作芦如真……晋卿借去不归"。最让米芾痛心的是他去黄州探望苏轼时,苏轼为其绘制的作品也被王诜借走,再无下文。那一年是元丰五年(1082)②,米芾在黄州初识苏轼,于苏轼的雪堂共同观赏吴道子画作。苏轼对这位年轻人的到访很高兴,赠米芾《枯木竹石图》,并劝其书法改学晋人,米芾的书风从此大变。他在《画史》中高度评价苏轼的墨竹枯木,并真实记录了拜会苏轼的情形:"吾自湖南从事过黄州,初见公,酒酣,曰:君贴此纸壁上,观音纸也。即起作两枝竹、一枯树、一怪石见与。后晋卿借去不还。"黄州拜见,成为米芾艺术人生的一个新起点,米芾书法尊晋贬唐、重行轻楷的特点,愈发彰显。就是这幅作品,也被王诜横刀夺爱。

王诜搅局的例子,则见于《书史》。刘季孙藏有王献之的书法真迹《送梨帖》,米芾不惜血本,欲以欧阳询书法两幅、王维雪图六幅、正透犀带一

---

① 宋·米芾《书史》,见"全宋笔记"第二编(四),吴晓琴、汤勤福整理,大象出版社,2006年,第239页。案:此点校有误,引文已作更正。
② 关于米芾初次拜访苏轼的时间,学界存有争议,一般认为是元丰五年。

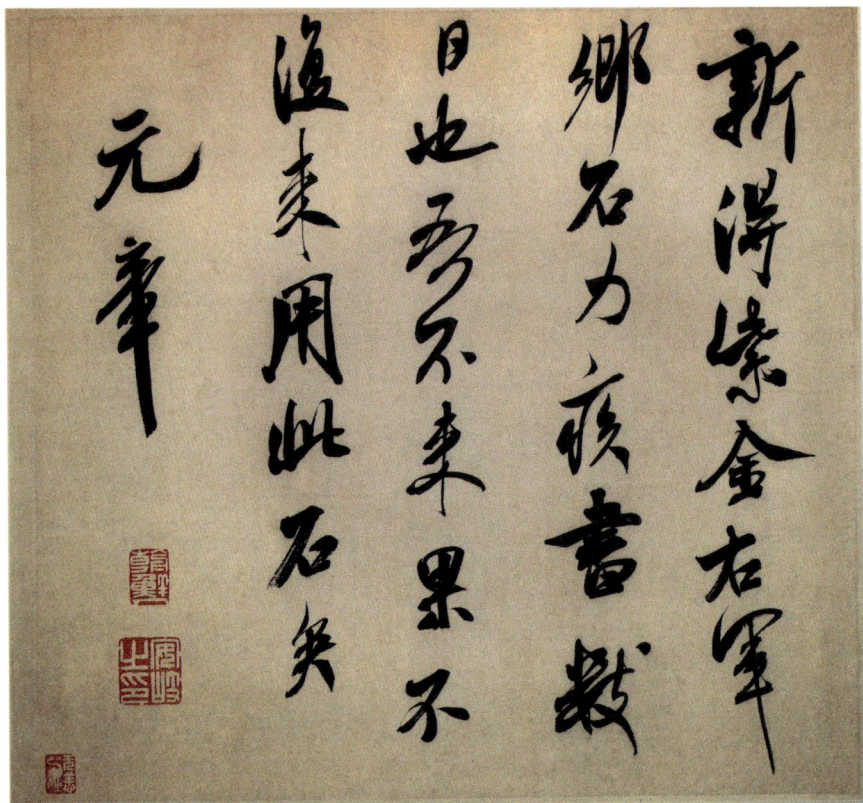

● 《乡石帖》，纸本行书，28.2cm×30.5cm，
米芾，北宋，台北故宫博物院藏

条、砚山一枚、玉座珊瑚一块相换，并得到了刘季孙的认可。但王诜把米芾的砚山借走一直未还，米芾错失了与刘季孙交换的时机。期间，米芾还专门致信刘季孙，要用自己珍藏的怀素书帖作为加码，一并交换，这就是流传至今的《箧中帖》，现藏于台北故宫博物院。可惜的是，等王诜还回砚山，米芾再去交换时，刘季孙却去世了。后来，刘家人将王献之书法以"二十千"卖给王防。王诜的搅局可能是无心之举，但肯定让米芾后悔不已。从这则记载中也能看出米芾以及当时藏家的不同"口味"，米芾视晋人法帖为无上至宝，愿意出如此高的筹码来交换，在常人看来确实有点不可思议。他在《画史》中也自言："余家收古画最多，固好古帖，每自一轴加至十幅以易帖。"这也是宋代士夫频繁进行藏品交换的前提——不同的收藏趣味和差异化的收藏需求，为交换提供了可能。

因为王诜的搅局，米芾与刘季孙交换不成，那些准备交换的筹码，自然也就留了下来，其中就包括砚山。砚作为文房四宝之一，是宋代士夫的普遍喜好和当时收藏界的宠儿，嗜砚如痴的米芾不仅有夺徽宗端砚的故事，还写有《砚史》和鼎鼎有名的《研山铭》（研同"砚"，此帖用南唐澄心堂纸写就，现藏于北京故宫博物院），苏轼也曾为之作《米元章山砚铭》。

《铁围山丛谈》有则记载，称米芾的砚山原为南唐后主李煜所有，后来被米芾交换出去，换来一套老宅子，再后来收归北宋皇家所有：

> 江南李氏后主宝一研山……为米元章所得。后米老之归丹阳也，念将卜宅，久勿就。而苏仲恭学士之弟者，才翁孙也，号称好事，有甘露寺下并江一古墓，多群木，盖晋、唐人所居。时米老欲得宅，而苏觊得研山。于是王彦昭侍郎兄弟与登北固，共为之和会，苏、米竟相易。米后号"海岳庵"者是也。研山藏苏氏，未几，索入九禁。①

---

① 宋·蔡绦《铁围山丛谈》卷五，中华书局，1983年，第96页。

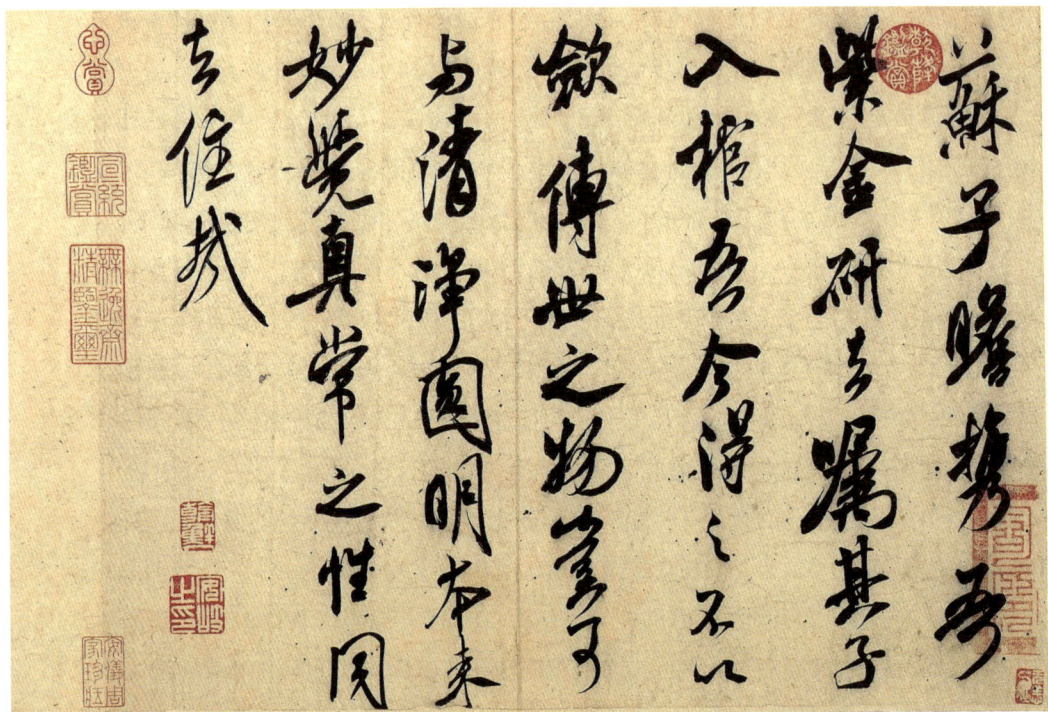

● 《紫金研帖》，纸本行书，28.2cm×39.7cm，
米芾，北宋，台北故宫博物院藏

　　米芾所书《乡石帖》与《紫金研帖》，真实记录了他与苏轼关于藏品
的一段故事。苏轼从海南返回江南时，专程到真州（今江苏省仪征市）访
问米芾，离开时借走了米芾的紫金砚。没想到一个多月后，苏轼卒于常
州，后人准备以此砚陪葬。米芾闻讯后追回了这方原本属于自己的名
砚。二人的这段交集，有幸保留在了米芾传世的书法作品中，使我们得
以领略宋人不拘一格的行事风格和对收藏的痴迷心态。

上述《铁围山丛谈》所记米芾的砚山，与米芾《研山铭》所记以及被王诜借去且导致交换失败的那枚，就不好说是同一件宝贝了。还是在《铁围山丛谈》里，蔡绦讲完米芾砚山换房后，称"时东坡公亦曾作一研山，米老则有二，其一曰芙蓉者，颇崛奇"。看来米芾拥有的砚山，确实不止一枚。这是宋代收藏史的另一桩公案，我们暂且不谈，先来聊一聊米芾这次有趣的交换。此次交换靠的是中间人撮合，谓之"和会"。米芾与苏仲恭弟弟之间的关系，应该不像他与王诜那样密切，否则二人也不会通过王彦昭兄弟来"和会"。更有意思的是，砚山作为非常值钱的收藏品，米芾并没有转手卖人，还是选择了宋代士夫藏家惯用的交换方式，虽然这种方式带有交易性质，但见物不见钱。

生活方式的雅化

我们在观察上述交换、唱和行为时，必然会引出一个问题，宋代已经出现了把时人创作的艺术品以及古字画、珍玩作为商品进行买卖，并纳入社交领域礼尚往来的情况，且士夫阶层并不掩饰藏品的价值，也对藏品的购买持开放态度，但为什么他们还如此频繁地进行交换并乐此不疲地唱和，甚至记录在著述中呢？

依笔者浅见，这是宋代士夫生活雅化的表现，也是文学艺术和收藏繁荣到一定程度进而生活化的见证。说白了，这就是当时颇为流行的一种生活方式。交换，则是最贴合这种生活方式的行为。交换本身即肯定了藏品应有的价值，但并不带有商业目的，且大多在朋友中进行。这些人往往拥有相同的兴趣爱好、知识构成乃至政治主张，通过交换可以达到心灵契合、审美愉悦和鉴藏满足，彼此的唱和则能够沟通感情，为收藏注入浓浓的趣味，体现人际关系的融洽和唱和者的文化素养。即便是"借去不还"时有发生，在他们眼里，也无非是张扬个性的名士做派，并不过分计较。否则，苏轼、米芾也不会把与王诜的交换写入诗歌和著述。这一点，是历史上任何收藏兴盛期都未曾逾越的文化现象，由收藏而生发出的题跋、诗歌等创作，构成了一道蔚为壮观的文化景观，反映了宋代士夫阶层的主流价值和文化趣味，也与官方优渥士夫的政策取向、相对清明的社会环境密不可分。在那个时代，士夫群体空前壮大并掌握了话语权，他们的群体喜好必然会引领潮流。这种雅化的生活方式，也取得了理论的支撑，欧阳修将收藏纳入"正经补史"的范畴，苏轼则概括为"寓意"的价值观并践行了生活美学。

还有一种情况，也不应该忽视。士夫阶层中的大收藏家，比如王诜、米芾等人，他们的藏品已经达到相当规模和水准，虽然比不上皇家收藏，但在私人收藏中已属顶级。顶级藏家不可能从大相国寺等市场中淘到太多"尖货"。他们借助融通庙堂与江湖的特殊身份，一方面能从皇帝的赏赐中得到珍贵藏品；另一方面，也只能在顶级藏家的小圈子里进行顶级藏品的交流，以满足差异化的收藏需求。购买虽然也可以满足这种需求，但确实不是主流渠道。而他们自身所创作的书画艺术品，也基本上不会主动地以待价而沽的方式流入市场。这完全符合收藏的逻辑，时至今日，藏家的交换也很普遍。

雅化的生活方式，要以"有钱"和"有闲"做基础。宋代经历了几次官员"薪金制度"改革，总体上带有明显的"高薪养廉"特色。彭信威在《中国货币史》中认为，北宋"高级官吏的收入，无论在货币数量上或是真实所得上，都远超过前代"。总体上，那些靠科举入仕的官员，基本上可以衣食无忧。赵明诚夫妇虽然时感囊中羞涩，在大相国寺买不起二十万的徐熙牡丹图，但对获取一般性藏品的"小钱儿"应该不在话下，否则也不会成为大藏家。宋代官员的休假制度也相当完善，元旦、中秋、冬至等年节的假期与今日十分相像，还包括国丧放假、上任假期，以及病假、探亲假、祭祀假、婚丧假等私人假期，保证了他们有充裕的时间来享受收藏生活。

当然，雅化的生活方式，更是一种基于审美需求的社会现象，在当时

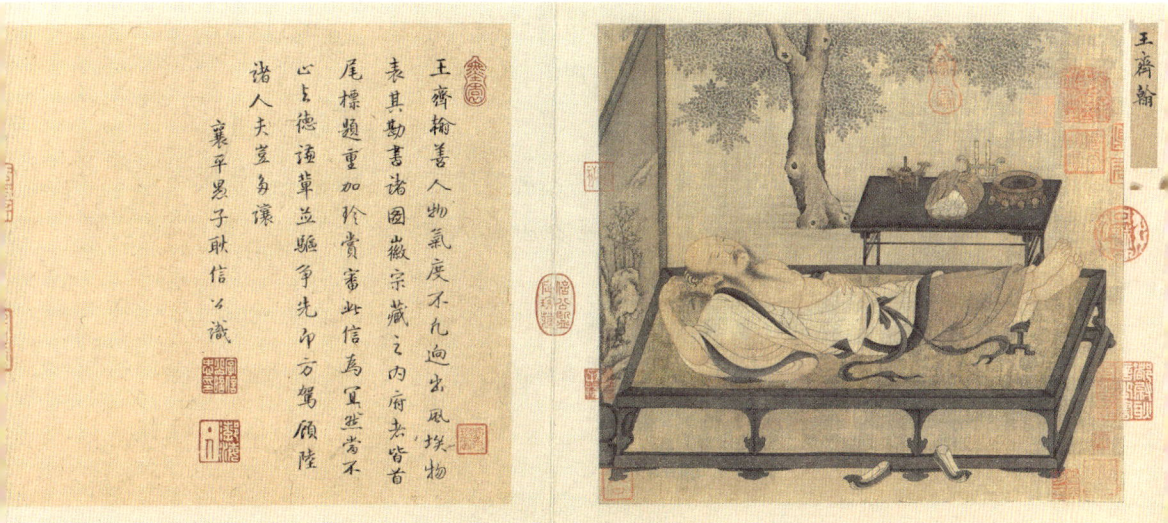

王齊翰

王齊翰善人物氣度不凡迥出風埃物
表其勤書諸圖蔵宗蔵之內府去嵩首
尾標題重加珍賞審此信為宜監當不
此上德謙輩益驅爭先印方駕顧陸
諸人夫豈多讓
襄平晁子耿信父識

● 《槐荫消夏图》(册页),绢本设色,25cm×28.4cm,
宋代,北京故宫博物院藏

　　此画生动展现了宋人的生活情致。夏日里,高士平躺在卧榻上,
头顶浓浓的槐荫,背后还设有屏风,屏风上隐约可见一幅精致的山水
画,画的应该是雪景寒林的景色。画中,高士袒胸露乳,闭目酣睡。榻
边的条案上则摆着香炉、蜡台、书卷、水洗文房用具等物品,是宋人雅
化生活方式的生动写照。

十分流行,俨然士夫生活的标配,乃文人趣味的典型象征。南宋赵希鹄的
《洞天清禄集》被誉为宋代的"古玩指南"。他在此书序言中对风雅的生活
方式,给出了一个颇具现代意识的理由:

> 人生一世,如白驹过隙,而风雨忧愁辄居三分之二。其间得闲
> 者,才三之一分耳。况知之而能享用者,又百之一二。于百一之中,又
> 多以声色为受用。

赵希鹄的言语之间,透着一股子看透世事、以古为乐的淡定与洞明。
人生如此短暂,而短暂的人生中,应当受用于声色之外的美好事物。他接
着说:

> 殊不知吾辈自有乐地,悦目初不在色,盈耳初不在声。尝见前辈
> 诸老先生,多蓄法书名画、古琴旧砚,良以是也。明窗净几,罗列布
> 置,篆香居中,佳客玉立相映,时取古人妙迹,以观鸟篆蜗书、奇峰远
> 水,摩挲钟鼎,亲见商周。端砚涌岩泉,焦桐鸣玉佩,不知身居人世。
> 所谓受用清福,孰有逾此者乎?是境也,阆苑瑶池未必是过,人鲜知
> 之,良可悲也。[1]

正是出于对"受用清福"的向往,赵希鹄才动笔写成此书,"以贻清修
好古尘外之客"。宋代,此类清修好古尘外之客,远不止两三个人那么简
单,而是一个庞大且颇有影响的社会精英群体。

---

[1] 宋·赵希鹄等《洞天清录(外二种)》,尹意点校,浙江人民美术出版社,2016年,第3页。
案:该书书名有多个版本,笔者从"洞天清禄集"。

书楼与画船

　　相对于宋代皇家庄严肃穆的藏品储纳地,士夫存放藏品的地点更为诗意,最令人倾倒的两个空间意象,就是书楼与画船。此外,士夫营建的园林,虽然称不上严格意义上的藏宝之地,但也因承载了大量收藏活动,亦在本文所述之列。士夫的收藏活动,大多依托于这些空间形态,其不同的性质和类型,也为收藏活动提供了差异化的服务方式,并烘托出不同的收藏氛围。比如,宋代私人藏书极其兴盛,万卷书楼成为南北宋一道独特的文化景观,宋人多有专门吟诵书楼的诗词,加之私人抄阅之风兴盛,读书人的书楼既有书房的功用,同时也承担了朋友借阅的责任,私人图书馆的雏形已经显现。书画收藏则不需要专门的大空间,但士夫中财力允许的也会专门建室,并以邀请名人为之作文赋诗而彰显文化品位。这些空间一般不承担对外赏鉴和交游的作用,私密性较强,属于士夫"私享"。画船则是非常独特的文化意象,绘画中常见的深山一隅、溪水泛舟的图式,在文人画大兴的宋代,已经成为画家们经常使用的题材。画船寄托了他们与心爱之物相伴,浮舟赏画的雅致,已经摆脱了东晋桓玄打造书画船而便于避难的功利性。园林则是最为开放、最贴合自然和心性的空间所在,虽然也属于私人营建,但北宋王诜的园林经常举办文事雅集,堪与兰亭之会媲美,士夫在此赏鉴古董、诗酒唱和。雅集图也成为一种图画范式,宋代及之后的画家多有借用。

万卷书楼,抄阅成风

　　宋代是藏书史的第一个繁荣兴盛期,科举制度的推广激发了读书重教的社会风气,雕版印刷的普及为图书复制和传播提供了技术支撑,从而形成官刻、坊刻、私刻三大刻书体系和宫廷官府、书院寺观、私人藏书三大收藏群体。范凤书在《中国私家藏书史》中说:"宋代三百年中,有明确文献记载的藏书家就达七百人,是前此周至唐五代千年左右藏书家总合的近三倍。从某种意义上说,中国私家藏书发展的大起步,实从宋代起,自宋而后,万卷书楼,蜂拥南北,使私家藏书进入兴盛发展阶段,从而与宫廷官府、书院寺观的藏书鼎足而三,构筑成中国藏书文化活动的新局面。"在范凤书所称的这七百人中,藏书达万卷以上的超过两百人,人数之多、数量之大,令人叹为观止。此外,宋人利用藏书进行著述也蔚然成风,私人藏书目录达六十多种,以晁公武的《郡斋读书志》、陈振孙的《直斋书录解题》和尤袤的《遂初堂书目》最为知名。《郡斋读书志》《直斋书录解题》作为私家藏书书目,对后世书目编纂影响深远,清代官修的《四库全书总目提要》就依照了这种方式。《遂初堂书目》则大量著录版本,"辨章学术、考镜源流",影响也很大。

　　书楼作为士夫收纳藏品之处,一般都有诗意的名字,寄托了主人的理想和情怀。比如,欧阳修有六一堂、司马光有读书堂、韩琦有万籍堂、朱昂有万卷阁、尤袤有遂初堂、王应麟有汲古堂、楼钥有东楼、赵元考有澄心堂等。其中,司马光的读书堂和韩琦的万籍堂最为知名。

　　北宋时期,开封作为都城,自然是政治文化中心,而洛阳则聚集了一大批士夫公卿,是名副其实的政治文化"副中心"。邵博称,"洛阳名公卿园林，为天下第一"。而司马光所建的独乐园，在洛阳众多园林中独树一帜。《邵氏闻见后录》记载：

> 司马公在洛阳，自号迂叟，谓其园曰独乐园。园卑小，不可与他园班。其曰读书堂，数椽屋，浇花亭者，益小；弄水种竹轩者，尤小；见山台者，高不过寻丈；其曰钓鱼庵、采药圃者，又特结竹梢蔓草为之。公自为记，亦有诗行于世，所以为人钦慕者，不在于园尔。①

熙宁四年（1071），反对王安石变法的司马光退居洛阳。此时，大宋朝堂上下内耗严重、裂隙丛生，已不复仁宗朝宽和包容的政治氛围。熙宁六年（1073），司马光置田二十亩，在尊贤坊北关建独乐园。他在《独乐园记》中解释了园名的由来，并写道："迂叟平日多处堂中读书，上师圣人，下友群贤，窥仁义之源，探礼乐之绪。"政治上的失意与失望，令司马光退守内心世界，其"独乐"，似乎也暗含了一种无可奈何的伤感。遗憾辞官，"立功"未成，司马光选择了知识分子的另一个传统——"立言"。在退居洛阳的15年间，他皓首穷经，自谓"筋骨癯瘁，神识衰耗"，成就了一部伟大的《资治通鉴》。

司马光是大藏书家。他的独乐园中专门设有读书堂，不以豪阔奢华著称，但"所以为人钦慕者，不在于园尔"，靠的是他的品位和影响。独乐园也是宋人奉献给后世艺术家的创作母题之一，明代画家仇英画过一幅《独乐园图》，依据司马光的《独乐园记》对其园林景观进行了形象再现。文征明亦有《独乐园图并书记》行世，较仇英之作更为写意，没有完全依据文字表述进行再现，而是文征明理想中的"独乐园"，书画互补，人书俱老，是其89岁时的佳作。

司马光有《独乐园七题·读书堂》一诗，专门借读书堂抒发情怀："吾

---

① 宋·邵博《邵氏闻见后录》，刘德权、李剑雄点校，中华书局，1983年，第200页。

● 《独乐园图》(局部),绢本设色,28cm×519.8cm,
仇英,明代,美国克利夫兰艺术博物馆藏

　　此画卷内容根据司马光的《独乐园记》立意,描绘了读书
堂、钓鱼庵、采药圃、浇花亭、见山堂等景致,画风细腻,为仇
英代表作之一。

爱董仲舒，穷经守幽独。所居虽有园，三年不游目。邪说远去耳，圣言饱充腹。发策登汉庭，百家始消伏。"书楼之中"三年不游目""圣言饱充腹"，可见他对藏书、读书的喜好。费衮的《梁溪漫志》记载，司马光晨夕读书，"虽累数十年，皆新若手未触者"。他的读书堂中藏有万余卷书籍。司马光每年在上伏到重阳期间，遇到天气晴朗的时候，把几案设在对着太阳的地方，将书斜放其上暴晒。看书时先把几案扫净，用褥子铺在书下，端坐拿好，颇有一种庄重肃穆的仪式感。有时候边走边读，就把书放在方形的板上，不敢直接用手捧，以免汗浸书页。担心碰到订书线，就每看完一页，用右手大拇指侧面贴着书页边沿，再用食指捻起书页，这样就不会"揉熟其纸"。司马光的这种读书方式，略带点洁癖和强迫症的味道。

号称"宋元第一藏书世家"的安阳韩氏，家族藏书历代传袭，至北宋中期的三朝名相韩琦，列屋而藏，蔚为大观，命名为"万籍堂"。韩琦儿子韩忠彦、曾孙韩侂胄也传承有序，家族藏书声名远播。韩琦在安阳还建有著名的开放式园林——康乐园，于康乐园中建昼锦堂，取《汉书》中"富贵不归故乡，如衣锦夜行"句，反其意而用。昼锦堂中设有书楼。韩琦还请时任尚书吏部侍郎、参知政事的欧阳修作《昼锦堂记》。这篇文章按现在的标准衡量，无一字描写昼锦堂之景，属"严重跑题"，但恰恰"跑"成了千古名篇。文章从"仕宦而至将相，富贵而归故乡。此人情之所荣，而今昔之所同也"开始，述史论理、精辟透彻，被时人誉为"天下文章，莫大乎是"。昼锦堂也因文人追捧而名噪一时，当时和后世的书法家均以写《昼锦堂记》为尚，历代画家也创作了大批以昼锦堂为题的画作，其中以明代董其昌的《昼锦堂图》最为出色。这幅画完全脱离了写实的概念，昼锦堂成为一种意象式的存在：山水之间，几株高树掩映，屋舍半露，情怀尽现。

书楼不仅是书法家、画家笔下的题材，更是诗人经常使用的主题，宋代留下了一大批吟诵书楼的诗歌。司马光除了有《独乐园七题·读书堂》诗，还有《书楼》一诗，直言自己有"书癖"："使君有书癖，记览浩无涯。况此孤楼迥，端无外物哗。横肱欹曲几，搔首落乌纱。此趣人谁识，长吟窗日斜。"苏轼《犍为王氏书楼》中则有"树林幽翠满山谷,楼观突兀起江滨。云是昔人藏书处,磊落万卷今生尘"句。范成大《寄题王仲显读书楼》如此描写主人的爱书行为:"嗜书如嗜酒,知味乃笃好。欲辨已忘言,不为醒者道。"陆游的《题唐执中书楼》则以诗言志:"吾州唐子他州无,闭户偏读家藏书……人生如此自可尔,勿羡新贵高门闾。"书楼意象的频繁使用,说明了宋代藏书的兴盛,读书人以"坐拥万卷"为荣,已经演化成一种文化现象。北宋家富藏书的赵元考,酷爱澄心堂纸,能仿制,其书楼干脆名为"澄心堂"。赵元考博闻强记,被誉为"著脚书楼"——无所不知而问不倒的"行走图书馆"。

书楼作为读书人的藏书地和书房,还是传承文化的重要空间。在宋代开放的社会风气下,藏家的书楼并不是大门紧闭的,他们通过提供借阅、抄阅等服务,甚至是开办书院、授徒讲学,推动了宋代学术的繁荣和文化的传续。李昉就曾开设学馆,将藏书提供给他人阅读。苏颂的藏书多抄阅于官办的三馆秘阁,叶梦得的藏书则从苏颂家借抄。汪藻的藏书抄阅于另一位藏家贺铸之处,这样的例子不胜枚举。书楼作为开放的"私人图书馆",宋代已见雏形。宋绶、宋敏求父子,更是将私家藏书无偿提供给官方人士,为《资治通鉴》的编著做出了贡献。宋绶的藏书继承于外祖父杨徽和藏书家毕士安,生前已达万卷。沈括在《梦溪笔谈》中称,宋绶"博学,喜藏异书,皆手自校雠"。宋绶还是相当知名的书法家,《宣和书谱》收录其作品8幅。他认为,"校书如扫尘,一面扫,一面生,故有一书每三四校犹有脱谬"。宋绶之子宋敏求继承父业,广加搜集,家藏达三万卷。宋氏父子的藏书被当时的学者所青睐,《宋史》记载了刘恕到宋家借抄的经历:

> 求书不远数百里,身就之读且抄,殆忘寝食。偕司马光游万安山,道旁有碑,读之,乃五代列将,人所不知名者,恕能言其行事始终,归验旧史,信然。宋次道知亳州,家多书,恕枉道借览。次道日具

● 《山馆读书图》(册页),绢本设色,24.3cm×24cm,刘松年,
南宋,北京故宫博物院藏

此画中,长松掩映,案几临窗,一高士伏案读书,窗外书童轻扫落叶,一
派静谧安闲的景象。对幅有乾隆题诗:"竹篱权闭户,松舍乃开窗。却寓暗门
意,不同画院腔。诗书趣有永,风月净无双。童子劳扫径,足音早断跫。"

● 《昼锦堂图》(局部),绢本青绿设色,41cm×1312cm,
董其昌,明代,吉林省博物馆藏

　　董其昌提出绘画的"南北论",对后世影响极大。此画为董其
昌山水画中的精品,全幅不用墨线,纯以颜色点染,并以淡墨烘
托,色彩明净沉着、典雅亮丽。

馔为主人礼,恕曰:"此非吾所为来也,殊废吾事。"悉去之,独闭阁,昼夜口诵手抄,留旬日,尽其书而去,目为之臀。①

刘恕是司马光编著《资治通鉴》时的主要助手之一,宋敏求对其到家中抄阅待之以礼,日具佳肴。刘恕昼夜口诵手抄,尽其书而去,眼睛都看出了毛病,收获可谓满满。宋敏求的藏书楼在当时开封城春明坊,简直是读书人的"朝圣之地",王安石、欧阳修也曾到此借抄。朱弁《曲洧旧闻》中记载,喜欢读书的人"多居其侧",便于随时借阅。这样一来,春明坊的宅子竟然比其他地方的价格高出了一倍。

一船书画,载满梦想

米芾以晋人书风为榜样,收藏了不少晋人法帖,其书斋也取名为"宝晋斋"。他在江淮发运司做官时,于乘船上挂个牌子,自称"米家书画船"。这个不拘一格的举动,被黄庭坚的《戏赠米元章》诗赋予了非常迷人的意境:"万里风帆水著天,麝煤鼠尾过年年。沧江静夜虹贯月,定是米家书画船。"书画船也因此成为一个耐人寻味的象征。学者傅申专门作文谈过江南文人在船上旅行、创作的情形,认为书画船是中国书画家特有的传统:"自绘画中心南移后,书画船便成为中国文人的流动画室,书画的创作和鉴赏有不少都发生在这一艘艘各式各样漂荡的舟楫之上。"

严格来讲,书画船并不始于米芾。苏轼在写给王诜的《宝绘堂记》中就有"桓玄之走舸"的引典。东晋时期的桓玄怕自己的藏品被掳,装船以便随时运载。在苏轼眼里,这种功利性是其劝诫王诜不能"留意于物"的反面典型。宋代,船作为士夫创作、品鉴的特殊空间,承载的则是以藏为

---

① 元·脱脱等《宋史》卷四百四十四,中华书局,2000 年,第 10210 页。

乐、饱游山水的精致情怀。

叶梦得《石林燕语》记载，米芾有一次在船上拜访蔡京长子蔡攸。蔡攸向其展示了自己收藏的王羲之名帖，酷爱晋人书法的米芾当即提出，用自己收藏的古画换王羲之的书法。蔡攸有点为难，米芾则以跳江威胁，"公若不见从，某不复生，即投此江死矣"，蔡攸不得不遂了他的心愿。这就是历史上著名的"米芾索帖"。事情发生在船上，且蔡攸在船上携带了极其珍贵的藏品并邀请朋友品鉴，这是宋代书画船具备赏鉴功能的又一个适例。

另一个与船有关的收藏故事，则发生于南宋，更加惊心动魄。赵孟坚（1199—1264），南宋著名画家和收藏家，字子固，号彝斋，为宋太祖十一世孙，擅画梅兰竹石等题材，尤精白描水仙，多用水墨，风格秀雅。他"多藏三代以来金石名迹，遇其会意时，虽倾囊易之不靳也"。南宋末年，赵孟坚隐居广陈（今浙江省平湖市）。他曾造了一艘小船，满载心仪的珍贵藏品，"东西薄游，必挟所有以自随。一舟横陈，仅留一席为偃息之地，随意左右取之，抚摩吟讽，至忘寝食。所至，识不识望之，而知为米家书画船也"。开庆元年（1259），赵孟坚得王羲之的书法"定武兰亭"刻本，夜间泛舟归家时，风作舟覆，衣服全湿，他立于浅水中，手持名帖以防被水浸泡，并大声示人："兰亭在此，余不足介意也。"后来，他专门在此帖卷首题字："性命可轻，至宝是保。"此事记录于南宋周密的《齐东野语》，周密这篇文章的题目就是《子固类元章》，将其与米芾并论，一个视藏品如生命且相当书生气的形象，跃然纸上。赵孟坚所藏"定武兰亭"刻本，也被后人称为"落水兰亭"，在流传至今的王羲之兰亭刻本中，颇负盛名。

文人赋予船诗意的象征，船也就有了"移动书斋"的功能，或独自乘坐，或与三五好友同行，临水凭风之余，品鉴收藏，好不雅致。宋代，那些大型的船只也多以"斋"来命名，比之于居室，亦称"斋舰"。南北宋交接之际的抗金名将李纲，在《张南仲置酒心渊堂值雨》诗中写道："自别西湖日置怀，却因谪宦得重来。云深不见孤山寺，风急难乘摇碧斋。""碧斋"即为

● 《舟人形图》,绢本墨笔,21.2cm×21cm,
马远,南宋,东京国立博物馆藏

此画中士人坐在船头,神色悠闲地望着水面,若有所思,几
枝树干与芦苇做陪衬,别无他物。画幅虽小,但咫尺千里,给人
以空旷辽远的感觉。船也是中国画中非常常见的题材,寄托了
艺术家的情怀和志趣。

● 《水仙图》（局部），纸本墨笔，25.6cm×675cm，
赵孟坚，南宋，天津博物馆藏

赵孟坚擅画水仙，此画以细笔勾勒，构图极其饱满，用
笔飘逸潇洒，生动自然。

船只之喻。宋之后,书画船的意象被频频借用,明代董其昌《祭吴澈如年丈》中有"烟水五湖,岁发王献之兴;图书千载,时寻米舫之踪"。黄淮还写过一篇《书画船记》,记录了书画船的形制。陈继儒、袁中道等也都有在书画船上布置藏品的记录,较宋代更为详细。实际上,再大、再豪华的书画船,也很难起到收储藏品的作用。书画船承载的,其实是文人的出世之心和对江湖的向往。

两处园林,别样风味

像王诜这样有社会地位和经济实力的藏家,他的收藏空间大致可分为两种,一种是专门的储放地,即宝绘堂。《宣和画谱》载:"即其第乃为堂曰:宝绘。藏古今法书名画,常以古人所画山水置于几案屋壁间,以为胜玩。"这段记载很有代表性。宋代,随着高型坐具等家具体系的完善,以及卷轴等书画装裱形式的普及,士夫已经可以在书房这样相对封闭的空间中完成几乎所有收藏赏鉴活动。反之,文人主要活动空间的定型,也促进了书画艺术、文房用具的发展和普及。这是一个时代社会风物相互影响渗透的结果,在宋人的许多绘画作品中,亦有图像佐证。另一种则是他的私家园林——西园。宝绘堂作为私人博物馆,具有相当的私密性,而西园作为私家园林则承担了与朋友们诗词唱和、藏品赏鉴、饮酒作乐的重要功能,由此也诞生了历史上继兰亭雅集之后,另一个影响深远的文化现象——西园雅集。西园的风绪一直吹到南宋末年,权倾一时且收藏富可敌国的贾似道,在其"贾氏园林"中也曾广邀士林宾客,四方献颂、盛极一时。但这些士夫的赞词,多为阿谀奉承,早已不复北宋的风骨与雅致。

西园位于当时汴梁城安远门外永宁坊,为神宗所赐,有园林之胜。关于王诜举办西园雅集的具体时间、参与人数、举办次数等,学界众说纷坛。通常认为有16人参与了雅集，分别是：主人王诜，客人苏轼、苏辙、黄庭坚、米芾、蔡肇、李之仪、李公麟、晁补之、张耒、秦观、刘泾、陈景元、王钦臣、郑嘉会、圆通大师。仅就这个名单而言，可谓"冠盖满京华"，苏轼及"苏门四学士"——黄庭坚、晁补之、张耒、秦观均在邀请之列。苏轼、王诜、米芾、李公麟等不仅是艺术家，也是收藏家，且有8人在"乌台诗案"中因与苏轼有交集而受到牵连，因此也带点"政治团体"的意味，中心人物与精神领袖非苏轼莫属。这批人也被视为北宋后期时尚与趣味的象征。

西园雅集在后人的想象中，美得似乎有些梦幻。历史上借用西园雅集绘制的画作，数量繁复且多属精品，宋代就有李公麟、马远、刘松年分别绘制的《西园雅集图》。李公麟的《西园雅集图》是王诜为纪念这次雅集的邀约之作，从目前流传的版本中可见，画中仆人在石几上摆满了古物供大家品鉴。米芾《西园雅集图记》中有"下有大石案，陈设古器瑶琴，芭蕉围绕"的记录，可与画参证。这都说明，藏品赏鉴是西园雅集的重要内容。收藏进入如此盛大的社交场合，足见在当时士夫阶层中的普及和流行。此外，专门描写文人品鉴文物艺术品的"博古图"，也是宋人绘画的重要题材，比如刘松年的《博古图》，画中几位雅士低头欣赏古器物，有的还拿起器物仔细端详，旁边的侍女对视议论、交头接耳，颇有风雅闲适的趣味，与"西园雅集"题材所展现的赏玩藏品的主题非常相似。

宋之后，历朝画家都有"博古图"行世，题材也更加多元，有的以雅士赏鉴为主，属于典型的人物画范畴；有的以描绘古器物和花鸟为主，是花鸟画的一种独特表现方式。"博古"绘画发展到今天，载体愈加丰富多元，除了传统的纸绢作品，有的还绘于瓷器、建筑之上，成为一种极具装饰意味的图案。这也是宋人留下的遗产：收藏深度影响了艺术和生活。

南宋末年，宋帝国风雨飘摇。被认为专权误国的贾似道，则是宋代历史上最后一位，可能也是最大的私人收藏家。他专门修建"多宝阁"储放藏品，一日一登玩，对藏品的搜访更是无所不用其极。他不仅想方设法将内府珍藏据为己有，还请门客广为搜集。听说余玠家藏有一条玉带，他便

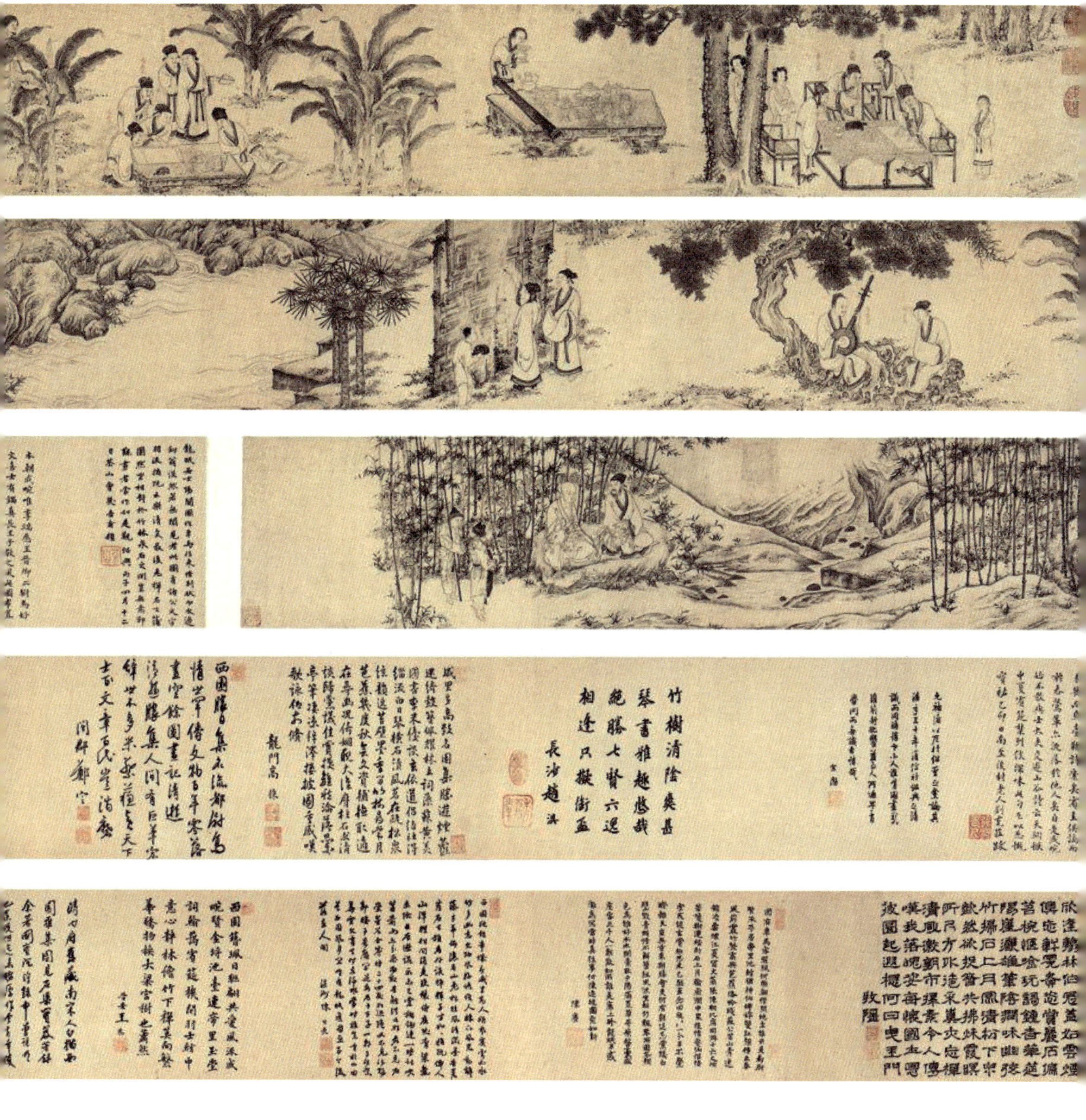

● 《西园雅集图》，水墨纸本，26.5cm×406cm，李公麟（传），北宋，中贸圣佳2005年春拍

《宣和画谱》收录李公麟作品107幅，《西园雅集图》不在其列。学界关于此图的探讨，近年来十分活跃。我们暂且不谈争议，仅就上图所绘而言，倒是为今人领略宋代文人的精神世界，提供了形象的参考。

此画为明代大画家沈周所绘，画中五人于山亭雅集，丛树掩映，高山流水。雅集活动被处理为山水的点缀，与通常以人物为主的雅集图有所不同。

派人索取,后来才知道玉带已随主人下葬。贾似道便命人到余家坟地挖掘,劫走了玉带。此类记载,颇与贾似道奸臣的形象合拍,但真实性有待商榷。上文所述的赵孟坚,也与贾似道过从甚密,就曾将唐画《马上娇》送给他。而赵孟坚誓死保护的"落水兰亭",后来也到了贾似道手中,可能为赵孟坚生前所赠。据说,贾似道家藏晋唐法帖达万轴,各种版本的"兰亭"达八千匣,书画无数,即便是内府也很难见到这些稀世珍宝,流传至今的顾恺之《女史箴图》、展子虔《游春图》等珍贵名画,都曾经其手。历史上关于贾似道死因的说法不一,流传最广的是被诛杀于厕所。贾氏亡后,家藏遭籍没,归为内府,南宋亡后则被元军掳走。

贾似道有御赐园林"后乐园",取范仲淹"先天下之忧而忧,后天下之乐而乐"的寓意。每年八月八日贾似道生日时,"后乐园"士夫云集,以唱和为乐,留下大量溜须拍马的颂词,陆叡①的《甘州·寿贾师宪》即为典型:

> 满清平世界庆秋成,看看斗三钱。论从来活国,论功第一,无过丰年。办得闾民一饱,馀事笑谈间。若问平戎策,微妙难传。
>
> 玉帝要留公住,把西湖一曲,分入林园。有茶炉丹灶,更有钓鱼船。觉秋风、未曾吹著,但砌兰,长倚北堂萱。千千岁,上天将相,平地神仙。

南宋行将终结之际,此类令人反胃的谄媚之作,在一群士夫中间堂而皇之地吟诵,确实与北宋士林的风雅不可同日而语。不过,贾似道的收藏确实是宋代收藏史的一抹绚烂晚霞,光彩夺目之后,便瞬间消隐了。

北宋时期的宰相丁谓,其藏品也是死后被籍没。董逌在《广川画跋》中就记有《留瓜图》一条,起首称"秘阁收丁晋公籍入画",此《留瓜图》就是籍没丁谓的家产之一,后进入秘阁收藏。但总体而言,此类情况在宋代

---

① 陆叡(?—1266),字景思,号西云,会稽(今浙江省绍兴市)人,宋代官吏、词人。绍定五年进士,官至集英殿修撰,江南东路计度转运副使兼淮西总领。

● 《围炉博古册》(册页),绢本设色,31.8cm×37cm,
陈枚,清代,北京故宫博物院藏

　　此画为《月曼清游图册》之一。《月曼清游图册》描绘了清代宫廷嫔妃
一年十二个月的宫廷生活。画中妇人闲聚在一起,欣赏画作,案几上则
摆放着各类古器物和书籍,颇为文雅。此画为宋代以来雅集与博古题材
流传至清代的见证。时至今日,"博古图"也屡见不鲜,为画家所钟爱。

● 《游春图》(局部),绢本青绿设色,43cm×80.5cm,
展子虔,隋代,北京故宫博物院藏

此画用青绿着山水,用泥金描山脚,用赭石染树干,开唐代金
碧山水先河,是展子虔传世的唯一作品,也是迄今为止存世最古的
画卷,堪为传世国宝。

并不多见,倒是明代屡有发生。不管怎样,再好的建筑与园林,最终也会化为墟里孤烟,只能是藏品的暂时栖身地。谁也无法阻挡历史对藏品的洗牌,更别说天灾人祸了,像韩琦、宋绶这样的家族藏书能够延续几代,已属幸运。

综合起来,宋代士夫收藏的命运,大致有这么几类:完整继承,比如韩琦、宋绶等人的藏书;递传有序,比如士夫阶层大量的购买、交换等,促进了藏品在民间的流通,也起到了对藏品的保护作用;天灾毁灭,比如苏轼的藏墨,陆游在《老学庵笔记》中记载,苏轼被贬廉州后,六月渡江"舟败,亡墨四箧,平生所宝皆尽";政治销禁,苏轼死后,其作品经历"元祐党人碑"的政治销禁,书法、绘画以及诗词文章被大量销毁,但因民间的珍爱,依然留下来2700多首诗、300多首词和4800多篇文章,以及许多书法作品(今存署名苏轼的画作极少);战争散佚,比如赵明诚、李清照夫妇在靖康之乱时大量藏品被舍弃或丢失。凡此种种,几乎与皇家收藏的命运一样。

疑古与正史

宋朝是一个学术昌明的时代,空前壮大的士夫阶层把政治抱负与个人志趣有机融合,在入仕为官之余,醉心于著书立说和学术研究,创造了灿烂的"宋型文化","宋学"也因此备受后人瞩目。在宋人流派纷呈的学术思想中,不得不提"疑古"。他们对前世流传的经典和思想,普遍抱有怀疑和审问的态度,并进行了精深的研究。其中,号称宋代"疑古第一人"的欧阳修,影响最为广泛和深远。他以史家的敏锐和洞觉,发现《诗序》中自相抵牾的问题,否定了传统的子夏序《诗》说,开宋人疑《诗序》之端,从而打破了汉代以来《诗经》研究的僵局。《四库全书总目提要》对此给予高度评价:"自唐以来,说《诗》者莫敢议毛、郑,虽老师宿儒,亦谨守《小序》,至宋而新义日增,旧说几废,推原所始,实发于修。"不仅在史学研究上敢于"疑古",欧阳修还领导了北宋初期的诗文革新运动,从而开创了新的文风,并以其"伯乐"的眼光发掘了苏轼、苏辙、曾巩等一大批后学。即便是同时代的王安石,也对其赞誉有加:"则如公器质之深厚,知识之高远,而辅学术之精微,故充于文章,见于议论,豪健俊伟,怪巧瑰琦。"

学术上"疑古"的欧阳修,其实也是"嗜古"之人,毕生醉心于金石碑帖收藏,堪称大家。欧阳修"疑古"与"嗜古",听起来似乎有点矛盾,其实这是一枚硬币的两面,正谬需要可靠的佐证,而这个佐证,恰恰有赖于收藏。对经典的著述乃至对经典本身的怀疑,促使当时的欧阳修等一大批学者开始寻求可靠的文献材料,并以此来纠正典籍的错讹之处。古人留下的那些金石铭文则因其原真性、可靠性颇受关注,宋代金石学也因此在士夫阶层中大兴。正因此,欧阳修提出了"正经补史"的收藏观,为宋人的嗜古提供了崭新的理论支撑,在正统的学术研究上找到了收藏的正当性。我们也就不难理解,为什么宋代经学和史学研究中的"疑古"之人,比如欧阳修、刘敞等人,也都是金石收藏的大家。这与宋代皇帝们热衷金石收藏而刻意复古的做法,虽然有着微妙区别,但上下同好,共同造就了历史上第一次金石收藏热和金石学研究的高峰。

自号"六一居士"

熙宁三年(1070)九月七日,欧阳修写下《六一居士传》,解释了自号"六一居士"的由来。这篇文章经常被收录于后世的各类文选,知名度颇高。但鲜有人知道,"六一居士"还承载了他的另一个身份——收藏家。此文不长,抄录如下:

> 六一居士初谪滁山,自号醉翁。既老而衰且病,将退休于颍水之上,则又更号六一居士。
> 客有问曰:"六一,何谓也?"居士曰:"吾家藏书一万卷,集录三代以来金石遗文一千卷,有琴一张,有棋一局,而常置酒一壶。"客曰:"是为五一尔,奈何?"居士曰:"以吾一翁,老于此五物之间,是岂不为六一乎?"客笑曰:"子欲逃名者乎?而屡易其号。此庄生所谓畏影而走乎日中者也。余将见子疾走大喘渴死,而名不得逃也。"居士曰:"吾固知名之不可逃,然亦知夫不必逃也。吾为此名,聊以志吾之

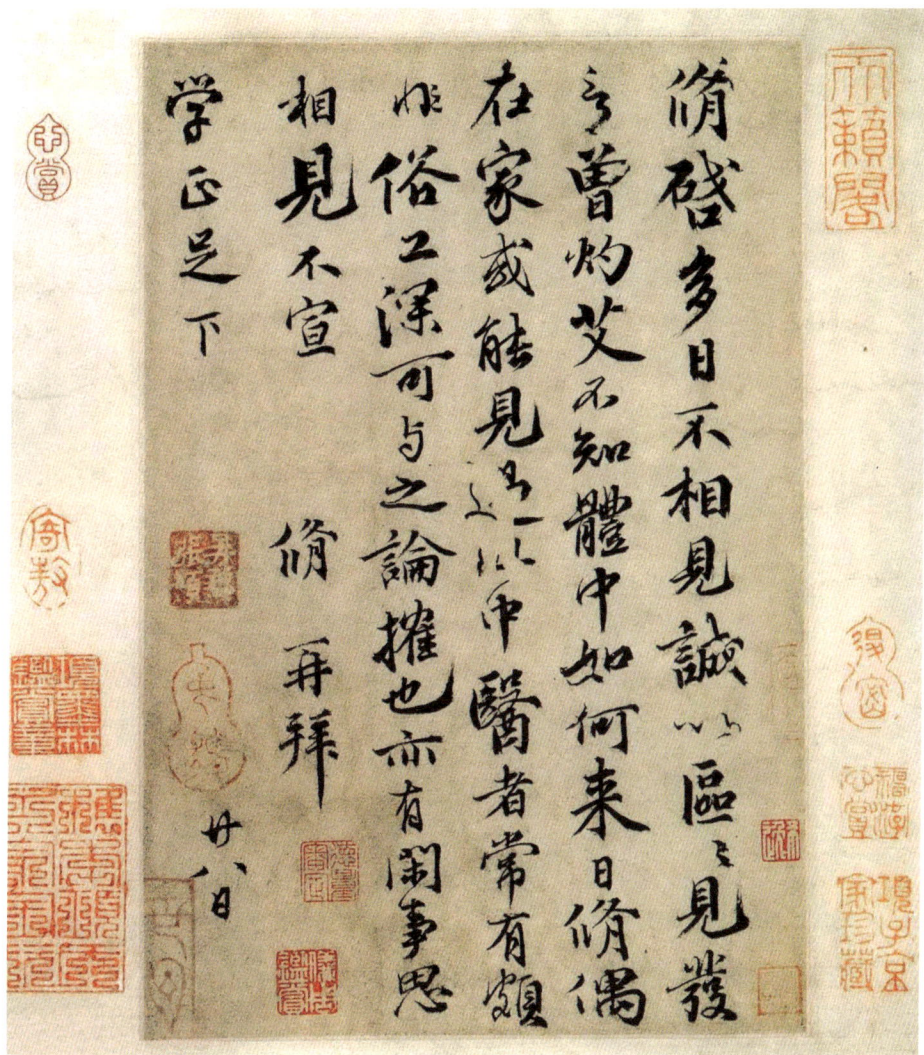

● 《灼艾帖》，纸本墨笔，25cm×18cm，
欧阳修，北宋，北京故宫博物院藏

　　欧阳修不以书法名世，但所谓字如其人，其书法一派温文尔雅之中，透
露着险劲新丽。欧阳修4岁时丧父，其母非常重视子女的教育，用芦苇秆在
地上教欧阳修识字，这就是成语"画荻教子"的由来。

乐尔。"客曰："其乐如何？"居士曰："吾之乐可胜道哉！方其得意于五物也，泰山在前而不见，疾雷破柱而不惊。虽响九奏于洞庭之野，阅大战于涿鹿之原，未足喻其乐且适也。然常患不得极吾乐于其间者，世事之为吾累者众也。其大者有二焉，轩裳珪组劳吾形于外，忧患思虑劳吾心于内，使吾形不病而已悴，心未老而先衰，尚何暇于五物哉？虽然，吾自乞其身于朝者三年矣，一日天子恻然哀之，赐其骸骨，使得与此五物偕返于田庐，庶几偿其夙愿焉。此吾之所以志也。"客复笑曰："子知轩裳珪组之累其形，而不知五物之累其心乎？"居士曰："不然。累于彼者已劳矣，又多忧；累于此者既佚矣，幸无患。吾其何择哉？"于是与客俱起，握手大笑曰："置之，区区不足较也。"

已而叹曰："夫士少而仕，老而休，盖有不待七十者矣。吾素慕之，宜去一也。吾尝用于时矣，而讫无称焉，宜去二也。壮犹如此，今既老且病矣，乃以难强之筋骸，贪过分之荣禄，是将违其素志而自食其言，宜去三也。吾负三宜去，虽无五物，其去宜矣，复何道哉！"

熙宁三年九月七日，六一居士自传。①

欧阳修在传记中这样描述自己的晚年生活：坐拥一万卷藏书，一千卷"三代"以来金石遗文，还有琴、棋、酒相伴。嗜古已经到了"泰山在前而不见，疾雷破柱而不惊。虽响九奏于洞庭之野，阅大战于涿鹿之原，未足喻其乐且适也"的程度。这就是欧阳修鲜为人知的一面——宋代开风气之先的收藏家，金石学著作《集古录》与《集古录跋尾》的作者。仅此一项便可留名青史，何况他还是当时的文坛宗主，家喻户晓的政治家、文学家和史学家。

---

① 宋·欧阳修撰、周济夫编《欧阳修诗文选译》，巴蜀书社，1991年，第277至282页。

"正经补史"的历史使命

　　欧阳修对收藏的兴趣,源于孩童时期。10岁时,他从随州李尧辅家中获得唐代诗人韩愈《昌黎先生文集》六卷,甚爱其文,反复阅读。这称得上欧阳修最早的收藏。吕肖奂在其《欧阳修的集古理念及其集古诗文研究——兼及北宋官僚士大夫文人的第一次收藏热》中认为:"他的这次偶然收藏行为,只是好读书而又家贫无力购书的客观条件造成的。而这最初的无意识行为,成为日后欧阳修有意识集古的起点。此后古本书籍一直是欧阳修集古的重心之一。欧阳修还因这首次的集古,而奠定了后来学韩愈古文以及领导古文运动的基础。"

　　欧阳修的收藏行为几乎贯穿了其整个人生。特别是为官之后,无论走到哪里,他都留意金石古器和文献。凭借亦官亦学的身份和超高的社会声望,他在留心搜集之余,还借助同僚、朋友、门生等的帮助,或是请人摹拓,或是刘敞①等人馈赠,达到了"莫不皆有"的程度。就在去世前三个月,他还在为《前汉雁足灯铭》题写跋语。在《集古录目序》②中,欧阳修颇为自豪地说:"予性颛而嗜古,凡世人之所贪者,皆无欲于其间,故得一其所好于斯。好之已笃,则力虽未足,犹能致之。故上自周穆王以来,下更秦、汉、隋、唐、五代,外至四海九州,名山大泽,穷崖绝谷,荒林破冢,神仙鬼物,诡怪所传,莫不皆有,以为《集古录》。"

　　欧阳修在《集古录跋尾》中记录《唐孔子庙堂碑》的搜集过程时,也提到:"余为童儿时,尝得此碑以学书,当时刻画完好。后二十余年复得斯本,则残缺如此。因感夫物之终敝,虽金石之坚不能以自久,于是始欲集

---

① 刘敞为欧阳修同时期金石收藏家,最为珍惜刻有铭文的青铜器,且与欧阳修交好,对宋代金石学发展亦有重要贡献。他出任永兴军路安抚使时,长安的古墓很多,经常出土上古器物。刘敞搜集到先秦鼎彝十多件,考订文字,请工匠摹勒刻石、绘像,撰《先秦古器记》一卷,有图录、铭文、说赞。刘敞著录已失传,从欧阳修《集古录》所收先秦古器可见大概。
② 《集古录目》为熙宁二年(1069)欧阳修命其子欧阳棐编录,欧阳修为此书撰序并请蔡襄题写。

录前世之遗文而藏之。殆今盖十有八年，而得千卷，可谓富哉！"这段记录能够说明两个问题，一是他的确从孩童时期就对碑文等产生了浓厚兴趣，确实是兴趣使然；二是自己集古的原因是"感夫物之终敝，虽金石之坚不能以自久"。这说明，欧阳修的集古不仅仅是出于个人喜好。作为史学家，他通过集古，自觉地承担了"正经补史"的文化使命，以期为后世留下宝贵的文化遗存，"以传后学"，"亦可为朝廷决疑议也"。其子欧阳发在《先公事迹》中进一步解读："先公平生于物少所嗜好，虽异物奇玩，不甚爱惜，独好收蓄古文图书。集三代以来金石铭刻为一千卷，以校正史传百家讹谬之说为多。藏书一万卷，虽至晚年，暇日惟读书，未尝释卷。"作为当时的文坛领袖，欧阳修"校正史传百家讹谬之说"的理念，把金石学纳入史学范畴，摆脱了"耽于兴致"的收藏局限，对宋代金石收藏和研究产生了巨大影响。

十八年写成《集古录》

欧阳修一生的收藏成就，主要集中于《集古录》与《集古录跋尾》。《集古录》今已不传，我们目前能见到的是《集古录跋尾》。这两本书，凝聚了他在集古领域的毕生心血。在请蔡襄书写《集古录目序》的信中，欧阳修自称为了编写《集古录》，从庆历五年（1045）到嘉祐七年（1062），花费18年时间。这18年，他尝尽了被降职贬出京城，又被召回京城担任要职的坎坷，无论是顺境还是逆境，都没有停止著录。这种持之以恒的精神，确实令人敬佩。《云麓漫钞》记有一则欧阳修对隋代书法家丁道护所书《兴国寺碑》的跋语，其中称：

余所集录开皇、仁寿、大业时碑颇多，其笔画率皆精劲，而往往不著名字，每执卷惘然，为之叹息，惟道护能自著之，然碑刻在者尤少，余家《集录》千卷，止有此尔。有太学官杨褒者，喜收书画，独得其所书《兴国寺碑》……欲求其本，为不知碑所在，然不难得则不足为佳物。古人亦云，百不为多，一不为少者，谓此也。①

这段文字也收录在欧阳修的《集古录跋尾》中。《云麓漫钞》所录，个别文字与《集古录跋尾》有所出入。从中可见，欧阳修面对藏品"执卷惘然，为之叹息"，确实是投入了太多精力和感情。在他看来，历尽艰辛而有所收获，不仅值得，而且乐在其中。所谓"不难得则不足为佳物"，绝非自我宽慰之语。而且，他有一种自觉的"精品意识"，高度认同"百不为多，一不为少"。这种收藏理念，也是他成为大藏家的重要原因之一，今人亦应从中借鉴。

《集古录》收录了1000余种钟鼎等金文及刻石文字的拓片。该书完成后，欧阳修又花费数年时间，对其中380多种碑铭进行了详细考证与辨识，并亲自书写跋文，这就是著名的《集古录跋尾》。在《集古录跋尾》中，欧阳修以历史学家、文学家、书法家的眼光审视《集古录》中的文字，进行了详细考证。我们从《集古录跋尾》中，可以领略其险劲新丽的书风。

欧阳修作为宋代金石文献收藏第一人，无论是收藏数量还是质量，都达到了当时的最高水准。虽然在他之前，宋人已有金石学的著述，但正是从他开始，金石集古著录才正式成为一门学问，引发了宋代金石学的兴盛。可以说，欧阳修对金石文献的搜集、整理和研究，为宋代金石学做出了开创性贡献。"自予集录古文，时人稍稍知为可贵，自此古碑渐见收采也。"这段自评，实非自诩。

欧阳修之后，宋人对金石的著录渐成风气，赵明诚的《金石录》则堪称"集大成者"。赵明诚出身显宦，作为"李清照背后的男人"，似乎被夫人李清照的光彩所遮掩，但实际上，他也是宋代金石收藏的大家。靖康之乱

① 宋·赵彦卫《云麓漫钞》，张国星点校，辽宁教育出版社，1998年，第152页。

山卷歐陽文忠公集古錄跋尾四首漢西嶽
華山碑次淳楊公碑次平泉羊本記次陸
文學傳皆士藏書也其字皆高情之趙德父辭
元吉來文之龍之澄容高情公題誠誠寶
既如流傳好事多矣今婦手謹識
而緘藏祥觀不饒拜手謹識
永樂十年夏五月四日豫章後學胡儼識

宋朝名儒鉅公多喜為好古博雅無此歐陽公
焉吾於集古一錄恩之普司馬遷作史記次先儒以
文學傳雅不足至歐公修五代史後世無聞而識以
為博雅之至不能趋雅然二十代金石遺文而無
信非博雅之至不能趋雅然二十代金石遺文而無
此錄原年令其未派藏者辭矢令忠公先錄
而永傳于世盖博雅之中石有忠厚之寬君焉
公沒之後世之名儒墨公為人孙所逼文多維存之
而不派即為善頋報名建也此世段後展典印
本同共及兩字詳著諸情石論可審庭不復質
天順二年歲次戊寅秋七月□□二日後學
南陽孝員書

戊戌仲冬廿六夜再觀

壬寅歲除日於東葉郡宴堂
重觀舊題不覺悵然時年
四十有三矣

米老識前筆信不識
公時紙理起其風采內戌八
月旦謹題

歐陽文忠公集古所錄盖千卷也
頃當見其曾孫當世家尚二百
本但波尾及一二名公題字其石
刻謂雜亂後逸之爾今觀此四紙
自趙德父來則在崇寧間巳散落
也不然堂具篆那以校文集所藏
多託外悅略是當為正而楊君碑
文集則無惟中宗作仲宗建武
之元作孝武恐却乃筆誤也然
德父平生自編金石錄亦二千卷
又倍於文忠公今復安在公所謂君
子之藝不朽不託於事物而傳者
真知言哉我三復嘆息淳熙九年
重五日潁川韓元吉書

先賢遺蹟

● 《集古录跋尾》，纸本墨笔，28.1cm×553.5cm，
欧阳修，北宋，台北故宫博物院藏

此卷凡五十八行，每行字数不一，共七百九十二
字。《集古录跋尾》共十卷，现存欧阳修亲书文稿四
纸，见上图。

家居書　右真蹟

自余集錄古文所得三代器銘必問於楊南仲章友直暨集錄成書而南仲友直相繼以死古文奇字世罕識者而三代器銘亦不復得矣治平三年七月二十八日日一字孟饗攝事太廟齋宮書　右真蹟

終南古敦銘元第二百四十一

右終南古敦銘大理評事蘇軾為鳳翔府判官得古器於終南山下其形制與今三禮圖所畫及人家所藏古敦皆不同初莫知為敦也蓋其銘有寶尊敦之文遂以為敦爾　右集本

叔高父煮旅一作簠銘元第四十一

六一

卷一

（篆書銘文）　此蓋銘

（篆書銘文）　此腹銘

右一器其銘云叔高父作煮簠萬年子子孫孫永寶用其容四升外方內圓而小塙之筌之略似甌有首有尾有足有腹有甲也今禮家作簠內正圓外方正刻蓋正為鋸形猶有近也不全與古同耳

此銘刻原父在永與得古銅簠模其以見寄其後原父所書也禮家作簠傳其說不知其形制故名存寶亡此器可

朱氏槐廬叢伏刊

六三

《集古录跋尾》书影，见《集古录跋尾集古录目》，欧阳修、欧阳棐撰，上海古籍出版社，2020年，第62至63页。此本依据光绪十三年朱氏行素草堂刊本为底本。

时，逃难中的赵明诚患病身亡，留下《金石录》手稿。南渡后，李清照重新整理，《金石录》才得以行世。可以说，《金石录》是夫妻二人共同的心血。

《金石录》体例仿照了欧阳修的《集古录》，踵事增华而有"出蓝之色"，共收录赵明诚夫妇二人所见从上古三代至隋唐五代以来，钟鼎彝器的铭文款识和碑铭墓志。全书前十卷为目录汇总，逐篇记录了金石拓本的题目、撰者姓名及时间；后二十卷为题跋，注重考订史实，纠正前贤及典籍中的错谬，较之欧阳修的《集古录》更为严谨周详，且篇幅远大于前者。《金石录》与《集古录》并驾齐驱，人们也因此称宋代的金石学为"欧赵之学"。我们可以从李清照带有明显自传性质、文笔清丽婉转的《金石录后序》一文，窥见这对历史上著名夫妻关于收藏的点滴。

如今，在研究金石学的演进历程时，大多数学者将金石学从萌芽到衰落分为五个时期，其中，宋代为金石学肇创演进期，清代为金石学兴盛期。有学者认为，宋代金石学没有形成真正的"显学"，藏家及著录虽多，但多集中于士夫，民间对金石的收藏著录并没有形成普遍风气，与清代金石学的兴盛存在区别。此言不谬，但从另一个角度分析，这恰恰与宋代收藏的精英化特征相吻合，特别是金石收藏需要拥有广博的人脉、深厚的学养、殷实的生活等必备因素，具备这些条件的，也只能是那些显贵的士夫。因此，纠结于宋代金石学是否为"显学"，也就不那么重要了，重要的是欧阳修等人留下的这笔遗产。而仅从这笔遗产的角度考量，宋代金石学绝对称得上金石学发展历程中的第一个高峰，特别是宋人的收藏思想和研究范式，对后世金石收藏和金石学的发展起到了重要作用。只可惜宋代去今甚远，许多金石器物和著录并没有流传下来。

考古与图谱

　　2006年1月中旬,一起骇人听闻的盗墓案,让沉睡近千年的"蓝田吕氏四贤"进入公众视野。媒体称,这是陕西省自1949年以来最大的古墓盗掘案,古墓主人就是我国文物考古鼻祖、北宋著名金石学家吕大临的"吕氏四贤"家族。在追缴的119件文物中,计有西周乳钉纹铜簋,汉代朱雀铜熏炉、盖鼎、盘、镜、灯,三国重列式神兽章纹铜镜,北宋"政和元年"铭歙三足砚,錾花铜匜,菊瓣形双龙纹白石盘,螺杯盏,石单耳杯,镶银青釉执壶,"湖州照子"铭铜镜,镏金铜箸、匙,以及宋代青釉刻花花口瓶,镶银花口青釉刻花钵,包金包银青釉瓷盏托,蚌雕围棋子等。经陕西省文物专家鉴定,"政和元年"铭歙三足砚、镶银青釉执壶、镶银花口青釉刻花钵为一级文物,西周乳钉纹铜簋等11件为二级文物。这些珍贵文物,大都为吕氏兄弟生前收藏并陪葬入土。特别是部分宋代以前的铜器,上有宋刻铭文和墨书题记,足以证明收藏者对其宝爱有加,更是宋人集古、录古的实物见证。此案经媒体报道后,不仅在文物考古界引发广泛关注,也成为街头巷尾热议的话题。对于不熟悉考古的人来说,宋墓中发现了宋以前的古物,颇能吸引眼球,引发遐思。

　　专家考证,根据出土文物上的铭文及墨书题记,被盗墓葬的下葬年代不早于政和年间(1111—1118),而吕大临早在元祐八年(1093)①就去世了。因此,这批盗掘出的文物显然不属于吕大临。但这并不重要,此案让今人得以领略吕氏家族的旧藏,为我们研究宋代收藏史提供了极为丰富的实物资料。如今,这批藏品中的精华部分,被安放于陕西省历史博物馆,相对于该馆那些颇具噱头的"镇馆之宝",似乎"星光黯淡"了一些,游客也往往把吕氏兄弟将收藏品陪葬入土作为噱头,满足好奇之心。其实,仅凭吕氏兄弟在历史上的影响和吕大临在收藏史中的地位,这批藏品就足以让我们惊叹。

"蓝田四吕"名不虚传

历史上,能与"峨眉三苏"(老爸苏洵,儿子苏轼、苏辙)相媲美的,即为"蓝田四吕"——吕大防、吕大忠、吕大钧、吕大临四兄弟。吕氏四兄弟出身于世代书香官宦之家,先祖为汲郡(今河南省汲县)人,北宋时移居陕西蓝田。吕氏兄弟以儒为本,浸染禅学,热心文事,对宋代的文化界产生了深远影响。四兄弟中,吕大防官位最高,哲宗元祐年间曾任宰相。任永寿县县令时,采用《考工》中的水地置泉法引水为渠,世称"吕公泉"。吕大忠任陕西路转运副使期间,因《石台孝经》所在唐"尚书省之西隅"地势低洼、水漫碑扑等原因,将石经"徙置于府学之北墉",即为今西安碑林。吕大忠因此被人誉为西安碑林的创始者。吕大钧是北宋"关中学派"②的代表人物,撰写了中国历史上第一部成文的村规民约"吕氏乡约",引起一时侧目与争论。吕氏兄弟还做过一件在今人看来几乎是"不可思议"

---

① 吕大临生卒年存有争议。李如冰在《吕大临生卒年及有关问题考辨》中,根据方志、家谱、别集、石刻等材料,认为吕大临生于仁宗康定元年(1040),卒于哲宗元祐八年(1093)。笔者从此说。
② "关中学派"萌芽于北宋庆历之际,至张载而创立。因张载是关中人,故称"关学",又因张载世称"横渠先生",又有"横渠之学"的说法。

的大事,就是绘制地图——《长安图》。赵彦卫的《云麓漫钞》载:

> 《长安图》,元丰三年正月五日,龙图阁待制知永兴军府事汲郡吕公大防,命户曹刘景阳按视,邠州观察推官吕大临检定。[①]

后人对古长安城市风貌的还原,多依据此图和相关记录。可惜的是,《长安图》没有完整地流传下来,今仅存残碑,被学者誉为"现存碑刻最早、幅面最大、范围最广、注记最多的古都平面图"。

吕大临,字与叔,在四兄弟中年龄最小,但成就最大,初以门荫入仕,后中进士,哲宗元祐年间任秘书省正字。《宋史》中记载,吕大临"学于程颐,与谢良佐、游酢、杨时在程门",是著名的"程门四先生"之一。实际上,他先是拜张载为师,后来改随程颐兄弟,与吕大忠同为"关学"思想家。他"通六经,尤邃于礼。每欲掇习三代遗文旧制,令可行,不为空言以拂世骇俗"。吕大临的思想虽然带有思辨色彩,但为学务求身体力行。他关心时事,针对当时政坛任人唯亲的积弊,做出了"夫为国之要,不过得人以治其事,如为治必欲得人,唯恐人才之不足,而何患于多"的感慨,主张改革考试方法和学制,选拔真才实学之人,任用之后还应勤于考察,留职或提拔胜任者,降职乃至罢黜不胜任者。这些主张在今天看来,依然颇有见地。范祖禹[②]认为吕大临"好学修身如古人",曾向哲宗推荐其担任太学讲官,但未及抵任,吕大临便撒手人寰,时年47岁。

吕大临去世后,时人多有悼念。苏轼晚年游蓝田,有《吕与叔学士挽词》诗:"言中谋猷行中经,关西人物数清英。欲过叔度留终日,未识鲁山空此生。议论凋零三益友,功名分付二难兄。老来尚有忧时叹,此涕无从

---

① 宋·赵彦卫《云麓漫钞》,张国星点校,辽宁教育出版社,1998年,第86页。案:今存《长安图》残碑记载为元丰三年五月五日,与赵彦卫记载有出入。碑文所记应更为准确。
② 范祖禹(1041—1098),字淳甫,一字梦得,成都华阳人。北宋著名史学家,"三范修史"(即范镇、范祖禹、范冲)之一。著有《唐鉴》十二卷、《帝学》八卷、《仁宗政典》六卷。《宋史本传》又著文集五十五卷,《宋史·艺文志》并行于世。

何处倾。"恩师程颐三年后回忆"关西学者相从"的情景,仍然"思与叔之不幸早死,为之泣下"。

《考古图》开创的"读图时代"

　　吕大临一生著述甚丰,见录于《文献通考》等的有《易章句》一卷、《芸阁礼记解》十六卷、《论语解》十卷、《中庸解》一卷、《老子注》二卷、《玉溪集》二十五卷、《玉溪别集》十卷、《西铭集解》一卷、《编礼》三卷,但这些著述惜未传于后世,只留下《考古图》十卷,这也凸显了他作为收藏家和金石学家的历史地位。

　　《考古图》的版本异常复杂,学者公认四库全书本《考古图》最接近原貌。该书成书于元祐七年(1092),为吕大临晚年所作,比欧阳修《集古录》晚了近30年,比徽宗时期金石学集大成者《宣和博古图》早10余年。相比于欧阳修《集古录》只著文字而无图录,《考古图》共收录了当时皇家和民间收藏的210件青铜器、13件玉器、1件石器,不仅收录金石器物上的铭文,而且摹写器物图像及尺寸大小,注明收藏家及出土地点,体例严谨,有疑则阙,尤其是所绘之图,一丝不苟,堪称我国现存最早的古器物图录和文物考古学奠基之作。有意思的是,北宋著名画家李公麟也醉心于金石古器物收藏,并著有同名《考古图》。吕大临在自己的《考古图》中收录了李公麟的68件藏品,为收录诸藏家中藏品最多的一位。其次是文彦博,他在仁宗时期与吕大临兄长吕大防同朝为官,官至宰相。此外,刘敞之子刘奉世也曾在元祐年间与吕大防同朝,《考古图》所录刘敞藏品,可能为刘奉世提供。据此,我们也可以了解吕氏兄弟在收藏领域的交谊圈,"蓝田四吕"的政治影响和社会声望,确实名不虚传。

　　吕大临的《考古图》是宋代金石学"图谱中兴"的重要著作之一,是那个"读图时代"的经典。后人更是将吕大临推崇为考古学的先驱,极尽溢美之词。但实际上,吕大临的集古,绝不是单纯的"赏玩",而是注重收藏与研究"经世致用"的价值,这与他作为"关学"思想家所秉持的"追三代遗风"理念不无关系。他在《考古图记》中说:"汉承秦火之余,上视三代,如更昼夜,梦觉之变,虽遗编断简,仅存二三,然世移俗革,人亡书残,不复想见先王之余绪……观其器诵其言,形容仿佛以追三代之遗风,如见其人矣。以意逆志或探其制作之原,以补经传之阙亡,正诸儒之谬误,天下后世之君子,有意于古者,亦将有考焉。"很显然,与其对秦汉以后的"遗编断简"进行解读和阐释,倒不如直接研究古器物,"观其器诵其言","正经补史",以利于后人。在这种思想的指导下,吕大临还对"玩物丧志"的收藏行为提出批评:"当天下无事时,好事者畜之,徒为耳目奇异玩好之具而已。"他还认为收藏"非敢以器为玩也"。

在欧阳修"校正史传百家讹谬之说"的基础上,吕大临更加明确地提出"非敢以器为玩也"的收藏态度,和"正诸儒之谬误"的集古思想,并将集古研究纳入了"补经传之阙亡"的实证范畴。这是他对欧阳修集古思想的完整继承和发展,也是其作为思想家的超越群伦之处。宋代收藏,特别是金石收藏与后世收藏的不同之处,就体现在对收藏学术价值的肯定与应用上,而非单纯的"以器为玩"或者是利益为先。这也是宋代士夫的抱负与传统,在看似"游于艺"的"外衣"下,范仲淹早就为他们埋好了理想的"里子"——"先天之忧而忧,后天下之乐而乐"。我们今天观察宋人的收藏行为,也应在孔子"志于道,据于德,依于仁,游于艺"的框架下思考。在那个"文艺复兴"的时代,收藏承担了知识分子追问历史、关照现实的重要责任。

宋代是一个图式滥觞的时代,绘画艺术开创了流民图、耕织图、雅集图、博古图等影响深远的题材范式,学术研究也诞生了《考古图》这样图文并茂的著录体例,对当时及后世均产生重大影响。绍兴三十二年(1162),南宋人依《考古图》体例编著了《续考古图》,收录金石古器物100件。而吕大临因为在著录中使用了"考古"二字,更令人将现今的考古学

右得於京兆高四寸有半深三寸六分縮尺
有一寸衡七寸半容斗有二升四合銘一百
五十七字
按此簋容受亦與旅人不同

考古圖（外二種）上

一五三

螭耳敦 內藏

考古圖卷三

一五三

●　《考古图》书影，见《考古图（外二种）上》卷三，
第153页，浙江人民美术出版社"古刻新韵"辑八

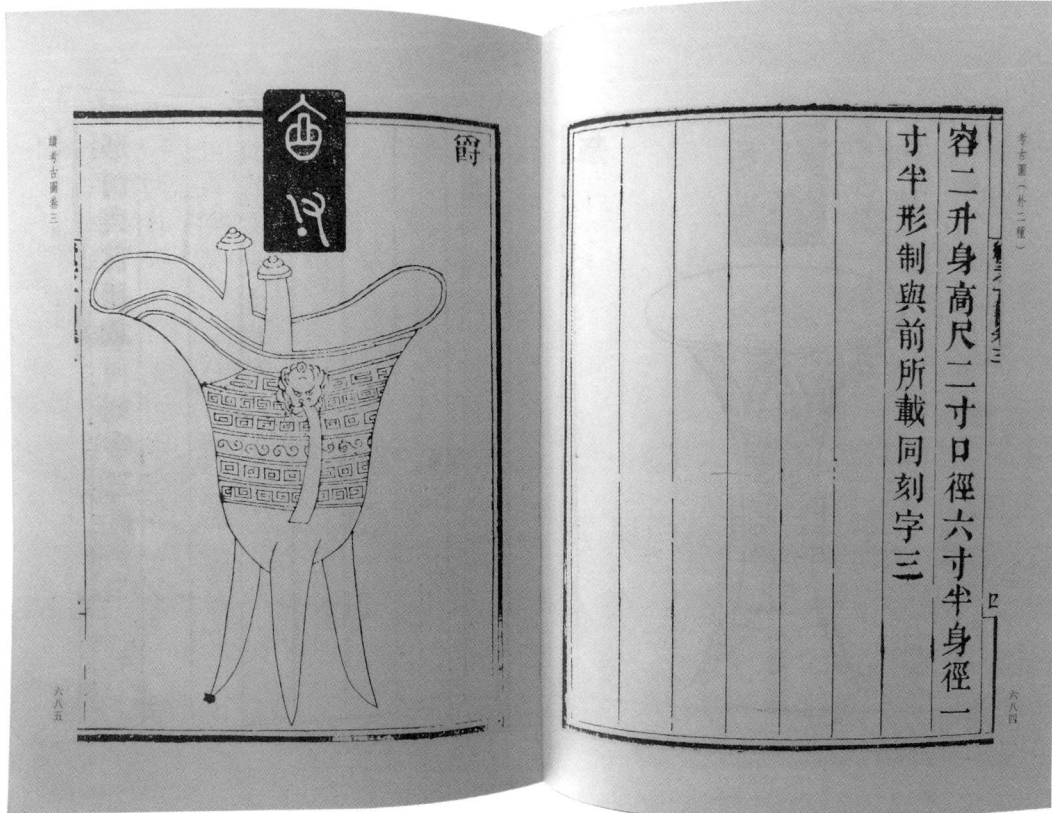

爵

考古圖（外二種）

寸半形制與前所載同刻字三

容二升身高尺二寸口徑六寸半身徑一

● 《續考古圖》書影，見《考古圖（外二種）下》卷三，
第685頁，浙江人民美術出版社"古刻新韻"輯八

与其并论,不吝溢美之言。其实,吕大临不是第一个提出"考古"二字的人。在此之前,北魏郦道元《水经注》中就有"考古知今,事义全违"的说法,唐玄奘《大唐西域记》中也有"阅图考古,更求仙术"的记载,但正是到了吕大临的《考古图》,才定型了宋代金石学的研究,使金石学朝着考证文字、兼及图像两个分支发展,并奠定了今日考古学的雏形和"左图右史"的史家治学方法。"索象于图,索理于书",今人依然沿袭着这个古老的方法研究历史,陈平原更是将晚清画报研究的著作,直接取名为《左图右史与西学东渐》。

寓意与留意

　　苏轼在宋代收藏史中属于一个独特的存在,他不以藏品的丰富和量级取胜。围绕在苏轼身上的收藏故事,以及苏轼关于收藏的交游、唱和、题跋、诗文,才是最值得关注且最有价值的内核,这也是苏轼作为欧阳修之后收藏界"朋友圈"核心的意义所在。与那些"嗜藏成痴"以及明确提出"正经补史"的藏家不同,他把收藏深度融入了生活,使宋代士夫的收藏行为多了一份诗意的美学趣味。

　　收藏是一种浓厚兴趣支配下的行为,但又不仅仅是兴趣。欧阳修等人把收藏作为"正经补史"的研究来对待,虽然也是兴趣,但多少有点正襟危坐的严肃。宋代的艺术家特别是苏轼,对待收藏的态度更具艺术气质。苏轼正式提出"君子可以寓意于物,而不可以留意于物"的收藏观,并得到当时苏门弟子的响应。这种观念同样基于儒家伦理,但更具人性光辉,使收藏在理论上摆脱了"玩物丧志"的嫌疑和诟病,与"正经补史"的理念一并构成了宋代士夫阶层的收藏观,影响远播,直至当代。

　　作为宋代士夫阶层主体意识高度觉醒的代表,苏轼在收藏领域给后人留下两大遗产:为收藏注入了生活美学的趣味,并赋予收藏以理性的思考。

苏轼的生活美学

苏轼称不上大收藏家，收藏品多集中于赏石、砚台等"杂项"领域，收藏数量也没有专门统计，更无专门著录。但苏轼有其独特之处，收藏已经深度融入他的日常生活，成为他人生不可或缺的一部分。特别是他在与友人的交往中，为收藏史留下了极其绚烂的一笔。下面，我们就以苏轼在黄州的四年零两个月为例，窥视其"收藏美学"和"交游艺术"。

神宗元丰二年（1079），苏轼因"谤讪朝廷"罪被投入监狱，这就是历史上的"乌台诗案"。四个多月后，苏轼被贬黄州。元丰三年（1080）大年初一，他和长子苏迈在差人押解下从京城出发，经过一个多月跋涉，于二月初一到达黄州。元丰七年（1084）三月，苏轼移任汝州团练副使。四月，一家人离开黄州。至此，苏轼在黄州生活了四年零两个月。在黄州期间，他的艺术才华出现"井喷"，留下许多经典，文有前后《赤壁赋》，词有《念奴娇·赤壁怀古》《定风波·莫听穿林打叶声》，书法则有有"天下第三行书"之誉的《寒食帖》。

黄州四年，苏轼有最好的朋友陈季常相伴。他在《寄吴德仁兼简陈季常》诗中有"龙丘居士亦可怜，谈空说有夜不眠。忽闻河东狮子吼，拄杖落手心茫然"之句，陈季常因此成了"河东狮吼"的"男主角"，被后世附会为"惧内"的喜剧形象，传至今日仍有沿用，电影《河东狮吼》就是当代版的解构。黄州期间，苏轼给陈季常写过一封信：

> 一夜寻黄居寀龙不获，方悟半月前是曹光州借去摹榻，更须一两月方取得。恐王君疑是翻悔，且告子细说与：才取得，即纳去也。却寄团茶一饼与之，旌其好事也。轼白，季常。廿三日。

● 《草书后赤壁赋卷》（局部），绢本墨笔，24.5cm×101.4cm，
赵昚，南宋，辽宁省博物馆藏

此为宋孝宗赵昚所书的《后赤壁赋》。孝宗为南宋第二
位皇帝。苏轼前后《赤壁赋》为后世艺术家所钟爱，明代祝
允明亦有《前后赤壁赋》书法行世。以观游赤壁为题材的
画作也屡见不鲜。

这封信,就是书法史上著名的法帖《一夜帖》,通体行书,舒展流畅,光彩照人。在苏轼传世尺牍乃至古代行书法帖中,《一夜帖》地位显要,不仅在书法上彰显了苏轼独有的书风,而且短短70字包含了丰富的历史信息。这是一个围绕收藏而发生的故事:可能是王君托陈季常向苏轼索要黄居寀的《龙》,苏轼找了一夜,才想起来是半月前曹光州借去临摹了,还要一两个月才能拿回。于是,他请陈季常向王君捎话,曹光州还画后就物归原主。苏轼还让陈季常代转团茶一饼,"旌其好事",聊表谢忱。黄州期间,苏轼围绕藏品借阅、交换、展玩、题跋、馈赠的例子,在他现存的诗文中多有记录。收藏活动如同一日三餐,已经深度融入苏轼的生活。

元丰三年(1080)正月,苏轼刚到黄州,赴岐亭看望陈季常,作诗《岐亭五首》之一,并为陈季常所藏《朱陈村嫁娶图》题诗二首。其中一首写道:"何年顾陆丹青手,画作朱陈嫁娶图。"

元丰三年(1080)四月,武昌供奉官郑文以一把古铜剑相赠,苏轼以《武昌铜剑歌并引》答谢。诗中写道:"细看两胁生碧花,犹是西江老蛟血。苏子得之何所为,刜缕弹铗咏新诗。"

元丰三年(1080)八月,成都大慈寺胜相院宝月大师惟简派徒弟孙悟清来黄州探望,并请苏轼作《胜相院经藏记》。苏轼在文中以"居士"自喻。同月,柳真龄赠送一把古铁拄杖,苏轼作诗《铁拄杖》答谢,诗中有"忽然赠我意安在,两脚未许甘衰歇"的感喟。

元丰三年(1080)十一月,苏轼以舍利授孙悟清,让孙悟清"使持归本院供养",并作《赵先生舍利记》,记录了得到舍利的过程。

元丰三年(1080)十二月,苏轼作《书蒲永升画后》与《石氏画苑记》。滕元发上任途中路过黄州,苏轼寄信滕元发以"未能晤画为怅"。苏轼为李琮代写《上神宗论京东盗贼状》,李琮为表谢意,以天台玉版纸相赠。

元丰四年(1081)正月,苏轼与陈季常在岐亭游玩,从古庙中得一尊应梦破面罗汉塑像。几天后,他将塑像装船自岐亭运抵黄州。同月,苏轼还收获白阳古镜,并作《书所获镜铭》记录得宝的详细过程:"元丰四年正月,余自齐安往岐亭,泛舟而还。过古黄州。获一镜,周尺有二寸……"

元丰四年(1081)二月,孙悟清在黄州陪伴苏轼长达半年之后,终于要返回成都。苏轼写信给宝月大师,让孙悟清一并带回自己收藏的吴道子释迦牟尼像,信中表达了把该画像送到胜相院供养的心愿。

元丰四年(1081)四月,于正月所得的罗汉塑像终于修复一新,苏轼将其安置于安国寺。作《应梦罗汉记》:"元丰四年正月二十一日,予将往岐亭。宿于团封,梦一僧破面流血,若有所诉。明日至岐亭,过一庙,中有阿罗汉像,左龙右虎,仪制甚古,而面为人所坏,顾之悯然,庶几畴昔所见乎!遂载以归,完新而龛之,设于安国寺。"

元丰四年(1081)五月,苏轼为唐林夫所藏的六位书法家作品题写跋语。

元丰四年(1081)六月,彦正判官赠古琴。

元丰四年(1081)九月,张方平生日,苏轼将去年八月柳真龄送他的古铁拄杖,作为生日礼物转赠张方平。

元丰五年(1082)二月,唐林夫为答谢苏轼在自己的藏品上题跋,赠一方丹砚。

元丰五年(1082)三月,苏轼至沙湖,在黄氏家得到泽州道人沉泥砚,作《书吕道人砚》,评价其砚:"泽州吕道人沉泥砚,多作投壶样。其首有吕字,非刻非画,坚致可以试金。"本月,臂疾得庞安时一针治愈,为表谢意,写书法赠庞安时,庞安时亦有回赠。

元丰五年(1082)五月,苏轼将自己收藏的一枚怪石送了元和尚处供奉,并作《怪石供》。

元丰五年(1082)十二月,为李康年篆书《心经》题跋。本月,可能是为了弥补元丰三年十二月"未能晤画"的遗憾,滕元发派专人借观苏轼所藏李成画作。

元丰六年(1083)正月,孙悟清再次受惟简之托来黄州探望苏轼。苏轼请悟清前往黄梅山常欢喜处取"唐画十六大罗汉","旬有八日,清师复

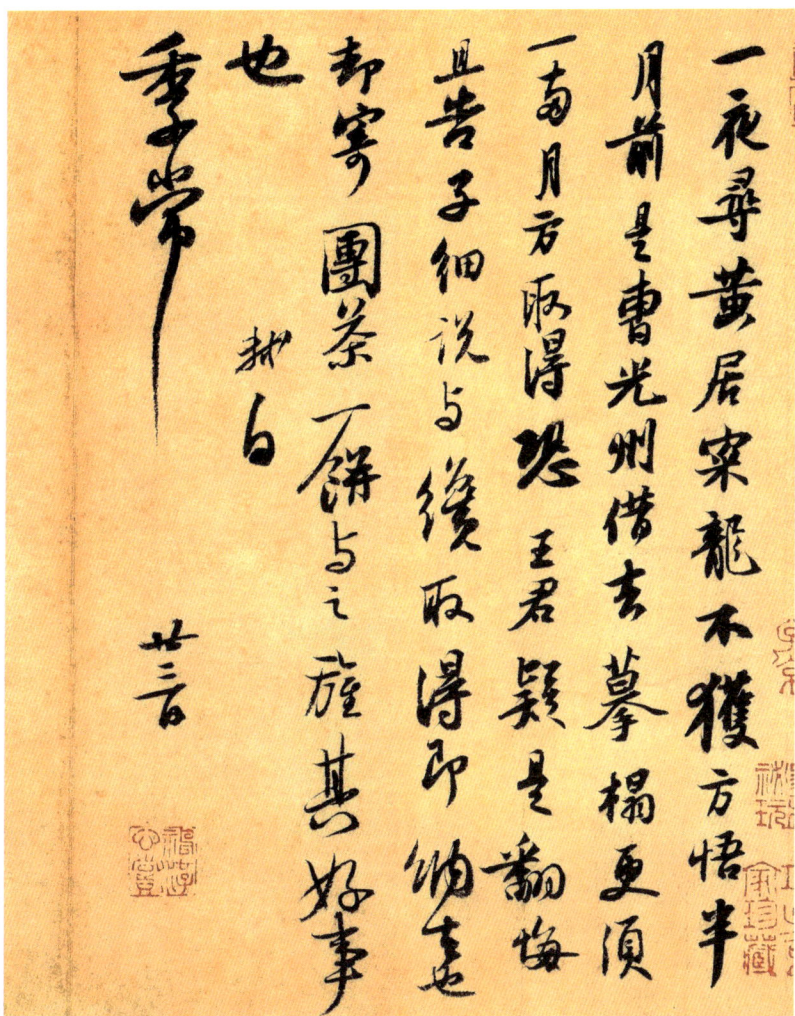

一夜尋黃居寀龍不獲方悟半
月前是曹光州借去摹搨更須
一兩月方取得恐王君疑是翻悔
且告子細說与䌷取得即納去
却寄團茶一餅与之旋其好事
也　季常　　軾　白

● 《一夜帖》，紙本墨笔，30.3cm×48.6cm，
苏轼，北宋，台北故宫博物院藏

命,且以画来"。苏轼非常高兴,烧香作礼,以为供奉,并作《唐画罗汉赞》:"五更粥熟闻鱼鼓,起对孤灯与谁语。溪边两钵月中归,还君罗汉君收取。"

元丰六年(1083)七月,苏轼在临皋亭借观吴道子画,并作《跋吴道子地狱变相》。孙叔静来访,出示苏轼父亲苏洵的书法手迹,苏轼作《跋先君与孙叔静帖》。

元丰七年(1084)二月,苏轼将元丰三年武昌供奉官郑文所赠古铜剑,转送张近,换回龙尾子石砚,并赋诗《张近几仲有龙尾子石砚,以铜剑易之》,诗中"我家铜剑如赤蛇,君家石砚苍璧椭"一句,颇有对等交换而不占对方便宜的"矜持"。

元丰七年(1084)四月,苏轼结束在黄州的生活,陈季常从黄州送到九江。临别时,苏轼作《岐亭五首》之五,合前四首并作序,赠给陈季常作为纪念。自此天涯相隔,二人再也没有谋面。

黄州期间,苏轼从朝廷的"政治明星",到因言获罪的被贬之人,地处偏远,生活清苦,之前的一些所谓好友也唯恐避之不及。慢慢沉潜下来,他的思想开始发生变化,特别是受佛家影响,苦闷之情渐成出世之心。黄州时期的苏轼,并不像后人想象得那样旷达,虽然有"一蓑烟雨任平生"[①]的短暂畅意,但更多的则是"小舟从此逝,江海寄余生"的人生感喟。夜饮东坡,归来已是三更,望着滚滚江水,他自叹"长恨此身非我有,何时忘却营营"[②],这才是黄州时真实而生动的苏东坡。但苏轼并没有因为人生的大变故而沉沦自弃。人在失意时往往会寻找精神的慰藉,这是一种天然的心理补偿机制,"一肚皮不合时宜"的他以寻物、题跋、诗文以及同朋友的交谊等一系列收藏活动来诗化生活、填充内心世界,达到精神的富足与安宁。无论是送寺院供养舍利、怪石和吴道子画作,还是得应梦罗汉并

---

① 见苏轼《定风波·莫听穿林打叶声》。该词写于元丰五年三月。同月,苏轼有《黄州寒食诗二首》(《寒食帖》),沉郁之情见诸笔端。
② 见苏轼《临江仙·夜饮东坡醒复醉》。该词写于元丰五年九月。

● 《苏轼玩砚图》（局部），石印本，32.5cm×24cm，
民国，笔者藏

苏轼玩砚与米芾拜石，同为中国画中经常借用的题材，是宋人留给后人的另一个经典图式，也是收藏文化影响艺术创作的见证。明代以来，以"苏轼玩砚"为题的画作屡见不鲜，历朝均有佳作行世。此石印本似以晚清画家沙馥画作为底本，东坡先生于顽石丛树旁，手捧宝砚仔细端详，神情自若，陶醉其间。图中苏轼所戴的帽子，为其本人发明，世称"子瞻帽"，桶高檐短。当时的士夫纷纷效仿，引领了大宋的时尚。

加以修复，抑或是焚香礼供唐画罗汉，都是这种心理补偿机制在驱动。在这些充溢着雅趣、情致的收藏活动中，他逐渐回归本我，人生的思考更加深邃细密，最终成就了黄州时期一个巍然耸立的艺术高峰。叶嘉莹称，苏轼平生历尽苦难，是完成了自我的一个诗人，确为公论。这是考察苏轼在黄州的人生经历、思想转折、艺术创作的一个独特视角。在宋代300多年的历史长河中，还真找不到另一位像苏轼这样，把收藏融入生活，作为生活美学且活出精彩的人。

寓意于物与留意于物

熙宁十年（1077）七月二十日，苏轼为王诜专门储藏法书名画的宝绘堂，写下《宝绘堂记》。这是收藏史上一篇极其重要的文章。其中的许多观点，多被后人解读成苏轼关于书画艺术创作的理论，其实是混淆了收藏与艺术的概念，有"张冠李戴"之嫌。这篇《宝绘堂记》，通篇阐述的是苏轼关于收藏的感悟，苏轼甚至"以身说法"，循循善诱，劝导王诜不要像他年轻时那样留意于物而不能自拔。好友相邀，苏轼大可吹捧一番，但他并没有碍于朋友的面子，而是直抒胸臆，言语间带着点"不客气"。朋九万《东坡乌台诗案》记载，王诜曾请王巩向苏轼捎话，感觉《宝绘堂记》中的有些话不够好，想让苏轼修改。苏轼回复"不使则已"，没有做任何改动，可见他对这篇文章的重视。后人对苏轼、王诜之间的关系多有解读，有的认为苏轼身份"下王诜一等"，对王诜时常有委曲求全之意，比如苏轼托王诜办事、对王诜索要仇池石"不敢不借"等等；也有的认为苏轼以文坛领袖自持而对王诜"居高临下"，理由就是这篇《宝绘堂记》中对王诜的劝诫。其实，这两种态度只是二人交往的两个侧面，融合在一起才更加贴近真实。首先，他们确实是莫逆之交，共同在"乌台诗案"中受罚，患难之中情谊更深，反倒是苏轼再三提及自己连累了王诜，颇有愧疚之意。其次，二人有相同的兴趣——绘画、收藏等等。在此基础上，他们才有了"和而不同"，且这种不同颇有"相互弥补"之意，王诜在物质及俗务上多有相助，苏轼则在精神上输出更多。苏轼接受王诜的帮助，王诜则借助与苏轼的交往实现"游艺"的精神满足，虽然在藏品上也对苏轼有所觊觎，但更像是成年人你来我往的"文字游戏"。因此，苏轼不必碍于面子，在《宝绘堂记》中对王诜说些恭维的套话。

《宝绘堂记》短短五百多字，兹录如下：

> 君子可以寓意于物，而不可以留意于物。寓意于物，虽微物足以为乐，虽尤物不足以为病。留意于物，虽微物足以为病，虽尤物不足以为乐。老子曰："五色令人目盲，五音令人耳聋，五味令人口爽，驰骋田猎令人心发狂。"然圣人未尝废此四者，亦聊以寓意焉耳。刘备之雄才也，而好结髦。嵇康之达也，而好锻炼。阮孚之放也，而好蜡屐。此岂有声色臭味也哉，而乐之终身不厌。
>
> 凡物之可喜，足以悦人而不足以移人者，莫若书与画。然至其留意而不释，则其祸有不可胜言者。钟繇至以此呕血发冢，宋孝武、王僧虔至以此相忌，桓玄之走舸，王涯之复壁，皆以儿戏害其国、凶此身。此留意之祸也。
>
> 始吾少时，尝好此二者，家之所有，惟恐其失之，人之所有，惟恐其不吾予也。既而自笑曰："吾薄富贵而厚于书，轻死生而重于画，岂不颠倒错缪失其本心也哉？"自是不复好。见可喜者虽时复蓄之，然为人取去，亦不复惜也。譬之烟云之过眼，百鸟之感耳，岂不欣然接之，然去而不复念也。于是乎，二物者常为吾乐而不能为吾病。
>
> 驸马都尉王君晋卿虽在戚里，而其被服礼义，学问诗书，常与寒士角。平居攘去膏粱，屏远声色，而从事于书画，作宝绘堂于私第之东，以蓄其所有，而求文以为记。恐其不幸而类吾少时之所好，故以是告之，庶几全其乐而远其病也。

破竈燒溼葦那
知是寒食但見烏
銜帋　君門深
九重墳墓在萬里也擬
哭塗窮死灰吹不
起
右黄州寒食二首

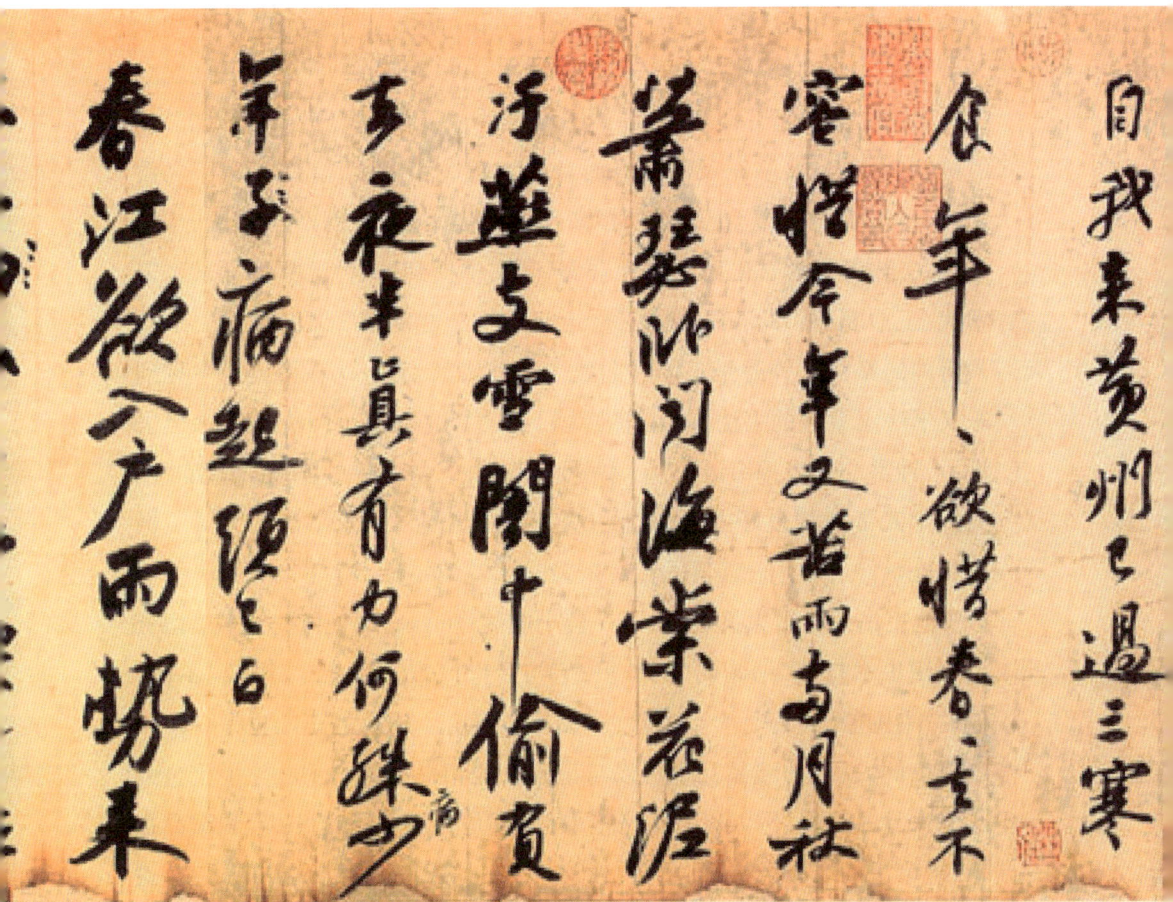

● 《寒食帖》(局部)，纸本墨笔，34cm×119.5cm，
苏轼，北宋，台北故宫博物院藏

《寒食帖》号称"天下第三行书"，前两者为王羲之《兰亭序》、颜
真卿《祭侄文稿》。此帖用笔呈现出越来越奔放自如的特点，是苏轼
当时悲苦情绪的自然宣泄，所书《寒食诗》更是凝重而悲怆，为黄州
期间苏轼一时心境的真实写照。

熙宁十年七月二十二日记。①

　　苏轼在文章起首便亮明了"君子可以寓意于物,而不可以留意于物"的鲜明观点,后又从正反两个方面来详加阐述和解读,直陈"寓意"之益和"留意"之弊,并以自己年轻时"颠倒错缪失其本心"的经历为证,认为书画"二物者常为吾乐而不能为吾病"。文中提到的"钟繇呕血发冢""宋孝武、王僧虔至以此相忌""桓玄之走舸""王涯之复壁",都是收藏史中骇人听闻的案例。钟繇是三国时期魏国的书法家,有一次在韦诞家中见到东汉书法家蔡邕的书法作品,想据为己有,急得捶胸三日而吐血。韦诞去世后,钟繇令人盗掘韦诞坟墓,才得到了这件已经陪葬的作品。南朝时期的宋孝武帝刘骏爱好书法,欲擅书名,竟然与同样留意书法的大臣王僧虔相互嫉妒,产生龃龉。桓玄是东晋时期的政治家,嗜好收藏且不择手段。他害怕藏品被人掳走,做了一艘小船装满书画,以便随时运载。桓玄是收藏史中打造"书画船"的鼻祖,但与后世风雅蕴藉的"书画船"不同,他的"书画船"纯粹是为了避险,毫无风雅可言。唐代的王涯也是一位收藏成痴的人,他的藏品几乎可以与皇家收藏相提并论。王涯除了重金购买艺术品,还通过许人以官爵来换取,简直是无所不用其极。他怕藏品被偷,把家里的墙砌成夹层,将藏品置于夹壁。后来,王涯因"甘露之变"遭腰斩,全家诛灭,家产籍没,藏品被抢,"遭践踏者无数"。苏轼苦口婆心地举这些"皆以儿戏害其国、凶此身"的例子,都是为了说明"此留意之祸也"。估计王诜读到这些文字后,后背嗖嗖地冒凉气,他让苏轼修改文章,也确实是情理之中。

　　最后,苏轼说明了这篇文章的来由,告诫王诜"恐其不幸而类吾少时之所好,故以是告之,庶几全其乐而远其病也"。宋代出现了诸如王诜、米芾这样"收藏成癖"乃至不择手段将文物艺术品归为己有的收藏家,社会

---

① 宋·苏轼《苏轼文集》,中华书局,1999 年,第 356 页。

上痴迷收藏的风气日盛,其间也夹杂着浮华追风的流习。苏轼身处其中,且也同样爱好收藏,不能不为这种现象所触动。作为王诜的好友,他在《宝绘堂记》中充满对"留意于物"的担忧,同时赋予收藏"寓意于物"的意义,这与其将收藏作为生活美学而不过分追求据为己有的做法,也有密切的关联。苏轼的"寓意"观,与欧阳修等的"正经补史"观,如出一辙而各有侧重,前者是文人的精神情怀,后者是史家的历史担当,共同为士夫收藏注入了文化价值,突破了理论障碍,争取到了文化的正当性,从而彻底摆脱了"物欲羁绊"的包袱,也与当时兴盛的民间收藏拉开了距离,其贡献善莫大焉。

苏轼秉持的"寓物"观,在其黄州期间所写的《石氏画苑记》中有类似表达,他认为石幼安好画,"乃其一病",并不可取。在《与蒲传正》中,他也规劝嗜好收藏且"走火入魔"的蒲宗孟不能沉迷于此,而是要安排好家务,处理好收藏与日常生活的关系,并称"书画奇物,老弟近年视之,不啻如粪土也"。

历史的复杂性与生活的多样性

《宝绘堂记》得到当时和后世的普遍认同。作为苏门弟子的黄庭坚,也与苏轼持同样观点。他在跋王诜所藏的《北齐校书图》时说:

> 往时在都下,驸马都尉王晋卿时时送书画来作题品,辄贬剥,令一钱不值,晋卿以为过。某曰:"书画以韵为主,足下囊中物,无不以千金购取,所病者韵耳。"收书画者观予此语,三十年后当少识书画矣。①

---

① 宋·黄庭坚《黄庭坚全集》卷六,四川大学出版社,2011 年,第 1581 页。

楚卲仲爾南和鐘 眉山蘇氏

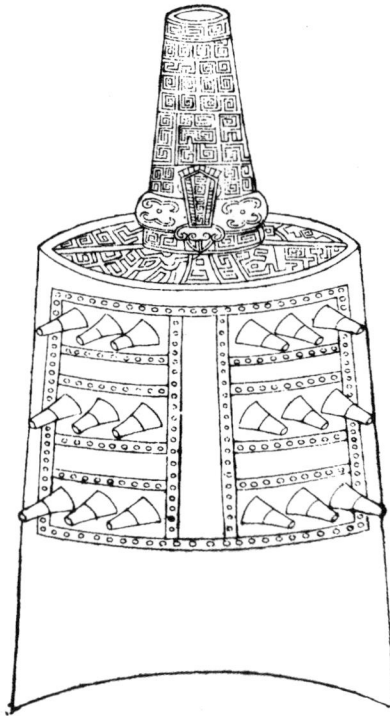

右得於錢塘量度聲未考銘二十有九字

按類編云媵送也媵姪也蓋楚之送女之器

謂之南和鐘者樂縣在南也儀禮大射禮云

阼階東笙聲西南其南笙鐘西階之西頌磬

東西其南鐘

惟正月初吉丁亥
楚王媵邛仲嬭南
和鐘其眉壽無疆
子孫永保用之

四〇八

● 吕大临《考古图》所录苏轼藏品，见《考古图（外二种）上》卷七，第407至408页，浙江人民美术出版社"古刻新韵"辑八

王诜邀请黄庭坚题跋,黄庭坚也像他的老师苏轼那样,没有客气。他对王诜的批评,与苏轼可谓一脉相承。黄庭坚认为王诜虽然有钱,但豪掷千金去购买书画,是一种病态的消费观和收藏观,而收藏注重的应该是"韵",即作品的艺术价值和收藏者从中得到的审美愉悦。这与苏轼批评石幼安的"乃其一病"简直是如出一辙。对黄庭坚的批评,王诜是有点不服气的,"晋卿以为过",但黄庭坚并没有因此而改变立场,甚至言之凿凿地断言,"收书画者观予此语,三十年后当少识书画矣"。

　　其实,不仅苏轼曾为王诜的宝绘堂作文,苏轼弟弟苏辙也有《王诜都尉宝绘堂词》存世,但这首词极尽赞誉之能事,可与苏轼《宝绘堂记》互读,从中更能领略苏轼文章和观点的可贵:

　　　　侯家玉食绣罗裳,弹丝吹竹喧洞房。
　　　　哀歌妙舞奉清觞,白日一醉万事忘。
　　　　百年将种存慨慷,西取庸蜀践戎羌。
　　　　战袍赐锦盘雕章,宝刀玉玦余风霜。
　　　　天孙渡河夜未央,功臣子孙白且长。
　　　　朱门甲第临康庄,生长介胄羞膏粱。
　　　　四方宾客坐华堂,何用为乐非笙簧。
　　　　锦囊犀轴堆象床,竿叉连幅翻云光。
　　　　手披横素风飞扬,长林巨石插雕梁。
　　　　清江白浪吹粉墙,异花没骨朝露香。
　　　　挚禽猛兽舌腭张,腾踏腰袅联骕骦。
　　　　喷振风雨驰平冈,前数顾陆后吴王。
　　　　老成虽丧存典常,坐客不识视茫洋。
　　　　骐骦飞烟郁芬芳,卷舒终日未用忙。
　　　　游意淡泊心清凉,属目俊丽神激昂。

君不见伯孙孟孙俱猖狂，干时与事神弗臧。

　　当时还有一种观点，也非常有趣。元人李冶在《敬斋古今黈》中说："若东坡之论，真所谓寓物而不留物者也，然乌台诗案所载款状，与晋卿往还者，多以书画为累，是岂真能忘情者哉？"李冶对苏轼的"寓物"观持肯定态度，但认为苏轼与王诜的书画交往，特别是那些请托事务，也"多以书画为累"，成为"乌台诗案"苏轼供述的内容，苏轼也确实没有完全做到"寓物"而不"留物"。实事求是地讲，李冶的观点颇为中肯。学者对宋代士夫"物之审美"所持的这种复杂心态，以及审美与现实的矛盾，已多有探讨，其实这是他们精神世界的"一体两面"。我们在肯定宋人借助收藏、唱和等文化活动"雅化生活"，以及苏轼进而将收藏纳入"生活美学"且贡献了重要的收藏观的同时，也不能忽视历史的复杂性和生活的多样性，既不能理想化解读，更不能借此否定苏轼留下的遗产。历史如此，人生亦如此，人作为社会成员，并不是我们想象的只有一个扁平的脸谱。

存真与作伪

与盗墓这种行为类似,作伪也是与收藏伴生的"副产品",宋代则出现收藏史上第一次作伪的高潮。宋人的作伪手段较唐代更为先进和多元,作伪心态也非常复杂,既有为了牟利的造假,也有出于癖好的所谓"恶作剧"。在士夫阶层,最著名的作伪者当属米芾、王诜。二人同为艺术家和收藏家,对藏品既有精审的眼光,又有妥善的保管,间或"移花接木",炮制出足以乱真的伪作。今天,许多人认为这是艺术家天生狂放的写照,但实际上,艺术家、收藏家作伪等同于普通作伪,给后世带来的影响偏于负面。千年后,同样精于收藏的张大千对石涛等人的作伪,就给书画鉴定带来不少困扰。无论如何,这不是一件光彩的事。

作伪泛滥的时代

书画艺术作伪,最早可以追溯到魏晋南北朝时期,但最初的目的是为了摹拓和复制。南齐谢赫①所著《画品》,提出了影响至今的绘画理论体

---

① 谢赫,生卒年不详,南朝齐梁时期画家、绘画理论家。擅风俗画、人物画。著有《画品》,为我国最早的绘画论著,提出的"六法",成为后世遵循的重要原则。

系"六法"——气韵生动、骨法用笔、应物象形、随类赋彩、经营位置、传移模写。而"六法"中的"传移模写",实际上就是临摹和复制。唐代,书画艺术交易开始兴起,真正用于牟利的作伪也出现了。至宋代,伴随着收藏的第一次繁荣,特别是文物艺术品市场的发展,作伪开始泛滥。徽宗朝《宣和画谱》对李成画作的流传情况有如下记载:"自成殁后,名益著,其画益难得。故学成者皆摹仿成所画峰峦泉石,至于刻画图记名字等,庶几乱真,可以欺世。然不到处,终为识者辨之。"李成死后,名气越来越大,画也越来越难得。那些学李成的人,不仅画作可以乱真,题词、名字等都到了"可以欺世"的程度,但终究难以达到李成的水准。米芾注意到这个情况,以其鉴赏家的眼光,直指李成作品"真见两本伪见三百本",可见当时作伪的泛滥。

不仅有伪托古人作品的,当世的艺术家的作品,比如苏轼书法,也是作伪的"重灾区"。当时,他的书法颇受欢迎,《道山清话》中称:"子瞻爱杜牧之《华清宫》诗,自言凡为人写了三四十本矣。"正是在这种需求下,临仿苏轼的伪作也大量出现。黄庭坚谈道:

> 此帖安陆张梦得简,似是丹阳高述伪作,盖依傍《槽姜山芋帖》为之,然语意、笔法皆不升东坡之堂也。高述、潘岐皆能赝作东坡书,余初犹恐梦得简是真迹,及熟观之,终篇皆假托耳。少年辈不识好恶乃如此。东坡先生晚年书尤豪壮,挟海上风涛之气,尤非他人所到也。

> 丹阳高述、齐安潘岐,其人皆文艺,故其风声气俗见于笔墨间,造作语言,想象其人。时作东坡简笔,或能乱真,遇至鉴则亦败矣。不深知东坡笔,用余言求之,思过半矣。东坡书,彭城以前犹可伪,至黄州后,掣笔极有力,可望其真赝也。①

---

① 宋·黄庭坚《山谷集》,商务印书馆,第264、373页。

黄庭坚作为苏轼的学生,深谙老师的书风。他在这两段文字中透露了几个极其重要的信息。苏轼书法当时已有许多人作伪,不仅仅是临仿真迹,还"造作语言,想象其人",凭空捏造苏轼的作品。作伪属于"见不得人"的行业,历史上作伪者很少留下姓名,黄庭坚则将高述、潘岐等作伪者的名字留在了记录中,恰恰说明二人作伪水平之高,已经引起当时人关注。而且高述、潘岐还"皆文艺",属于作伪者中的"顶尖人才",连内行都差点被蒙骗。

作伪带来的"耳目混淆",在当时已经给藏家带来了很大困扰。沈括谈道:

> 李学士世衡喜藏书,有一晋人墨迹在其子绪处。长安石从事尝从李君借去,窃摹一本以献文潞公,以为真迹。一日潞公会客,出书画而李在坐,一见此帖,惊曰:"此帖乃吾家物,何忽至此?"急令人归取验之,乃知潞公所收乃摹本。李方知为石君所传,具以白潞公。而坐客墙进,皆言潞公所收乃真迹,而以李所收为摹本。李乃叹曰:"彼众我寡,岂复可伸?今日方知身孤寒。"①

李世衡收藏的晋人墨迹被石从事借走后"窃摹",并将摹本献给了文彦博。大家都把摹本当作真迹,李世衡百口莫辩,发出了"今日方知身孤寒"的无奈感叹。其实,沈括在这段文字中并没有说明"坐客"们是明知其伪偏不道破,还是有眼无珠、不识真假。依文中所述情景来判断,大家"指鹿为马"的可能性更大。在宰相文彦博请客吃饭的热闹场面下,客人们给宰相个面子,"识破不道破",遵循了官场的游戏规则,李世衡也就只能吃"哑巴亏"了。此种情形放至今日,也是屡有发生。有时候,真伪不那么重要,重要的是谁掌握了话语权,反而是说真话的人,往往被作为攻讦对

---

① 宋·沈括《梦溪笔谈》,金良年点校,中华书局,2017年,第234页。

象,有苦难言。收藏史的许多公案,以及现如今许多以假为真的江湖把戏,无不有影影绰绰的助力。错讹沿袭就是这样造成的,集体沉默之下,成了所谓的"约定俗成"。

与历朝历代的作伪一样,宋代作伪泛滥的原因不外乎两点:有利可图、有人可骗。没有利益就没有作伪,而没有买家也不可能有作伪。当然,这话也并不绝对,像米芾、王诜这样的作伪,几乎与利益无涉,我们后面再谈。宋代,文物艺术品已经是明码标价的商品,比如《画继》中记载,刘松老的山水图轴曾以三十万的高价被一豪门收走,但买到的是赝品。此类记载,随处可见。那些附庸风雅、眼力很差但又不差钱的买家,则是作伪者紧盯的"猎物",因此,也就有了米芾眼中所谓"牛即戴嵩,马即韩干,鹤即杜荀,象即章得"的奇怪现象,托名攀附大家之作,专门用来蒙骗那些不靠谱的藏家。此类藏家,沈括在《梦溪笔谈》中给了一个绰号:"耳鉴"之人,即不靠学识和眼力来鉴定真伪,而是仅凭艺术家的"名头"来判定好坏。米芾的《画史》,对这类"好事者"也多有讥讽:"好事者与赏鉴之家为二等。赏鉴家谓其笃好,遍阅记录,又复心得,或自能画,故所收皆精品。近世人或有赀力,元非酷好,意作标韵,至假耳目于人,此谓之好事者。"在米芾眼中,收藏者可分赏鉴家与好事者。赏鉴家要具备"个人喜好、阅读广泛、有所心得、也能画画"这几个基本素养,简直就是宋代文人和收藏家的"标准模板"。而好事者就不一样了,只不过是手里有钱,附庸风雅,"意作标韵"而已。沈括与米芾的概括相当精准,历朝历代皆可通用。但实际上,又有多少人能做到米芾这样眼力过人、书画皆能、收藏颇丰呢?如果把收藏群体比作金字塔的话,正是有了那些处于金字塔底部的藏家和活跃的收藏市场,才能凸显塔尖的壮观。但量力而行、尽力而为,则是收藏界通用的生存法则,"好事者"的"耳鉴",确实值得历代藏家反思。宋之后,收藏界基本沿用了米芾"赏鉴家"与"好事者"的区分。清中期学者、书法家钱泳,在其《履园丛话》中对此有所发展,称"收藏书画有三等,一曰赏鉴,二曰好事,三曰谋利"。

● 《清溪饮马图》(纨扇),绢本墨笔,42cm×68cm,
韩干,唐,辽宁省博物馆藏

　　中国画有一个很值得玩味的现象,就是"题材化""标签化"。一
位画家擅长某类题材,就往往被后世贴上一个显著的标签。这就是
米芾所谓的"牛即戴嵩,马即韩干,鹤即杜荀,象即章得"的现象。今
人也不例外,一提到徐悲鸿,首先想到的就是他的奔马;一提到齐白
石,脑海中则会浮现出他画的虾。

宋代的作伪，远不止上述那么简单，徽宗的许多绘画作品就有代笔的嫌疑，皇家对古器物推崇有加而进行了大量复制和再造，虽算不上"作伪"，但也属仿制范畴。民间藏书兴盛，伪书也伴生而来。北宋时期的王铚出生于世代书香之家，是宋初著名学者王昭素的后裔，其父王萃（字乐道）则是欧阳修的学生。王铚嗜好藏书，博闻强记，同时也是编造伪书的高手。托名冯贽所著的《云仙散录》，就是王铚一手炮制的"伪典"，早在南宋时期，学者们就已识破了此书的破绽。王铚的作伪，似乎没有什么功利的企图，更像是吸引眼球的"恶作剧"，符合宋代读书人天马行空且略带调皮的想象力。在这一点上，苏轼就是最好的例子。嘉祐二年（1057）的科举考试中，苏轼围绕"命题作文"《刑赏忠厚之至论》引用了"皋陶曰，杀之三；尧曰，宥之三"的典故，以第二名的成绩高中进士，从此步入政坛。主考官欧阳修对此文大加赞赏，如果不是误以为自己的学生曾巩所作，避免引发师生关系的嫌疑，肯定会给苏轼第一名。欧阳修不清楚苏轼引典的出处，副主考梅尧臣也不知道。苏轼后来道出了实情："帝尧之圣德，此言亦意料中事尔。"也就是说，这个典故是他凭空编造出来的。但独具慧眼的欧阳修并未因此而责怪苏轼，反倒发出了后生可畏的赞叹，"老夫当避路，放他出一头地也"。这件事是嘉祐二年科举考试的一则"花边新闻"，那一年的科举涌现出一大批名留青史的人物，被誉为"千年进士第一榜"。

米芾对藏品的鉴定与保管

　　收藏亦可称为"鉴藏"，先有"鉴"，后有"藏"，可见鉴定的重要性。鉴定也是与作伪相伴相生的"兄弟"。米芾在宋代是首屈一指的鉴定家，他的《书史》与《画史》不仅收录自家所藏，更是将过眼的作品记录下来，为今人考察宋代的书画鉴定和藏品递传，提供了丰富的信息。他将书画分

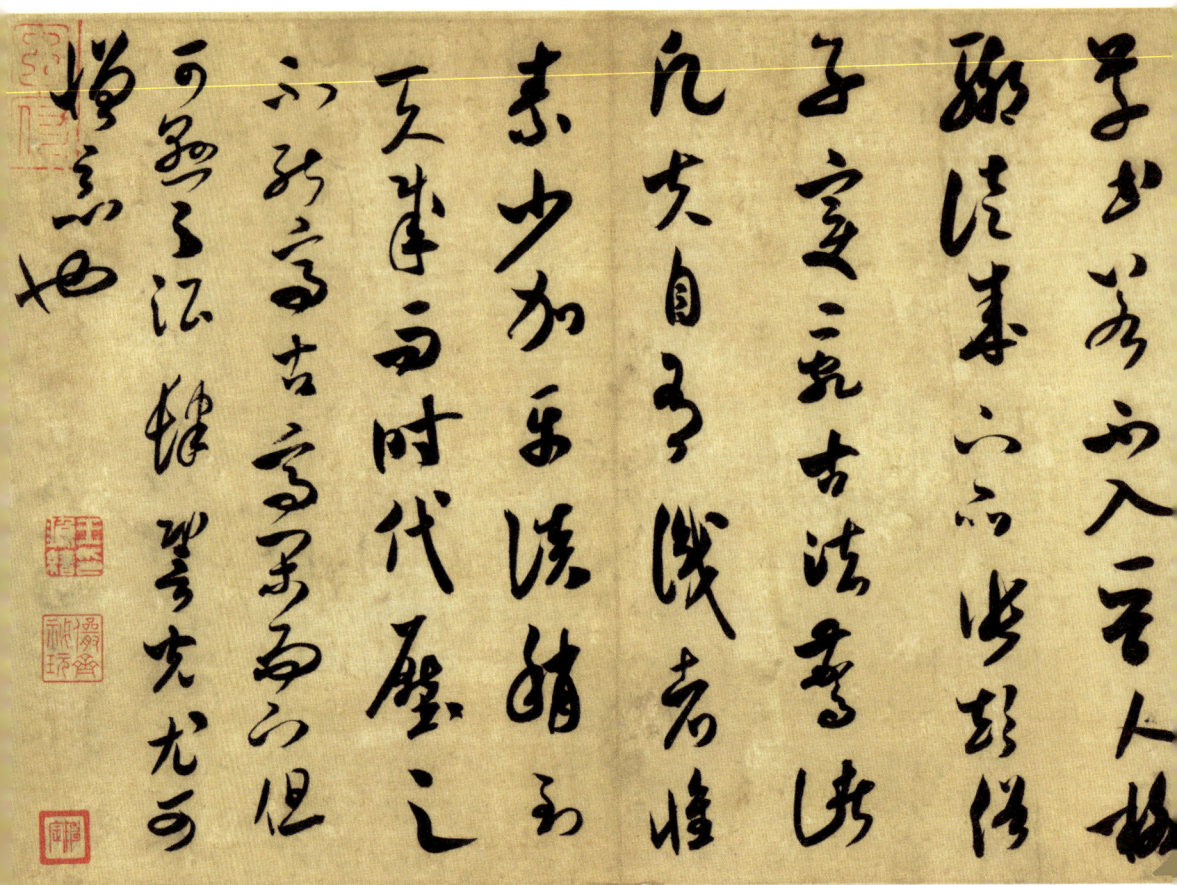

●《论书帖》，纸本墨笔，24.7cm×37cm，
米芾，北宋，台北故宫博物院藏

　　此帖文字内容为米芾临习草书的心得体会，体
现了米芾的书法观。文字颇得王羲之、王献之父子草
书的风韵，达到了几可乱真的程度，可见米芾于王氏
书风用力之深。

为三等,并加盖不同的印章进行区分,俨然今日对可移动文物的分级管理模式。《画史》记载:"余家最上品书画,用姓名字印、审定真迹字印、神品字印、平生真赏印、米芾秘箧印、宝晋书印、米姓翰墨印、鉴定法书之印、米姓秘玩之印。玉印六枚:辛卯米芾、米芾之印、米芾氏印、米芾印、米芾元章印、米芾氏。以上六枚白字,有此印者皆绝品。玉印唯著于书帖。其他用米姓清玩之印者,皆次品也,无下品者。其他字印有百枚,虽参用于上品印也。自画、古贤,唯用玉印。"米芾用印如此繁多和讲究,令人叹为观止。有了丰富的鉴赏活动做基础,他也总结出一套完善的鉴定方法,比如与真迹比对辨别真伪,审视名款揭穿仿冒,考察纸绢判定年代,观察风格确定作者,等等。此类鉴定在《书史》和《画史》中均有记录,足见米芾精审独到的眼光,但其对唐人书法多有贬损,他的《海岳名言》中就屡有指摘之语。米芾之后,南宋赵希鹄的《洞天清禄集》更为系统地梳理了文物艺术品辨伪的方法,为历史上第一部以辨伪为主要内容的著作,文笔清雅,值得一读,远非今日的鉴宝读物可比。

米芾素有洁癖,他对待书画的态度,与司马光对待藏书的态度如出一辙,赏玩之前必洗手,而且有一套繁复的流程,仪式感十足,晚上睡觉前还要把最心爱的字画放在枕边,几乎到了痴狂的境地。他在《画史》中还批评文彦博做匣储藏书画的方式:"文彦博以古画背作匣,意在宝惜。然贴绢背著绷,损愈疾。今人屏风俗画,一二年即断裂,恰恰苏落也……岁久不开者,随轴干断裂脆,粘补不成也。"他专门总结了书画保管与装裱的方法,认为古画"若得之不脱",不须裱褙,否则越装裱越损坏,丢失画面精神,画意也就越来越模糊了。可以说,米芾为后人奠定了一个非常重要的书画保管原则,即"不脱不裱"。《洞天清禄集》的"装背"观点与米芾完全一致,称"画不脱落不宜数装背,一装背则一损精神,此决然无疑者。墨迹法帖亦然"。宋人的书画装裱理念,今天依然在沿用。

当然,宋代精于赏鉴的绝对不止米芾一人,几乎在每个收藏领域,都有眼力精准的高手。与所谓"展画半尺,即辨真伪"类似,宋人的眼力几乎

到了神乎其神的程度。《邵氏闻见后录》记载:

> 黄鲁直就几阁间,取小锦囊,中有墨半丸,以示潘谷。谷隔锦囊
> 手之,即置几上,顿首曰:"天下之宝也。"出之,乃李廷珪作耳。又别
> 取小锦囊,中有墨一丸,谷手之如前,则叹曰:"今老矣,不能为也。"
> 出之,乃谷少作耳。其艺之精如此。①

何薳的《墨记》,对此事亦有相似的记载。潘谷是当时的制墨高手,其墨被誉为"墨中神品"。嗜墨如痴的苏东坡对潘谷评价甚高,《赠潘谷》诗中有"潘郎晓踏河阳春,明珠白璧惊市人"句。当时,在相国寺的市集交易中,"赵文秀笔及潘谷墨"是士夫争购的对象。黄庭坚让潘谷鉴墨,潘"隔锦囊手之",不用目鉴,仅凭手触,就识出了李廷珪的半个墨丸。对自己年少时的制墨,也"手之如前",一摸便识出。无怪乎邵博发出了"其艺之精如此"的感慨。

米芾与王诜的"作伪二人组"

米芾的作伪,大致可分两种,一种为临摹古人作品被当作真迹的"无意之举",因此还闹了不少笑话。还有一种则是有意为之,意图明确。

米芾对晋人书法推崇备至,多加临习,几可乱真。《书史》中有几则记载,估计米芾记录时也颇为得意。他曾临摹王献之的法帖一卷,到了常州的一户人家手里,后来不知何人当作废帖进行了装裱,送给沈括。某日,米芾与众友在甘露寺净名斋雅聚,"各出书画"。沈括拿出了米芾临摹的这幅作品展示,米芾大惊,告诉大家这是他临摹的。沈括有点不高兴了,

---

① 宋·邵博《邵氏闻见后录》,刘德权、李剑雄点校,中华书局,1983年,第219页。

勃然曰："某家所收久矣，岂是君书？"米芾也不客气，对沈括说："岂有变，主不得认物耶？"估计沈括当时一百个尴尬写在了脸上。米芾在苏州居住时，与葛藻为近邻。葛藻经常观摩他临帖，写一幅就收走，后来收集了二十余帖，效仿《历代名画记》所载印记伪造，装裱成一轴。某日葛藻向米芾出示此轴，米芾大笑。葛藻与陈峡是好友，后来就将此轴送给了陈峡，"陈以为真，余借不肯出。今在黄材家"。此类弄假成真，米芾虽无意，但确实是始作俑者。

流传至今的王羲之《大道帖》和《行穰帖》，黄绢本褚遂良摹《兰亭序》，王献之《中秋帖》和《地黄汤帖》，颜真卿《湖州帖》等，学者认为均出自米芾之手。其中，王献之《中秋帖》、黄绢本褚遂良摹《兰亭序》等就是米芾有意为之的伪作，在鉴定方面"不识货"的乾隆皇帝将其当作真本看待，不过今人已有公允的评价。此外，宋代张知甫在《可书》中还记录了米芾作伪古画的情形。

另一位士夫藏家中作伪的高手，当属驸马爷王诜，但在精于鉴赏的米芾那里，屡被识破。《书史》中记载，米芾每次到王诜家，王诜就拿出书帖让米芾临仿。某次王诜翻索书画时，米芾见到自己临摹王献之的《鹅群帖》，被王诜"染古色麻纸，满目皱纹"，且从别的书法作品中裁剪跋语连接其后，"又以临虞帖装染，使公卿跋"。米芾见到王诜的这件伪作后大笑，王诜见之"就手夺去"。王诜的这套作伪方式，简直是"登峰造极"，不仅拿米芾的临摹之作当真迹，还在纸张上染色做旧，黏古跋和公卿跋提升"含真量"，并在外包装上"锦囊玉轴"，装点门面。看来，王诜家简直就是个造假的"窝点"，各种作伪技术已经相当完备且成"流水线"作业，造假的作品也肯定不止一件，无怪乎王诜在被识破"就手夺去"后，米芾认为"谅其他尚多未出示"。此外，王诜还曾借走米芾所藏的王羲之《快雪时晴帖》，未经米芾同意就擅自割下原作的名人题跋及章署，合裱在摹本上还给米芾，被米芾一眼识破。王诜的专业造假，显然是有"幕后团队"的，他将工匠吕彦直收留门下，专司"双钩书帖"。米芾就曾见过吕彦直临摹的《黄庭经》一卷,同样识破了双钩的面目。米芾与王诜在藏品交换方面,似乎占不到太多便宜,但在揭穿王诜造假上,可谓屡试不爽。

难以琢磨的作伪心态

米芾与王诜的作伪,特别是作伪的心态,在心理学上很值得玩味。这里,简单谈点个人感受,权当抛砖引玉。

米芾与王诜有许多共同之处,都是收藏家和艺术家。他们的作伪,无论是米芾的临摹还是王诜让门客双钩,客观上起到了保存晋唐书法面目的作用,这是应该肯定的。但无论如何,作伪都不值得提倡,它造成了人们对历史认知的困难甚至是混淆,对文物艺术品也是一种伤害。从现有史料中看不到他们利用作伪来牟利的记载。依常理,他们似乎也不需要借助这种手段来牟利。二人在人生经历、性情上也有许多共同点,都不属于宋代主流的通过科举而晋升的“寒俊”,像苏轼这样参加了“高考”而步入主流社会的例子,在宋代似乎更受知识界和政界的关注。米芾的母亲阎氏曾侍奉过英宗的高皇后。神宗继位后,因不忘阎氏的乳褓旧情,恩赐米芾为秘书省校字郎,从此,米芾才逐渐步入主流的士夫阶层。他性格中狂放怪诞的一面,既符合人们对天才艺术家癫狂形象的想象,更是性格使然,且带有某种程度的自卑,否则也不会极力为“米颠”的绰号正名。王诜出身贵族,同样没有科举经历,他娶英宗女儿蜀国公主为妻,成为皇亲国戚,社会地位清显。公主性情宽厚温和,对寡居的婆婆非常孝顺,不过王诜对婚姻似乎并不太满意,感情上非常放纵,受到过皇帝处罚。王诜性格中同样有疏狂不羁的一面,仗义疏财、喜好交友,对苏轼这样的朋友几乎有求必应,是“乌台诗案”中受牵连而遭罚最重的“同党”。那么,作为艺术家和收藏家,他们为什么造假? 造假的目的又是什么?

受法国哲学家让·鲍德里亚一些观点的启发,笔者结合个人思考进行一点粗浅的解读。让·鲍德里亚在其《物体系》中系统阐述了人与物的关系,并对古物的价值和人类的收藏行为进行了剖析。他认为,我们保管的,永远是我们自己。借用他的话,也可以这么说:我们伪造的,何尝不是我们自己? 这是一个关于收藏的连锁追问。

第一问:什么是古物? 古物可以看作一种符号,"所有的古物都是美的,只因为它逃过时间之劫,因此成为前世的符号"。古物保存到今人手里,往往已经失去了使用功能,但古物是时间的象征。人们在古物身上,很少能感知到现代物品带来的种种焦虑。恰恰是经历了时间的沉淀,人们可以从古物那里获取到历史的"真确性"和由此带来的安全感。这是古物作为符号的价值所在。

第二问:我们为什么喜欢收藏? 人类对私有财产具有发自本能的热情,在这种热情的支配下,通过占有物品得到满足。所有物品都具有两个功能:为人所实际运用,比如工具;另一个功能较为抽象,即单纯地"为人所拥有",这是人类赋予物品的主观功能,也就是通常所说的收藏品。收藏品,特别是那些古物,早已失去了原先的使用功能,它的功能就是"被拥有",满足的是人类的占有欲。从这一点上,似乎就能解释收藏癖的问题了。收藏癖也称储物癖、强迫性储物症、科利尔兄弟综合征,患此病的人总是害怕扔掉东西,疯狂地储藏物品,否则就会非常难受。这种收藏的极端行为,满足的实际上就是人对物品单纯占有的欲望,与物品的实际使用功能并没有多大关系。在喜爱收藏的人眼里,每一件物品,哪怕是重复的物品,都具有这种"被拥有"的功能,人们会反复地搜集,期望达成收藏的系列来不断满足占有的欲望。这有点类似于女人的衣橱中永远缺少一件衣服,在不断地买、买、买中,人们陶醉的往往不是衣服的漂亮,而是通过这种购买和占有而带来的满足感和愉悦感。《物体系》中认为,人们用收藏系列来消解死亡带来的焦虑。物品帮助人类消解和逃避,呈现其中的,很少是存在,而是缺乏。

第三问:我们为什么不排斥仿造? 古玩市场假货充斥是众人皆知的

问题,但为什么还有那么多人到市场中试图购买到真品,甚至并不拒绝买到假货?这不仅仅是一种侥幸心理,还源于人们对古物符号价值的需求,"物质性的符号才具有表达卓越的任务"。我们购买仿制品或者赝品,其实是在购买一种抽象的符号价值,与真伪无关,满足的只是占有的欲望,以及从物品中感知时间而带来的安全感与幸福感。在这一点上,仿品或赝品也能起到与真品相同的作用,二者是没有任何差别的。

第四问:米芾与王诜为什么要作伪?这种作伪行为实际上满足的就是他们对古物抽象的符号价值的占有欲望。真伪在他们眼中是没有区别的,尽管他们非常清楚自己伪造的并不是真正意义上的古物,但他们依然能够从中得到与古物同样的满足。这是造物般的成就感、体味时间的幸福感、借此炫耀的虚荣感共同支配的结果。伪作也是他们的创造,凝聚了他们的艺术付出,以此来"血战古人",展示艺术家的创造性天赋和不亚于古人的才华。而这些伪作,同样具备了"被拥有"的抽象功能和符号价值,他们从中同样获得了感知时间和历史的享受感与幸福感。通过这种方式,也可以炫耀作伪的技能,特别是通过蒙骗不知情者来强化满足感。当米芾识破王诜造假《鹅群帖》后,王诜就手夺去,其实是心理挫败的正常反应。米芾记录了许多他的临摹之作被当成真迹的案例,就带有明显的炫耀成分。被称为"二战"后世界上最知名的"作伪大师""世纪骗子"的德国人沃尔夫冈·贝特莱奇,擅长伪造大师画作,骗过了许多鉴定家和收藏家。他在纪录片《苏富比伪画大师》中坦陈,他也知道作伪不好,但人生的无趣总会让他找到借口,比如,再画两幅就收手。这句话,似乎也能佐证作伪的心理动机:满足与真迹同样功能的心理需求,以此改变无趣的人生。

弗洛伊德的心理动力学,似乎也能解释米芾与王诜的作伪行为。在"结构假设"的心理模式中,人的心理主要有三股力量来支配:遵循快乐原则的本我、内化为社会道德的超我、负责调整本我与超我的自我。当自我无法调节本我与超我的矛盾时,为摆脱这种矛盾带来的焦虑和负面情绪,我们会启动心理防御机制,比如置换、反向形成等。置换实际上就是情感与情绪的转移发泄,反向形成则通常表现为某种叛逆的与内心世界相反的举动。作为艺术家,米芾与王诜的性格都较为张扬,这似乎与他们的人生经历息息相关。他们都没有苏轼这种"天生骄傲"的资本,因此多少会有点自卑。出身的"另类"与婚姻的"不幸",往往会投射到艺术创作与作伪上来,他们用这种安全的方式转移情感,形成表面看来疏狂甚至疯癫的举止。

以上解读比较粗浅,也可能不那么准确,期待方家指教。我们在考察古人的收藏行为时,对收藏心理特别是士夫作伪动机的剖析,还是一块待开发的处女地,希望能有更多人关注。特别是艺术家、收藏家的个人经历与性情,会直接影响其创作和收藏行为,这需要对个案进行更为细致、深入的探讨。一个时代的群体意识和群体特征之下,必然会有离经叛道的个例,这些个例往往具有独特魅力和阐释价值。他们就像艺术史与收藏史正常演进逻辑中的"基因突变",深刻地影响了后人。"天才离疯子只有一步之遥",宋之后,明代的徐渭、清代的朱耷同样以古怪、高傲闻世,二人成就的艺术高度,与其身世、性格都密不可分。从这个角度来分析,米芾、王诜的作伪,也可以说是"天才"与"疯子"相互作用的结果。

民风与时俗

在本书的最后一节，简单聊一聊宋代商贾、市民等民间收藏的情形，作为皇家收藏和士夫收藏的补充。这是宋代收藏最为本色和活跃的一个群体，也是支撑皇家收藏和士夫收藏的庞大社会基础，构成了收藏金字塔最为坚实的底座。回望千年前的那个时代，宋人游于艺事、雅好搜集的社会图景，确实是整个时代的人共同绘就的。民间收藏虽然比不上皇家收藏的正统和士夫收藏的品位，带有明显的世俗趣味，但充盈着的生命张力，令人无限回味。

"四般闲事"中的收藏

宋人的日常生活在史料中显现得相当闲适与快乐。南宋施德操在《北窗炙輠录》中记载，仁宗某夜听到宫墙外的丝竹歌笑之声，问宫人何处作乐。宫人告诉皇帝，"此民间酒楼作乐处"，外面如此快活，反衬着宫中更加冷落。仁宗则说："因我如此冷落，故得渠如此快活。我若为渠，渠便冷落矣。"此类仁宗的"逸事"，《北窗炙輠录》中多有记载。2020年春夏之际电视剧《清平乐》中的仁宗形象，与宋人笔记中的仁宗，颇为契合。

吴自牧的《梦粱录》记录了南宋时杭州的一则民谚："烧香、点茶、挂画、插花，四般闲事，不许戾家。"这"四般闲事"是民间时尚的高度概括，件件不能马虎。其中，挂画作为风雅闲事之一，足见民间对艺术品的喜好，装点门面、装饰居室，艺术品是最好的选择。北宋时，开封的熟食店就张挂名画，以此来吸引食客。界身北巷巷口的宋家生药铺，铺中两壁挂的就是李成的山水画。南渡后，杭州城的茶肆也继承了这个做法，"插四时花，挂名人画"，散发着风雅闲适的气息。

赵希鹄在《洞天清禄集》中专门介绍了挂画的步骤和相关禁忌，繁缛且风雅："择画之名笔，一室止可三四轴，观玩三五日，别易名笔，则诸轴皆见风日，决不蒸湿；又轮次挂之，则不令惹尘埃；时易一二家，则看之不厌。"这是一种典型的空间美学和生活美学。而对挂画的日常保管，也细致入微："用马尾或丝拂轻拂画面，切不可用棕拂。室中切不可焚沈香、降真、脑子，有油多烟之香，唯宜蓬莱、甲笺耳。窗牖必油纸糊，户口常垂帘。一画前必设一小案，以护之。案上勿设障画之物，止宜香炉、琴、砚。"此外，挂画也要分寒暑之别和不同的保管方式："极暑则室中必蒸热，不宜挂壁；大寒于室中渐着少火，令如二月天气候，挂之不妨。然遇夜必入匣，恐冻损。"这般柴米油盐之外的闲情逸致，确实不是士夫所独有。

挂画的兴起，也导致"四司六局"服务的细分，"帐设司"专门租赁屏风、绣额、书画，而"排办局"则负责帮助租主挂画、插花，俨然今日礼仪公司的分工协作。此类民间时尚，是宋代民间收藏繁荣的一个侧影，耐德翁的《都城纪胜》、吴自牧的《梦粱录》对"四司六局"的相关服务均有详细描述。彼时，皇家与士夫所钟爱的生活方式传到民间，激发了民间对文物艺术品的浓厚兴趣。

民间趣味与收藏交易

宋代,除了官方的画师、士夫阶层的艺术家,民间也活跃着一个庞大的艺术家群体。他们作为书画生产者,承担了满足市井百姓审美、收藏需求的重要任务,也是最广泛、最活跃的艺术品售卖方。宋代的相关著录中对这一群体有大量记载,其中较为知名的有赵楼台、杨威、李东、燕文贵、张举、许道宁、高益等。

画工群体的创作主要依托了民间的需求,作品也多以反映社会生活的风俗画为主。比如,赵楼台专司亭台楼阁,杨威主攻反映农村生活的"村田乐",也有专门摆摊设点贩卖梅竹扇面和山水扇面的艺人,还有的以"照盆孩儿"和"货郎图"等生活题材为主,形式相当多样。此类题材,也颇得画院画师青睐,最为知名且流传至今的,要数张择端反映开封生活图景的《清明上河图》、李嵩反映货郎题材的《货郎图》、李唐描写民间医生诊治场景的《灸艾图》等。这些画作,都是宋代城乡百姓生活的真实写照,为我们了解那个时代的社会风貌提供了直观而生动的图画样本。今存北京故宫博物院的《清明上河图》,更是宋画极品,备受瞩目。可见,民间趣味直接影响了宫廷画师的创作。当时的开封,也有售卖民间画作的商铺、游摊和市集,前文已述,在此不赘。此外,宋代鬼神像画也十分流行,反映了佛道文化对市井生活和艺术创作的渗透与影响。《图画见闻志》中记载的人物画家几乎个个擅长"佛道鬼神",连苏轼这样的文坛宗主,也非常喜欢佛道画像并留意收藏。

两宋期间,特别是北宋中后期,民间藏品的买卖和交易十分兴盛。工于"村田乐"的绛州人杨威,就善于营销自己的画作。每当有贩子收他的画,杨威"必问其往",如果贩子要去开封,杨威就嘱咐"往画院前易也",贩子听之,画院的人果然争相购买,而且画价翻倍。民间画师的作品,受到画院职业人士的追捧,确实是雅俗难分、广受欢迎。《道山清话》中有一则民间藏品交易的记载,颇具代表性,可以看作宋代图书收藏与古物收

● 《灸艾图》,绢本设色,68.8cm×58.7cm,
李唐,北宋,台北故宫博物院藏

　　此画描绘了走方郎中(村医)为村民治病的情
形,画风细腻清秀,用笔一丝不苟,富有浓郁的生
活气息,是当时百姓生活的真实写照。

● 《冬日戏婴图》,绢本设色,196.2cm×107.1cm,
苏汉臣,宋代,台北故宫博物院藏

苏汉臣擅画儿童题
材,另有《秋庭戏婴图》
等作品传世,刻画生
动,富有天趣,配景描
摹细致。此类戏婴题材
的风俗画在当时十分
流行,但并无我们通常
所认为的粗鄙气息,依
然保留了宋人绘画的
典雅风格。

藏在民间并盛的适例,饶有趣味,足以引人开怀:

> 张文潜尝言,近时印书盛行,而鬻书者往往皆士人,躬自负担。有一士人,尽掊其家所有,约百余千买书,将以入京。至中途,遇一士人,取书目阅之,爱其书而贫不能得。家有数古铜器,将以货之。而鬻书者雅有好古器之癖,一见喜甚,乃曰:"毋庸货也,我将与汝估其直而两易之。"于是尽以随行之书换数十铜器,亟返其家。其妻方讶夫之回疾,视其行李,但见二三布囊,磊磈然铿铿有声,问得其实,乃詈其夫曰:"你换得他这个,几时近得饭吃?"士人曰:"他换得我那个,也则几时近得饭吃?"因言人之惑也如此,坐皆绝倒。[1]

这段记载非常有趣。两个交换藏品的"士人",都没有具体姓名,应该是民间的读书人,爱好收藏到了"不食人间烟火"的程度,迂腐之中带着可爱。

宋代收藏市场的发展和繁荣,为藏家们获取藏品提供了极大便利,由此还带动了专业商人群体——牙侩的壮大。牙侩即职业书画贩子,亦可称宋代的艺术品经纪人。牙侩出现于艺术品交易中,最早可以追溯到南北朝时期,宋代又有发展。郭若虚的《图画见闻志》记载,五代宋初画家黄筌曾有屏风画十数屏,但年久破损,闲置多年。入宋后,官府"患其暗旧损破","遂命画工别为新制"。剩下的黄筌画作怎么处置呢?"呼牙侩高评其直以自售"。牙侩在市场中估价、定价的功能可见一斑。这种"居间人"一般也被称为"驵",米芾《书史》中有"老妇驵"之谓,他还称专门为王诜购买书法作品的人为"太尉书驵"。此类人物,是否像今日之艺术家经纪人、画廊老板、拍卖公司职员那样,拥有相当高的社会地位和职业评价?史料里并无太多可以类比的记载,但有一个现象或应引起关注。宋代城市中

---

[1] 宋·佚名《道山清话》,赵维国整理,见"全宋笔记"第二编(一),大象出版社,2006年,第93页。

● 《吉祥多子图》,绢本设色,24cm×25.8cm,鲁宗贵,
南宋,美国波士顿美术馆藏

　　此类折枝花卉图,类似于西方绘画的静物图,是宋代和
后世画家非常喜欢的题材。后世民间木板年画、瓷器绘画等
也借鉴了此类作品的形式与色彩。

"闲人"满街跑,《东京梦华录》《梦粱录》《武林旧事》等宋人笔记中,都有关于"游手好闲"之人的专门记录。其中,《东京梦华录》《梦粱录》均辟"闲人"一节,《武林旧事》则称"游手"。《梦粱录》中有如下记载:"又有一等手作人,专攻刀镊,出入宅院,趋奉郎君子弟,专为干当杂事,插花挂画,说合交易,帮涉妄作,谓之'涉儿',盖取过水之意。"所谓"过水",似乎就是"抽成",或是明着索要钱财,或是暗中做手脚以牟利。如今,津冀交界的宁河与唐山一带方言中,仍称这种帮人办事、中介取费的人为"吃水儿"。闲人游走在郎君子弟身边,社会地位并不高。他们干一些插花挂画和说合交易的活儿,与牙侩或"四司六局"的专职人员非常相像,也能间接地佐证,牙侩之类人物,应当与"闲人"一样,在宋代是居于主流之侧的边缘群体,也可能就是有一技之长的"闲人",但其社会影响不容小觑,否则也不会被宋人记录于笔记当中。

其实,牙侩不仅仅存在于书画交易领域,宋代许多行业都有这种"居间人"。《水浒传》第三十八回"及时雨会神行太保,黑旋风斗浪里白跳"中,李逵到渔船上找活鱼,渔人应道:"我们等不见渔牙主人来,不敢开舱。你看那行贩都在岸上坐地。"这里的"渔牙"便是渔民的"主事人"、绰号"浪里白跳"的张顺(张顺绰号又写作"浪里白条"),浔阳江中一霸,水性甚好,与李逵不打不成交。历史虽然不能用小说来还原,但《水浒传》中所说的"渔牙",的确是存在的。

宋之后,牙侩在收藏领域的作用更加凸显,成为收藏家和艺术家之间的重要中介,说合交易之外,还上演了诸多欺诈、作伪的"戏码"。

士夫与民间的"隔阂"

宋代民间收藏,大致有这么几个特点:一是书画市场中占据主流的实际上是上述民间画工群体。因为民间收藏的兴盛,他们也相当活跃。二是民间收藏的主要对象是"风俗画"等百姓喜闻乐见的题材。三是商贾等有经济实力的藏家也会染指高端的藏品,但总体而言,此类情况并不普遍。而民间收藏与士夫收藏,虽然不可能完全分割,但也确实存在某种程度的"隔阂",特别是士夫阶层中的那些艺术家,即便是在北宋后期这个收藏最为兴盛的阶段,也很少主动参与到自己作品的销售当中,并不愿意与民间藏家交易。这是一个很值得玩味的现象。《宣和画谱》中记载了一则李成的故事,颇能说明这个问题:

> 尝有显人孙氏,知成善画得名,故贻书招之。成得书且愤且叹曰:"自古四民不相杂处,吾本儒生,虽游心艺事,然适意而已。奈何使人羁致入戚里宾馆,研吮丹粉,而与画史冗人同列乎?此戴逵之所以碎琴也!"却其使,不应。孙怨之,阴以贿厚赂营丘之在仕相知者,冀其宛转以术取之也。不逾时,而果得数图以归。未几,成随郡计赴春官较艺,而孙氏卑辞厚礼复招之,既不获已,至孙馆,成乃见前之所画,张于谒舍中。成作色振衣而去。其后王公贵戚,皆驰书致币恳请者不绝于道,而成漫不省也。①

李成以儒生自居,画画只是"游心艺事",追求"适意而已"。对于"显人"孙氏这样的民间购买者,李成是绝对看不上的,"自古四民不相杂处"。在他眼里,孙氏这种求购的举动简直就是侮辱。但孙氏并不罢休,最终通过非正常手段满足了自己的需求,也遭到李成更为决绝的对待。这段记载颇为典型,说明当时士夫阶层与民间在收藏领域确实存在理念与身份的差异,民间收藏行为并不为士夫所看重,两者"各玩各的"。士夫多以高端购买者和收藏者的身份出现在市场,其创作的作品也多在自己的圈子里通过交换等方式流转,士夫与民间特别是商人富贾等社会群体的泾渭还较为分明,士夫收藏的精英化特征非常明显。这是宋代收藏市场

---

① 宋·佚名《宣和画谱》卷十一,俞剑华点校,人民美术出版社,2017年,第182页。

与晚明、清代、民国乃至今日的显著区别。元代开始，收藏市场发生历史性变革，赵孟頫以赵宋皇族之身入元，虽毁誉参半，但艺术上则被公认为"元人冠冕"。作为当时屈指可数的大艺术家，他已经开始名正言顺地收取书画作品的润笔费用。这种情况也越来越普遍，与改朝换代后彼时的社会政治环境和文人境遇密切相关。特别是进入明代后，文人鬻画成风，职业书画家大量出现，收藏进入了一个被市场和商业深度影响的阶段，藏家借藏品炫奇斗富，嗜古崇奢之风大兴。在这种影响下，艺术家的创作也展现出一种"世俗化"的状态，与宋人绘画呈现出的高古、清远、典雅的整体风格，拉开了距离。当然，笔者对宋之后的绘画艺术并无贬义，但就艺术史而言，宋代的高标独韵，确实是后人难以企及的。下录清代郑板桥所书润格，如果出现在宋代的士夫阶层，简直是奇闻：

> 大幅六两，中幅四两，小幅二两。书条、对联一两。扇子、斗方五钱。凡送礼物、食物，总不如白银为妙。公之所送，未必弟之所好也。送现银则心中喜乐，书画皆佳。礼物既属纠缠，赊欠尤为赖账。年老神倦，亦不能陪诸君子作无益语言也。画竹多于买竹钱，纸高六尺价三千。任渠话旧论交接，只当秋风过耳也。
>
> 乾隆己卯，拙公和尚属书谢客。

实际上，对于当时民间那些花巨资而购买书画等文物艺术品且附庸风雅的行为，宋代的士夫也多有批评，米芾眼中的"好事者"就是对民间藏家的形象概括。苏轼在《书戴嵩画牛》中也记录过蜀中杜处士所藏戴嵩作品，被牧童一眼识破的故事，认为"耕当问奴，织当问婢"，颇有讥讽之意，也是在间接地批评那种仅凭喜好却少有眼光的收藏。《宣和画谱》中所引李公麟的一段话，可以为这种"清高"给出一个颇为合适的解答："吾为画如骚人赋诗，吟咏情性而已，奈何世人不察，徒欲供玩好耶？"

当然，我们不能以当时士夫的评价为依据，来判定宋代民间收藏的价值和意义。其实,民间收藏虽然总体上并不那么高端,但上述那些精美绝伦的风俗画,不也是民间的趣味且保留到了今天吗?民间藏家手中也不乏精品,他们很好地起到了收藏"托底"的作用,是宋代皇家收藏与士夫收藏的有益补充。张邦基在《墨庄漫录》中记载,润州苏氏家书画甚多,收藏了顾恺之、阎立本、吴道子、王维等一大批名家的珍贵作品。后来,苏氏的藏品散佚,有的归为皇家,有的不知所终。《道山清话》中亦有一则故事,据钱穆父称,他的一位曹姓同僚"不识字,且多犯人",但"其家多赀,虽真赝相半,然尤物甚多",有虞世南、褚遂良、阎立本等人的书画。钱穆父等一帮饱读诗书的知识分子在曹家大开眼界,"爱玩不能去手"。一边是收藏颇丰但知之甚少,一边是见识广博却少有收藏,两厢对照,钱穆父的言语间难免有点酸溜溜的。此类民间藏家,虽然在士夫的眼中属于附庸风雅的"好事者"一流,但确实不容小觑。藏品的流转,自然少不了民间这个最为雄厚的基础,宋代皇家孜孜以求的民间寻宝,也足以说明这个问题。而宋之后,民间收藏有了更大发展,越来越多的藏家支撑起收藏的半壁江山,明代项元汴的横空出世,就书写了收藏史的旷世传奇。

往事如烟,更何况千年前的往事。我们今天在博物馆以及其他场合看到的文物艺术品,早已拂去了所谓阶层、善恶、忠奸的历史尘埃。它们是祖先留下的遗产,是我们今天得以自信的基础。当然了,那些往事的传说还在,只是静静等待着有心人去聆听。

本书末尾,我们以苏轼谪居黄州期间所作的《定风波》一词作结。

三月七日,沙湖道中遇雨。雨具先去,同行皆狼狈,余独不觉,已而遂晴,故作此。

莫听穿林打叶声,何妨吟啸且徐行。竹杖芒鞋轻胜马,谁怕?一蓑烟雨任平生。

料峭春风吹酒醒,微冷,山头斜照却相迎。回首向来萧瑟处,归去,也无风雨也无晴。

竹杖芒鞋的宋人,踏着夕阳,似乎正从历史的萧瑟处走来,眼前已无风雨晴晦。

后　记

　　此书从庚子年的初春写到溽暑，新冠肺炎疫情让人时刻揪心，街头巷尾戴着口罩行色匆匆的人，给这个特殊的年份留下了特殊的记忆。夜深处，听着窗外的蛙鸣，翻着书苦苦思考，不知不觉中天色已经泛亮，这样的情形已经数不清经历了多少，总算跌跌撞撞地把书稿写完了。起笔时满满的自信，到后来变成坠入历史中的迷惘与无所适从，再到硬着头皮写下去，零落了一地的骄傲，但也收获了我对历史的重新认知。感谢前人和今天的学者们为我提供的诸多参考和启发，也感谢所有人的关怀和帮助，谨以这本薄薄的册子献给你们。

　　历史是一堆灰烬，但灰烬的深处有余温。黑格尔的这句话，颇合我心。读完这本书的人或许会发现，我写的不是通常意义上的文物艺术品鉴藏史，而是关于宋代收藏的人和事，以及一点点浅薄的思考。这也是我写作的初衷，从具体而微的文物艺术品中抽离出来，对宋代收藏史做一个较为宏观的梳理。这种梳理方式并不多见，难度也可想而知，仅章节和条目就反复斟酌，再三修订，最终形成了现在这个面目。我也希望，有更多的人来关注收藏，关注宋代。那个时代虽然离我们已有千年，但其实并不遥远。文物艺术品不仅是先人留给我们的宝贵馈赠，也是我们传承给后人的一份珍贵礼物。它们无不承载着昨天、今天与明天。在它们面前,时间不再以线性的方式单向地演进,而是呈现出一种交叉、重叠和往还的复杂状态。这一状态,恰恰是文物艺术品得以传承的意义所在,我们借助它们真实地触摸昨天,在复杂的时空中实现与古人的对视和对文明的守望。而那些穿越千年的古人馈赠,难道不也是我们解读历史的符码和后人阅读我们的载体?它们都有呼吸,皆可亲近,依然鲜活。传承,因此有了一种近乎神圣的意义。我们身处当下,又无时无刻不在成为历史,把这些古人的馈赠完整地交给明天,讲好昨天和今天的故事,是何等重要!

写作时,碰巧以宋代为背景的电视剧《清平乐》正在热播,这也成为我与妻子的共同话题。我们为什么对宋代时常抱有一种理想化的解读心态?这绝对不是隔着时空的遥望和赞美,而是那个时代确实有其独特的魅力。我在此书中也尝试做了一点点图景式的描述,试着把收藏这个极小的话题融入更为宏阔的历史背景。比如,民间献宝为什么催生出新的年号?《流民图》这样的作品横冲直撞地介入政治,在艺术史乃至收藏史上非常罕见,为什么图式超越了语言的表达,进而影响了历史?苏轼黄州时期的收藏行为,已经频繁到了仿佛一日三餐,这是怎样的生活方式?我们为什么不可以从收藏这个角度来审视黄州期间苏轼心态的转折和对其艺术创作的影响?宋代士夫的主体意识和历史担当,以及他们的唱和与雅集,已经被后人充分阐释,但在收藏史的文本书写中,确实还不太多见,比如"正史"与"寓物"的理念,围绕收藏而展开的交谊活动,士夫阶层不屑于将自己的作品纳入市场而牟利,乃至宋人不吝将藏书借阅于人的开放态度和米芾、王诜类似于恶作剧的作伪,都很值得深入研究。而这些也都契合着那个时代的整体面貌和独特气质,是群体意识在收藏领域的投射。总体而言,宋代作为历史上第一次收藏的繁盛期,对后世的影响是全方位、深层次的,艺术品的递藏不仅为后人保留了大量珍贵的文化遗产,而且深刻影响了中国人的审美趣味和文化品格。今天,当充满商业意味的收藏行为大行其道时,我们更应该通过关照历史,来获得有价值的启示和借鉴。

每一个伟大的时代,总会有一批伟大的人冒出来,他们的言行和思想,为那个时代做了最好的注脚。在知识收费替代了阅读和思考的今天,我们即便是无法为这个时代做注脚,也应该做一个合格的诠释者。历史的主脉正是有了那些伟大的人、鲜活的事来填充,才能跳脱出文字的记载,呈现出丰富的表情和丰满的形象,体现出历史的厚重。这也是最吸引我的地方,更是我写下去的动力。但我梳理得还不够具体而微,许多问题没有深入解读,实在是所知甚少、水平有限,写作中时常感觉那层微妙的窗户纸就在眼前,可触但不可破,因此,我也从来不敢将此忝列"学术"的范畴。总之,这算是基于个人兴致的尝试吧,不那么成熟,也有引述不详、立论不当乃至错讹的地方。特别是宋代与收藏相关的艺术品及史料,较宋之后,并不那么丰富,宋画更是凤毛麟角,要靠大量宋人笔记作为爬梳文字的依据。但宋人尽管多精史笔,也在笔记中掺杂了一些传奇和杜撰的成分,个中取舍,确实颇费思量。另外,本书对宋代收藏市场特别是藏品价格、递传历史等并没有太多涉猎。这些不足抑或遗憾之处,有待今后弥补。

为求稳妥,本书尽量使用成熟的史料进行阐释。同时为增强阅读的趣味性,引用了大量诗词以及小说的内容。我认为,关于收藏史的研究与写作,不能囿于藏品爬梳、真伪评判这个固定的视野,也可以从政治史、艺术史、文化史、经济史乃至社会史等不同的角度关照,不设藩篱,放开手脚,在此基础上,对个案做打井式的深挖。至少,那些诗词和看似与收藏无关的故事,可以作为真实的历史情境,来拉近读者与历史的距离。此外,近年流行的图像学阐释,开拓了一种新颖的研究路径,回归到了艺术品这个最本质的问题。但收藏史也不能全部依赖图像解读,中国人对收藏与艺术的认知,向来是充满了"只可意会"的味道,特别是真伪之辨,既要有赖于图像辨识,又要从中国人的审美趣味、文化谱系、价值观念中爬梳。总而言之，任何框框和界限都可打破，任何方法都可尝试，写作的趣味也恰恰在此，只要认真地对待历史，心中充满敬畏。

收藏史是如此小众，但又如此有趣。对于我这种纯属业余爱好且"无门无派"的非专业人士，深入这个领域，犹如在大海中孤舟游弋，失去方向的迷惘与探索未知的兴奋，时常伴随左右。还好，有那么多人的帮助和鼓励。书稿写作过程中，我借鉴了众多学者的研究成果，主要参考文献，特别是今人的专著与论文，已在书后列出，如有疏漏之处，敬请谅解。其间，书稿分送林晨、张新煜、葛立胜、刘德胜诸同窗和陈卓、姚旸、盛立双、邵波、祖双喜诸同事阅。百花文艺出版社的刘勇、韩新枝、赵世鑫等，为此书的编辑出版劳神费力，惠我良多。你们的每个建议和提醒，都弥足珍贵，值得永铭于心。我的家人，疫情期间在津照顾孙儿的老娘、宽容待我的妻子、给我快乐的儿子，都是我最大的支撑和寄托。在此，一并鞠躬致谢！

人生倏忽而过，能做点自己喜欢的事情，无外乎机缘与付出。机缘难得，但不能浪费。付出亦如棋中落子，落子即无怨无悔。如今，书稿即将付梓，也就由不得我了，笑骂评说，全部接纳。唯有萤窗雪案、坐对古人，才是真正的乐趣，无涉半点功利。这种享受，也绝非文字能尽言。今后如有机会，一定在此书基础上进行完善和提升，献给不嫌弃的读者和关心我的人。

庚子立秋日，天高气爽，记于抱晴书屋。

白俊峰

2020年8月7日

主要参考文献

史籍

元·脱脱等:《宋史》,中华书局,2000。

宋·蔡绦:《铁围山丛谈》,冯惠民、沈锡麟点校,中华书局,1983。

宋·周辉等:《清波杂志(外八种)》,上海古籍出版社,1991。

宋·叶梦得:《石林燕语》,中华书局,1984。

宋·张邦基等:《墨庄漫录(外十种)》,上海古籍出版社,1992。

宋·王黼:《宣和博古图》,诸莉君点校,上海书店出版社,2017。

宋·佚名:《宣和书谱》,顾逸点校,上海书画出版社,1984。

宋·佚名:《宣和画谱》,俞剑华点校,人民美术出版社,2017。

宋·邵博:《邵氏闻见后录》,刘德权、李剑雄点校,中华书局,1983。

宋·赵希鹄等:《洞天清录(外二种)》,浙江人民美术出版社,2016。

宋·孟元老等:《东京梦华录(外四种)》,周峰点校,文化艺术出版社,1998。

宋·欧阳修、欧阳棐:《集古录跋尾集古录目》,上海古籍出版社"金石文献丛刊",2020。

宋·赵明诚:《金石录》,刘晓东、崔燕南点校,齐鲁书社,2009。

宋·王辟之/欧阳修:《渑水燕谈录/归田录》,中华书局,2006。

宋·刘道醇:《圣朝名画评》,山西教育出版社,2017。

宋·陈骙/佚名:《南宋馆阁录/续录》,中华书局,1998。

宋·沈括:《梦溪笔谈》,金良年点校,中华书局,2017。

宋·邓椿:《画继》,黄苗子点校,人民美术出版社,2003。

宋·翟耆年:《籀史》,中华书局,1985。

宋·赵彦卫:《云麓漫钞》,张国星点校,辽宁教育出版社,1998。

宋·叶梦得:《避暑录话》,叶德辉校刊、涂谢权点校,山东人民出版社,2018。

宋·王辟之/陈鹄:《渑水燕谈录/西塘集耆旧续闻》,上海古籍出版社,2012。

宋·周密:《武林旧事》,裴效维选注,学苑出版社,2001。

宋·郭若虚:《图画见闻志》,江苏美术出版社,2007。

宋·程俱:《麟台故事校证》,张富祥译,中华书局,2000。

宋·吕大临等:《考古图(外二种)》,浙江人民美术出版社,2017。

宋·陆游:《老学庵笔记》,中华书局,1979。

宋·米芾:《书史》,见"全宋笔记"第二编(四),大象出版社,2006。

宋·米芾:《画史》,见"全宋笔记"第二编(四),大象出版社,2006。

宋·佚名:《道山清话》,见"全宋笔记"第二编(一),大象出版社,2006。

宋·董逌:《广川画跋》,赵伟校注,山西出版传媒集团山西教育出版社"中国书画史籍校注丛典",2015。

宋·董逌:《广川书跋》,中国书店,2018。

宋·窦仪等详定、岳纯之校证《宋刑统校证》,北京大学出版社,2015。

专著

杨仁恺主编,薛永年、杨新、杨臣彬、穆益勤、单国强编撰:《中国书画》,上海古籍出版社,1990。

梁江:《中国美术鉴藏史稿》,文物出版社,2009。

周文翰:《中国艺术收藏史》,商务印书馆,2019。

高木森:《宋人丘壑:宋代绘画思想史》,浙江人民美术出版社,2019。

傅申:《元代皇室书画收藏史略》,上海书画出版社,2018。

吴钩:《风雅宋:看得见的大宋文明》,广西师范大学出版社,2018。

王元军:《文人作伪》,华文出版社,1997。

周克文:《中国收藏史话》,上海书画出版社,2002。

叶康宁:《风雅之好:明代嘉万年间的书画消费》,商务印书馆,2017。

陈卓:《中国历代书画收藏论纲》,天津人民美术出版社,2008。

姚旸:《晚明江南民间艺术收藏研究》,天津古籍出版社,2017。

林语堂:《苏东坡传》,湖南文艺出版社,2016。

王子今:《中国盗墓史》,九州出版社,2007。

范凤书:《中国私家藏书史》,大象出版社,2001。

李更:《宋代馆阁校勘研究》,凤凰出版社,2006。

戴建国:《宋代刑法史研究》,上海人民出版社,2008。

【美】高居翰:《画家生涯:传统中国画家的生活与工作》,杨贤宗、马琳、邓伟权译,生活·读书·新知三联书店,2012。

【美】伊沛霞:《宋徽宗》,韩华译,广西师范大学出版社,2018。

【法】让·鲍德里亚:《物体系》,林志明译,上海人民出版社,2019。

论文

梁建国:《朝堂之外:北宋东京士人走访与雅集——以苏轼为中心》,《历史研究》,2009年第2期。

谈晟广:《"贾氏园池"中的雅趣——南宋末年贾似道的艺术收藏和相关文化活动》,《美术学报》,2017年第1期。

吕肖奂:《欧阳修的集古理念及其集古诗文研究——兼及北宋官僚士大夫文人的第一次收藏热》,《新宋学》,2014年。

张荣国:《诗画互文:从苏轼、王诜唱和诗新解王诜水墨卷〈烟江叠嶂图〉》,《南京艺术学院学报(美术与设计)》,2015年第1期。

彭慧萍:《两宋宫廷书画储藏制度之变:以秘阁为核心的鉴藏机制研究》,《故宫博物院院刊》,2005年第1期。

陈晔:《玉玺呈瑞:宋哲宗朝传国玺事件剖析》,《史学月刊》2008年第12期。

张春雷:《宋代金石文物的社会价值》,《中州学刊》2017年第1期。

杨春晓:《米芾的临摹与作伪》,《中国书画》2004年第8期。

李福顺:《一个造假成风的时代——宋代书画作伪研究之一》,《艺术百家》,2009年。

李福顺:《国库失窃与篆刻兴起——宋代书画作伪研究之二》,《艺术百家》,2009年。

杨胜宽:《论苏轼与王诜的交谊及"西园雅集"之争议》,四川省苏轼研究会第23届中国苏轼学术研讨会论文集,2019年。

王健:《明清以来杭州进香史初探——以上天竺为中心》,《史林》,2012年第4期。

孙垂利:《两宋书画收藏活动探析——以宋人笔记小说为中心考察》,《西北美术》,2015年第2期。

杨军:《汴京大相国寺:北宋的书画交易市场》,《中国社会科学报》,2014年3月19日。

王雅:《宋太宗时期官方藏书机构的管理机制》,《兰台世界》,2014年第11期。

李婷:《宋代馆阁藏书的整理》,《北京图书馆馆刊》,1994年增1期。

方建新、高深:《宋代宫廷藏书考》,《浙江大学学报（人文社会科学版）》,2007年第3期。

方建新、王晴:《宋代宫廷藏书续考——专藏皇帝著作的殿阁》,《浙江大学学报(人文社会科学版)》,2008年第3期。

李光生:《苏诗唱和与物品交换——一段关于"仇池石"的记忆》,《华夏文化论坛》，2019年第1期。

王一村：《明代〈流民图〉考》，《美术》，2018年第1期。

张成忠、王磊：《郑侠的〈流民图〉最终流落何方》，《东方收藏》，2010年第10期。

冯鸣阳：《宋代耕织图的产生、图像变化及政治功能》，《中国美术研究》，2019年第4期。

许雅惠：《宋代士大夫的金石收藏与礼仪实践——以蓝田吕氏家族为例》，《浙江大学艺术与考古研究》，2018年。

马晓风：《论金文研究兴起于宋代的原因》，《图书馆理论与实践》，2013年第7期。

史正浩：《宋代金石图谱的兴起、演进与艺术影响》，南京艺术学院博士论文，2013年。

秦开凤：《宋代文化消费研究》，陕西师范大学博士论文，2009年。

肖伟：《〈宣和画谱〉绘画著录及递藏研究》，南京艺术学院博士论文，2018年。

李松石：《两宋题画诗词研究》，吉林大学博士论文，2019年。

曹蓉：《米友仁与绍兴内府——宋高宗书画鉴藏研究》，中国美术学院博士论文，2019年。

李林琳：《宋代书画市场研究》，首都师范大学博士论文，2009年。

杨春晓：《满船书画同明月——米芾鉴藏书画研究》，中央美术学院博士论文，2004年。